《学科教学方法论丛书》编委会

主　编：胡　丹
副主编：汪天飞　罗明礼
编　委：李先锋　罗天琦　刘丽平　许德富　张连花　张茂一
　　　　王朝君　陶继锋　毛加宁　杨　洪　刘　琴

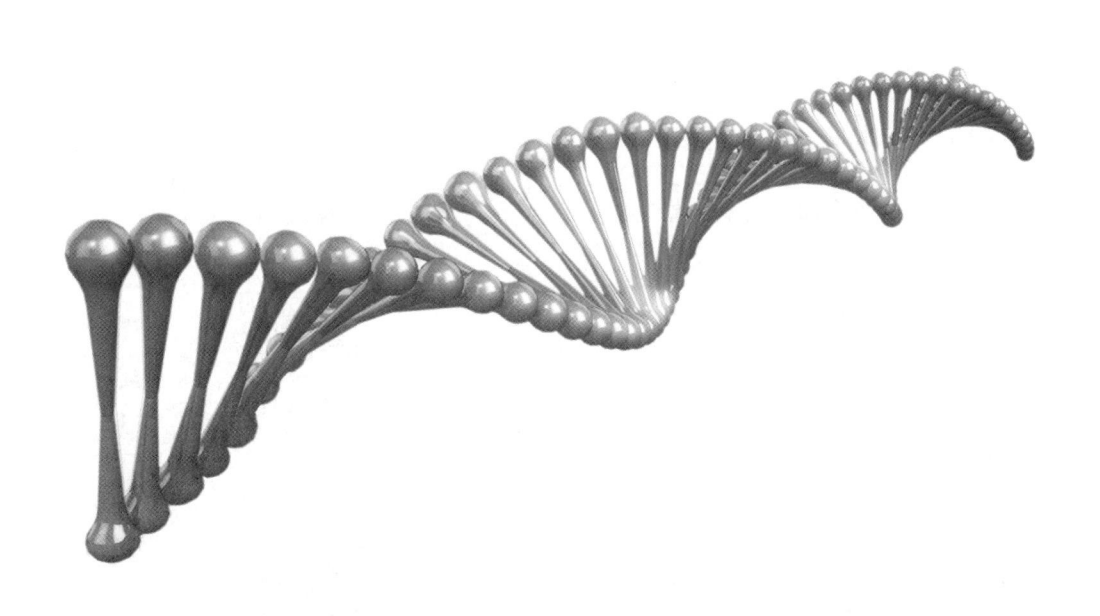

・学科教学方法论丛书・

丛书主编　胡丹

主　编　　王朝君　毛加宁
副主编　　叶　超　张旭梅　王　威
编　委　　王强胜　骆嘉怡　段寅佳
　　　　　王婧雯　谭　霜　赵　叶
　　　　　张　倩　王　欣　龙　琴

中学生物
教学方法论

四川大学出版社
SICHUAN UNIVERSITY PRESS

图书在版编目（CIP）数据

中学教学方法论 / 王朝君，毛加宁主编. — 成都：四川大学出版社，2022.11
（学科教学方法论丛书 / 胡丹主编）
ISBN 978-7-5690-5685-3

Ⅰ.①中… Ⅱ.①王…②毛… Ⅲ.①生物课－教学法－中学 Ⅳ.①G633.912

中国版本图书馆 CIP 数据核字（2022）第 181895 号

书　　　名：	中学生物教学方法论
	Zhongxue Shengwu Jiaoxue Fangfalun
主　　　编：	王朝君　毛加宁
丛　书　名：	学科教学方法论丛书
丛书主编：	胡　丹

选题策划：	梁　平　傅　奕
责任编辑：	傅　奕
责任校对：	陈　纯
装帧设计：	璞信文化
责任印制：	王　炜

出版发行：	四川大学出版社有限责任公司
	地址：成都市一环路南一段 24 号（610065）
	电话：（028）85408311（发行部）、85400276（总编室）
	电子邮箱：scupress@vip.163.com
	网址：https://press.scu.edu.cn
印前制作：	四川胜翔数码印务设计有限公司
印刷装订：	四川五洲彩印有限责任公司

成品尺寸：	185mm×260mm
印　　张：	12
字　　数：	279 千字

版　　次：	2022 年 12 月 第 1 版
印　　次：	2022 年 12 月 第 1 次印刷
定　　价：	49.00 元

本社图书如有印装质量问题，请联系发行部调换

版权所有　◆　侵权必究

扫码查看数字版

四川大学出版社
微信公众号

丛书序

教育大计，教师为本。党和政府把教育摆在优先发展的战略位置，而教师队伍建设是教育现代化的关键所在。2012年2月，教育部印发幼儿园、小学和中学教师专业标准，对教师的培养、准入、培训和考核进行了规定。2015年，教育部公布了《中小学教师资格考试暂行办法》，教师资格考试实行全国统考，此举极大地提高了教师职业入职门槛。2018年2月，中共中央、国务院颁布的《关于全面深化新时代教师队伍建设改革的意见》明确了教师队伍建设的优先地位和建设具有中国特色师范教育体系的战略任务，特别强调要加强乡村教师、幼儿教师、特殊教育教师等师资队伍建设。2021年5月，教育部研制了学前教育、小学教育、中学教育、特殊教育等专业师范生教师职业能力标准，旨在进一步加强师范类专业建设，建立师范生教育教学能力考核制度，推动教师教育院校将国家中小学教师资格考试标准和大纲融入日常教学、学业考试和相关培训中，提高师范类专业人才培养质量，从源头上提升教师队伍教书育人的能力和水平。这些国家层面文件、制度明确了教师教育人才培养质量的路向和标准，对高师院校办学来说既是契机又是挑战。

教师教育兼具"师范性""示范性""学术性"的特征，师范教育向教师教育转型已经成为世界各国的历史必然。基础教育课程改革不断推进，新课程标准深入实施，核心素养理念深度推行，"新高考"改革逐步推广，这对高师院校师范生培养质量提出了更高的要求。教师教育开放化、一体化、大学化以及教师职业专业化，要求高师院校提升教师教育内涵、拓展教师教育外延。作为未来从师任教的师范生，不仅要具备广博的文化知识、扎实的专业知识，还要具备很强的学科教学能力和崇高的教师职业道德。

教师教育学作为一门学科被提出之后，其方法论的研究与应用在教育学界引起了高度的重视。高师院校肩负着为基础教育培养合格师资和未来卓越教师的重任，唯有加强方法论与教学方法的研究，才能更好地促进师范生的成长与发展，提高其理论素养，增强其实践能力。学界对"方法论""教学方法"有着不同的定义和诠释，但是概而言之，方法论是关于"是什么""怎么办"的原则性指导，而教学方法与教师、学生、手段三者密切相关，是师生为了完成教学任务所采用的教学方式与学习方式。教学方法涉及诸多相关因素，如教学目的、教学目标、教学内容、教学任务、教学设计、教学手段、教学媒体以及课堂教学中师生活动的方式、程序、步骤等。教学方法并不是教师程式化的教学套路和教学定式，它蕴含着丰富的哲学、心理学、教育学、学科教学的思想，在很大程度上折射出教师的教育理念、教学策略、教学主张等。现代教学理论倡导教师主导、学生主体、产出导向，其实质是激发学生的内在潜能、学习主动性与创造性，提高学生的学习效率。可见，教学方法已经上升到教学方法论的层面，教师包括师范生需要遵循教学方法论的思维方式和基本原则。

　　作为师范生或即将踏上教育岗位的"准教师"，应当深刻地认识到教学方法的重要性。在教师的职业素养中，学科教学知识被美国著名教育家舒尔曼列为教师七大教学知识基础之一，具有专业性、个体性、生成性、整合性和缄默性等特征。教师唯有不断地进行教育教学实践，并持续将学科知识与专业知识运用于教学活动之中，学科知识、专业知识、教学知识才能有效融合，形成学科教学知识。师范生的教师专业发展与成长是一个"理论—实践—理论—实践"螺旋式上升过程，是教育理论知识、教学实践方法和教学反思多维度、多层次叠加的结果。从这个意义上讲，师范生需要在教育实习中反思教学行为、总结教学经验、提升教学理念，形成自己特有的教学方法与个性化的教学风格。要将师范生的学科、专业、教学知识转化为教师的职业素养，就离不开教育教学方法论的指导，这便是我们编纂此丛书的缘由。

　　本套丛书突出理论引领、实践指导。作者基于国内外核心素养理念，依据国家课程方案与课程标准，紧跟基础教育教学改革前沿，博采诸多专家学者的观点，编写了体系完整、具有指导性的学科教学方法论教材。本套丛书力求理实融合、学以致用。作者将教育学、心理学、学科教学的理论知识融会贯通，形成了富有实操性的教育教学方法。同时，本书也收录了乐山师范学院师范生优秀的课程作业和竞赛作品，展现出我校学科教学论教师指导学生的成效，可为读者提供参考和借鉴。

　　本套丛书是我校学科教学论教师与基础教育优秀教师的研究成果，可供广大在校师范生和在职教师参阅。由于编者水平有限，书中难免存在疏漏甚至错缪之处，恳请读者提出宝贵意见，以便修正完善。

《学科教学方法论丛书》编委会
2022 年 11 月

前　　言

随着全球政治、经济、科技、文化、环境的变革与发展，人才培养的重要性益成为各国共识。作为人才培养的风向标——教育改革的理念、策略、方法、途径直接影响着国家、社会发展的方向。作为人才培育的基础育人者——教师，应积极有效处理好教书与育人关系，真正体现基于育人的教师专业化、专门化与"教育、教学、教研"的三位一体：教育以学生学科素养的形成与发展为目的，注重兴趣、知识、方法、态度的统一，以学科核心素养为根本；教学以学生学科素养的形成与发展为目的，注重知识、技能、方法、策略的统一，以学科核心素养为基础；教研以教师教学能力的提升与发展为目的，注重理念、行为、创新、育人的统一，以与时俱进为动力。

现代教师的"教育、教学、教研"专业化三位一体的表达，主要基于教师育人气质的有效表现，具体概括为六大气质：正气、卷气、锐气、才气、大气、和气。教师气质的有效外显，需结合教育教学中的行为规范、方法有效、师生共情与示范表达。

基于以上对教育使命、教师职责的认识，本书以国际生物科学教育发展的理念为引领，结合《普通高中生物学课程标准（2017年版）》和《义务教育生物学课程标准（2022年版）》的要求，从方法论视角，梳理教育教学相关理论和经验，立足"生物学学科核心素养"的有效体现，融合教师气质、修养表达，体现理性指导与实践有效价值，旨在为生物学学科专业的师范生提供一本全新的教学改革理念下的方法性教材。

我们期待，培养的生物学学科专业师范生：

首先，具备良好的专业理念与师德。在遵守法律法规的基础上，进一步体现对教师职业的热爱、对生物学学科的认同，树立正确的教育观、教师观和学生观，发展与时俱进的教育教学理念。

其次，具备良好的专业知识素养。在学习教育学和生物学专业知识的同时，掌握生物学学科教学知识，强化生物学课程理念，明确生物学学科核心素养内涵，熟悉中学生物学教学方法。

最后，具备良好的专业能力素养。在教育教学过程中，重视实践教学、案例学习，全面发展师范生的教学情境设计能力、教学实施能力、教育教学评价能力、教学研究能力、沟通与合作能力、反思与发展能力。

本书在编写过程中，得到四川师范大学王威教授的指导，在此表示衷心的感谢！在编写过程中，我们参考了许多专家学者的著作和文献，也引用了他们的研究成果，在此深表谢意！

本书编写者为师范院校教学论教师，对生物学教学有一定的认识，但由于新课程标准下的教学改革实行尚未深入，对新课程教育教学的认识仍然较多地停留在理论层面，实证研究的内容偏少，在编写过程中，虽参考了大量的文献资料，但对所述理论的支持还不够充分；此外，案例的类型和丰富程度还不够，今后会加强案例收集与整理；另外，本书为中学生物学教学方法论，重点在从理论到方法层面的应用，对此编者将会进一步思考并不断学习研究下去，望同行能提出宝贵意见！

全书由王朝君和叶超统稿、订正。

编　者

2022 年 6 月

目　　录

第一章　概　论 ··· 1
　　第一节　本书的编写背景 ··· 1
　　第二节　本书的内容概述 ··· 3
　　第三节　本书的特色 ··· 4
第二章　生物学学科核心素养 ·· 6
　　第一节　国际视野下的核心素养 ·· 6
　　第二节　中国学生发展核心素养 ··· 15
　　第三节　生物学学科核心素养 ·· 17
第三章　生物学教学方法论 ·· 20
　　第一节　教育学理论基础 ··· 20
　　第二节　教学方法论概述 ··· 23
　　第三节　生物学教学方法 ··· 24
第四章　生物学知识教学 ··· 29
　　第一节　生物学事实性知识教学 ··· 29
　　第二节　生物学概念性知识教学 ··· 35
　　第三节　生物学程序性知识教学 ··· 39
　　第四节　生物学应用性知识教学 ··· 43
第五章　生物学能力培养 ··· 52
　　第一节　科学探究能力培养 ··· 52
　　第二节　生物学实验能力培养 ·· 71
　　第三节　生物学信息收集处理能力培养 ······························· 73
第六章　生物学素养培育 ··· 76
　　第一节　专业理念与师德培育 ·· 76
　　第二节　生物学专业知识素养培育 ······································ 79
　　第三节　生物学专业能力素养培育 ······································ 80
第七章　生物学思维塑造 ··· 95
　　第一节　归纳与概括塑造 ··· 95
　　第二节　演绎与推理塑造 ··· 101
　　第三节　模型与建模塑造 ··· 110

第四节　批判性思维塑造……………………………………………119
　　第五节　创造性思维塑造……………………………………………126
第八章　生物学教学启迪…………………………………………………132
　　第一节　微型课教学…………………………………………………132
　　第二节　常规课教学…………………………………………………142
　　第三节　指导性教学…………………………………………………154
参考文献………………………………………………………………………174
后　记…………………………………………………………………………182

第一章　概　论

第一节　本书的编写背景

一、生物学学科核心素养目标的有效体现

我国自 21 世纪初开始探索与践行新课程改革，从课程的角度全面推行教育教学改革，促进教育教学从课程理念、性质、内容、过程、方法全方位变革，体现教育教学的与时俱进。最近 10 余年生物学教育更是有了巨大的跃升与发展。在生物学教育发展变革中无一不强调生物学核心素养的形成，强调教学方法的变革，强调课堂教学"对话"的有效性。特别是 2022 年版课程标准更是科学、准确地表达了生物学学科核心素养内涵以及相应的目标，强调了基于核心素养的课程内容聚焦大概念、教学过程重实践、建构知识重方法。而这一系列强调都与教学方法变革、整合，以及有效实践密切相关。如何基于课程目标的有效达成，真实体现与落实生物学核心素养，创新课程教学方法，有效践行"科学对话"，体现"教（学）必有法、教（学）无定法、贵在得法"是本书立足解决的"核心"问题。

同时，《普通高中生物学课程标准（2017 年版 2020 年修订）》和《义务教育生物学课程标准（2022 年版）》的课程目标虽有表达差异，但都明确表达了生命观念、科学思维、探究实践、态度责任（高中生物学课程目标为生命观念、科学思维、科学探究、社会责任）的目标维度和生物核心素养的内涵。其中生命观念、态度责任目标的达成与体现很大程度依赖科学思维、探究实践的有效践行。这恰恰反映了践行过程中教育教学方法的重要性。

二、中学生物学教师发展

现代教育要求以德树人育人，要求以核心素养为育人核心，要求以终身学习、适应社会发展为育人目标，要求以能学转向会学为基本途径。作为现代中学生物学教师必须

与时俱进，强化认知的转变，强化个人素养的提升，强化教育教学创新能力的发展，从学生知识获得的传递者转变为学生知识建构、能力提升、素养发展的引导者、帮助者、协作者。

中学生物学教师的发展，必须具有很强的生物学知识、跨学科知识、跨界（跨领域）知识，必须具有生物学学习的能力，必须具有较强的现代教育教学思想、理念，必须具有教育教学理论应用能力，必须具有较强的教育教学研究能力，必须具有较强的教育教学创新实践能力。

新时代教育教学和生命科学的发展要求生物教师必须主动地、积极地、有效地提升、完善自身的生物科学素养、教师素养，创新变革教育教学方式，体现"教育－教学－教研"的一体化发展方向，真正适应新型教师的育人、担当、责任地位与价值。

三、教材编写及其价值取向

教材是教学过程中学科思想、学科知识、学科技能、学科方法的重要载体，是学科发展、学科知识体系、学科目标价值的重要体现。由于教材编写过程周期长、内容更新慢，往往不能较好满足与时俱进的要求。特别是近10年来，高等师范院校教师教育培养的变革和基础教育教学围绕"核心素养"的变革，急需能反映教育教学变革动态和指导变革的教材，以体现教材的学科育人价值，体现教材理论对指导实践的价值，体现教材对"教（学）什么、怎样教（学）、为什么教（学）"等问题的解决。

教学过程本质就是解决"教（学）什么、怎样教（学）、为什么教（学）"等问题的过程。而怎样教（学）是教材编写中的核心瓶颈，特别是怎样认识教学方法，怎样动态建构方法论认知，怎样有效选择教学方法，怎样合理使用教学方法，怎样体现"贵在得法"，怎样基于方法的合理表达体现"学科核心素养"？这些是本书力求解决的问题，也是本书编写的价值取向。

四、教育教学评价变革

在教学过程中，学生学习水平的评价是有效反映教学方法效果的重要途径，也是教学目标达成检测的重要平台。现代教育教学的核心宗旨是促进"核心素养"的形成与发展，而中学生物学的课程价值是：培养学生的生物学素养，为学生终身学习和发展打下基础，为学生步入社会、择业和确定进一步学习的专业方向提供帮助。这就要求评价的多元化、过程的形成化、发展的开放化。评价三化的积极表达必然与课程标准要求、教育教学原理、生命科学的特征密切相关，这一密切关系就需要合理的、多样的教学方法与相应的整合化的方法论进行有效的集约践行。

第二节 本书的内容概述

本书聚焦核心素养，简述国内外核心素养的发展历程与中国核心素养的研究历程，解析生物学学科核心素养的内涵，尤其对生物学课程标准的历史变迁进行了较为深入的分析；从教育心理学、学科理论、教学方法论等维度对国内外生物学教学方法进行了分析与研讨，尤其是从"后现代"视角对国内外的生物学教学方法进行了研习，旨在为师范生学懂、领会、贯通生物学教学方法，能够在未来的教育教学中借鉴、整合和运用生物学教学方法提供方法论。

一、中学生物学教学方法论的理念、原则与目标

（一）中学生物学教学方法论的理念

基于认知主义理论，特别是建构主义学习理论，结合生物学课程标准的理念、性质、目标的要求和生物学科特征、生命观念的有效体现，确定本书的理念。
(1) 强调基于核心素养的认知理论的指导；
(2) 强调核心素养的集约化表达；
(3) 强调生物学知识建构与方法论的关系；
(4) 强调生物学能力培育与生物学素养的关系；
(5) 强调教育思想、理念与科学思维的关系。
体现教学过程"情境－问题－对话－建构－评价"有效践行的理论指导。

（二）中学生物学教学方法论的原则

结合教学过程践行的核心主线"情境—问题—对话—建构—评价"，突出"对话"的"自主对话－探究对话－合作对话"维度表达，应遵循的原则为：理论集约化原则、方法结构化原则、对话多元化原则、建构思维化原则，以及教学"三化"（知识问题化－问题活动化－活动生活化）原则。

（三）中学生物学教学方法论的目标

(1) 基于理论、方法、内容、过程的集合，有效认同生物科学核心素养；
(2) 基于理论集约化认知和有效指导，建构认知理论、教学方法、科学思维、学科能力的关系；
(3) 基于教学原则的指导、教学过程的认知、教学方法的集约践行，建构生物学能

力与生物学素养的关系。

二、中学生物学教学方法论的主要内容

本书内容着重于教学方法与方法论的理论背景、内涵、价值、目标、应用，体现生物学核心素养的培育与教学表达。其主要内容包含四大模块、五大层次。

（1）四大模块：
①核心素养的概念与生物学学科核心素养的培育。
②生物学知识教学与生物学能力培育。
③生物学教学方法与科学思维培育。
④生物学思维塑造与生物学教学能力培育。
（2）五大层次：
①基本理论的集约建构与核心理论的指导认同。
②教学方法概述与方法论动态认同。
③生物学教学认知与方法有效应用。
④生物学能力培育与思维方法践行。
⑤生物学核心素养与教学启迪。

第三节 本书的特色

本书立足核心素养、关键能力、认知视野，从"方法论"及"后方法"的角度，概览了国内外生物学核心素养和教学方法的宏观发展历程，分析了生物学教学方法体系的建构框架、方法论，以及生物学教学思想、科学思维、生物学能力、生物学核心素养，指出了生物学教学方法评价体系的优劣。

本书突出全面性、系统性、针对性、适应性，它既体现了理论的集约化认知与指导，又提供了有利于有效践行的实践原则、实践策略、实践方法和基本途径。全书包括八个章节，从心理学、教育学、生物学和学科教学论以及科学思维等视角出发，全面系统地探究了生物学教学方法的背景知识、理论基础、教学目标、主要特征、教学策略等，为学生的教师专业发展提供有效的帮助。

本书凸显基础性、综合性、实践性、实用性，强化理性认知与有效实践，尤其注重理论与实践相融合和创新表达，针对学生在试讲试教、教育实习、教师资格考试等教学活动中存在和可能存在的问题，运用大量的课例、案例进行评析，为学生提供了可理解性的输入，吸取他人之智慧，以帮助学生少走弯路。

本书中教学课例主要基于"教学情境创设－课堂问题表达－课堂教学对话设置－学

科知识有效建构－学习过程结果评价"的基本教学结构，结合"知识问题化－问题活动化－活动生活化"和"五环－四层（五环：多样激趣导入－多层感性建构－整合理性建构－应用巩固建构－迁移拓展结课；四层：情境创设－问题设置－活动组织－建构表达）"的教学设计策略进行设计，在教学设计上有效落实了生物学核心素养的要求，为师范生和中学生物教师的教学提供了较有价值的参考与设计方向。

第二章 生物学学科核心素养

全员育人、全过程育人、全方位育人,是系统落实立德树人任务的途径。进一步做好德育工作,必须要增强针对性和指导性,构建大中小幼一体化德育体系,形成方向正确、内容完善、学段衔接、载体丰富、常态开展的德育工作格局(教育部基础教育司,2017)。

学生发展核心素养体系的构建就是为了加强落实立德树人根本任务与课程教学建立内在的联系,破解教育目的与课程教学的"两张皮"难题,从而明晰学科育人、课程育人的根本目的(崔允漷,2018)。

素养是知识、技能、态度的统整与融合,是一整套可以被观察、教授、习得和测量的行为(Voogt J,Roblin N P A,2012)。基础素养是指人们在日常生活、学习、工作中所需要的基本素养,包括基础性的知识技能,如基本的读写算素养,以及基本的行为规范要求,如学会排队、遵守交通规则、不乱丢垃圾、不随地吐痰、不高声喧哗等(褚宏启,2016)。然而,在当今社会只具有这些基本素养已不足以满足社会变迁的需要,于是核心素养顺势被提出。核心素养本质上是在一个不确定的复杂情境中解决复杂问题的能力,涉及逻辑思维、分析、综合、推理、演绎、归纳和假设等高阶能力,主要包括沟通、问题解决、理性思维、领导力、创新、主动性、团队合作、学习能力等(褚宏启,2016)。

第一节 国际视野下的核心素养

一、核心素养

我国所提出的"核心素养"一词来自西方,由"Key Competencies"和"Core Competencies"翻译而来。"Key"表示"关键的""必不可少的"。"Competencies"直译为"胜任力"或者"能力",在英文文献中,"competency""competence""literacy"几个词都能互换使用,表达的是相同的含义,译成"素养"。国际组织和一些国家并没有统一的词表示"核心素养",但是根据"核心素养"的含义,国际上有三种翻译方式,即"Key Competency""21st Century Skills"和"21st Century Competency"。经济合作与发展组织的核心素养框架名称是"21st century skills and competences for new millennium learners"（新千年学习者的21世纪技能和素养），欧盟对核心素养的表述是"Key competences for lifelong learning"（为了终身学习的核心素养），美国、日本、新加坡的表述为"21st Century Skills"（21世纪技能）。

国际上核心素养的研究自20世纪末开始，经过二十几年的发展，国际组织、不同国家相继构建了"核心素养"框架，并依此进行教育教学改革。以下将分别介绍三大国际组织和五个国家的核心素养框架。

二、国际组织的核心素养

（一）经济合作与发展组织提出的核心素养

1997年经济合作与发展组织（OECD）启动了"素养的界定与遴选：理论和概念基础"（Definition and Selection of Competencies: Theoretical and Conceptual Foundations，简称DeSeCo）项目，旨在国际的和跨学科的背景下，通过与科学界的密切合作，共同开展素养的界定概念化和测量研究，在争议问题上达成共识，为现有的和未来的素养相关研究项目提供基本的理论和概念参照框架（张娜，2013）。

基于对核心素养的认识，DeSeCo项目团队确定了核心素养的内涵：核心素养是指覆盖多个生活领域的、促进成功的生活和健全社会的重要素养。该项目动员了12个主要会员国，历时9年，在2005年发布了总结报告《核心素养的界定和遴选》。最终形成了包括三方面共九项内涵的核心素养框架（表2-1。张娜，2013）。

表2-1 DeSeCo提出的核心素养框架

一级指标	二级指标	描述
互动地使用工具（using tools interactively）	互动地使用语言、符号和文本	有效运用口头和书面语言、运算和其他数学能力
	互动地使用知识和信息	识别和确定自身未知的知识领域，识别、定位来源，评价信息和来源的质量、适切性和价值，组织知识和信息
	互动地使用（新）技术	具有在日常生活和学习中应用技术的意识，运用信息和通信技术获取信息

续表2-1

一级指标	二级指标	描述
自主行动（acting autonomously）	在复杂的大环境中行动	了解形势，了解所处的系统，明确自身行为的直接和间接后果，通过思考与自身和集体的规则和目标相关的潜在的结果对自身行动做出选择
	形成并执行个人计划或生活规划	制定计划，设立目标，识别和评价已有资源和所需资源，平衡资源以满足不同的目标，从过去的行为中学习，预见未来的结果，监控过程，在计划执行中进行必要的调整
	维护权利、利益、限制与需求的能力	了解自身的权益，形成成文的规则和原则，进行基本情况分析，为了认定的需求和权利建立个人的论点，提出建议或可替代的方案
在异质团体中互动（interact in heterogeneous groups）	与他人建立良好关系	同理心，从他人的角度思考问题，有效地管理情绪
	团队合作	表达观点、倾听他人观点，理解辩论的动态变化和接下来的议程，建立战略的或可持续发展的联盟的能力，协商的能力，综合各方观点作出决策
	管理与解决冲突	在危机中分析问题和利益，识别共识和分歧。重新界定问题，对需求和目标进行优先排序

OECD确定的核心素养包括三个维度，在每个维度下面又包括了三个指标，即三方面共九项内涵。三个维度一起构建了一个包含人与工具、人与自我、人与社会的核心素养框架。互动地使用工具是第一个维度，该核心素养是让每个人都能通过使用信息等新技术工具以及语言、符号和文本等社会工具实现个人与世界互动。在这里工具不只是被动的媒介，也是个人与自身所处的环境之间积极对话的手段。第二个维度是自主行动，强调个人需要有自我行动、自我规划、自我维护的能力，包括自我规划、自我保护。第三个维度是在异质团体中互动，该类素养强调个人与他人、与团体建立良好合作的能力，并且能够管理和解决冲突。社会适应力、社交能力、跨文化能力和软技能等术语都属于该类素养。三个维度有具体的指标，都各有聚焦点，但这三个维度不是独立存在，而是相互联系，共同组成一个系统，并且需要通过终身学习来实现核心素养的养成。

（二）联合国教科文组织提出的核心素养

为了应对21世纪的教育挑战问题，联合国教科文组织（UNESCO）于1996年专门组织了"国际21世纪教育委员会"，并出版了《教育——财富蕴藏其中》的研究报告，在终生学习的思想指导下提出了"21世纪社会公民必备的基本素养"，即"学会求知"（Learning to know）、"学会做事"（Learning to do）、"学会共处"（Learning to live together）以及"学会生存"（Lear to be）；2003年，又提出了"学会改变"（Learning to change）。每个素养下又有具体的指标，这五个素养被称为终身学习的"五大支柱"。该委员会提出随着社会的发展，每个人的学习与工作的结合会日趋紧密，每个人的学习也不只是存在于学校中，工作中也需要人们不断的学习，所以教育要帮助每个人在工作内外学习,并将这种学习贯穿于人的一生,所以将学会求知作为终身学习的基础。这"五大支柱"虽然没有明确冠以"21世纪核心素养"的名称,但为21世纪需要培养什么样的人指明了方向。表2-2为终身学习"五大支柱"的具体内涵。

表2-2 UNESCO终身学习"五大支柱"的具体内涵

五大支柱	具体指标	内涵
学会求知	(1) 学会学习 (2) 注意力 (3) 记忆力 (4) 思维品质	它超越了教材和课堂教学中学习到的相关知识,包括个体在社会化过程中了解的各种社会关系,习得民族文化价值观念,学会遵守社会行为规范,培养个人追求真理的科学精神
学会做事	(1) 职业技能 (2) 社会能力 (3) 团队合作 (4) 创新进取 (5) 冒险精神	它意味着将所学的知识应用到实际问题解决过程,培养职业技能,并且强调为迎接知识经济社会的挑战而学习应对变化的综合能力(如合作、创新、交流等能力),突出从实践和人际互动中培养行为技能
学会共处	(1) 认识自己的能力 (2) 认识他人的能力 (3) 同理心 (4) 实现共同目标的能力	学习和了解自身,尊重他人、他国、其他民族文化,学会关心,学会分享,学会平等对话,通过协商解决矛盾或冲突;学会通过合作达成团队的共同目标,获得相应的社会活动经验
学会生存	(1) 促进自我精神 (2) 丰富人格特质 (3) 多样化表达能力 (4) 责任承诺	体现了教育和学习的根本目标,它超越了单纯的道德、伦理意义上的"为人处世",而包含了适合个人和社会需要的情感、精神、交际、合作、审美、体能、想象、创造、批判性精神等诸方面相对全面而充分的发展。因此,它体现了教育的实质和目标就是促进每个个体和社会全体的全面而有个性的发展
学会改变	(1) 接受改变 (2) 适应改变 (3) 主动改变 (4) 引领改变	指个人不仅要学会接受及适应改变,也要展开行动成为积极改变的主体,并且主动引领改变以促进人类的发展;学习不仅可以适应改变,也能创造改变;学习是一种适应的机制,但也具有引发改变的能力

在五大支柱的基础上,基于全民终身学习的理念,2013年,联合国教科文组织联合美国布鲁金斯学会启动了"学习指标专项任务"(Learning Metrics Task Force,简称LMTF)项目,并发布报告《向普及学习迈进——每个孩子应该学什么》(*Toward Universal Learning*:*What Every Child should Learn*),该报告着眼于三个主要问题:①对于所有儿童和青少年而言,应该学什么?②如何衡量学习结果?③如何通过监测学习成果以提升教育质量?基于此,该项目结合UNESCO之前的研究成果,提出《全球学习领域框架》,即面向21世纪基础教育阶段学习需关注的七大领域(表2-3),分别是:身体健康、社会和情感、文化和艺术、语言和交流、学习方法和认知、算数和数字、科学和技术。每个领域下还依据三个学习阶段划分了二级指标,二级指标下还有更详细的要求,这些具体的要求由易到难,由简单到复杂。这七大方面可以被视为UNESCO基础教育阶段学生发展的核心素养。

表2-3 全球学习领域框架中的指标体系

一级指标	二级指标		
	学前阶段 (Early Childhood Level)	小学阶段 (Primary Level)	小学后阶段 (Postprimary Level)
身体健康 (Physical Well-Being)	身体的健康和营养	身体健康和卫生	健康和卫生
	健康知识和实践	食物和营养	性和生殖健康
	安全知识和实践	身体活动	疾病预防
	粗、细、知觉运动	性健康	
社会和情感 (Social and Emotional)	自我调节	社会和团体价值观	社会意识
	情感意识	公民价值观	领导力
	自我概念和自我效能	心理健康和幸福	公民参与
	移情		积极看待自己和他人
	社会关系和行为		心理弹性
	冲突解决		道德和伦理价值观
	道德价值观		社会科学
文化和艺术 (Culture and the Arts)	创造性的艺术	创造性的艺术	创造性的艺术
	自我和社会认同	文化知识	文化研究
	尊重多样性的意识		
语言和交流 (Literacy and Communication)	接受性语言	口语流利	听说
	表达性语言	口语理解	读
	词汇	阅读流利	写
	对印刷文字的认识	阅读理解	
		接受性词汇	
		表达性词汇	
		书面表达	
学习方法和认知 (Learning Approaches and Cognition)	好奇心和参与度	专注力和坚韧性	合作
	专注力和坚韧性	合作	自我导向
	自主性和主动性	自主	学习目标
	合作	知识	坚韧性
	创造性	理解	问题解决
	推理和问题解决	应用	批判性的决策制度
	早期批判性思维技能	批判性思维	灵活性
	符号表达		创造性

续表2-3

一级指标	二级指标		
	学前阶段 (Early Childhood Level)	小学阶段 (Primary Level)	小学后阶段 (Postprimary Level)
算数和数字 (Numeracy and Mathematics)	数感和运算	数的概念和运算	数学
	空间感和几何	几何与图形	代数
	模式和分类	数字的应用	几何
	测量和比较		日常计算
			个人理财
			知情的消费者
			数据和统计
科学和技术 (Science and Technology)	探究技能	科学探究	生物
	对自然和物理世界的认识	生命科学	化学
	对技术的认识	地理科学	物理
		地球科学	地球科学
		了解和使用数字技术	科学方法
			环保意识
			数字化学习

以上就是联合国教科文组织的以终身学习为导向的素养内容结构框架和以学习领域划分的素养内容结构框架。联合国教科文组织虽然没有明确界定核心素养的含义，但是可以概括为：在学校和生活中取得成功，对于所有的儿童和青少年都至关重要的能力、知识或者学习领域。这两种核心素养体系的提出都是基于人本主义思想，即由原来的教育目标是一种"工具性目标"，目的在于把学生培养成能够提高生产率的工具，转变为教育是一种"人本性目标"，它能使学生在身体、情感、智力、心理等方面的潜能和素质都能通过学生的学习得以发展。这两种核心素养体系都是在终身学习的思想下提出的，强调的是核心素养在学生学习的不同阶段都能得到发展，并且能持续的发展，如学前阶段的空间感和几何，小学阶段的几何与图形，小学后阶段的几何。算数和数字领域就在不同的阶段都有涉及，且贯穿个体终身的学习。

（三）欧盟提出的核心素养

2000年欧盟启动了核心素养的研究，2005年12月，欧盟委员会（European Commission）的"终身学习项目"（Lifelong Learning Programme）发表《终身学习核心素养：欧洲的参考架构》（*The Key Competences for Lifelong Learning—European Reference Framework*），该报告以追求终身学习为价值取向，整合了传统基本能力、新基本能力和核心素养的研究，提出了八项核心素养，分别是：母语交流、外语交流、数学素养和基本的科技素养、数字化素养、学会学习、社交和公民素养、主动与创新意识、文化意识与表达。每项素养分别从知识、技能和态度三大方面进行了描述。此后欧盟各国在该核心素养框架下分别构建了本国的核心素养体系。由于十多年来欧盟成员国内部社会发展需求与国际组织教育改革动态变化，欧盟委员会于2018年1月17日通过《关于终身学习的核心素养提案（2018）》（*The Proposal for a New Recommendation on Key Competences for Lifelong learning*），对2005年提出的核心素养进行了调整，提出了新的核心素养框架（New Key Competences Framework），如表2-4所示。

表2-4 欧盟核心素养框架

核心素养	含义
读写能力（Literacy competence）	在不同学科和环境中使用多种材料（视觉、声音、数字材料）进行口头或书面联系沟通的能力
语言能力（Languages competence）	适当和有效地运用不同语言进行交流的能力
数学、科学能力与工程技术能力（Mathematical competence and competence in science, technology and engineering）	数学能力是开发和运用数学思维处理日常生活问题的能力
	科学能力是使用科学知识和方法体系发现问题和得出基于证据的结论的能力
	技术和工程能力是运用相关知识理解人类活动及公民个人责任变化并采取恰当行动的能力
数字能力（Digital competence）	在学习、工作和社会参与中自信、批判性和负责任地使用信息技术的能力，包括信息与媒体素养、沟通协作、数字内容创作与安全及解决问题的能力
个人、社会能力与学习能力（Personal, social and learning competence）	批判性思维、反省自己、有效地管理和利用时间与信息、以建设性方式与他人合作、保持对学习和工作适应力的能力
公民能力（Civic competence）	基于对社会政治、经济概念与结构、全球环境和可持续发展的理解，充当负责任的全球公民并充分参与社会生活的能力
创业能力（Entrepreneurship）	在创造力、批判性思考、流程管理与解决问题技能的基础上，对具有文化、社会或商业价值项目的想法采取行动，并转化为其他价值的能力
文化意识与表达能力（Cultural awareness and expression competence）	理解与尊重不同文化，并以艺术或其他形式创造性地表达不同文化的能力

2018年欧盟新委员会提出的核心素养的定义同样是从知识、技能、态度这三个维度进行表述的，三个维度都是以终身学习为价值导向。新的核心素养之间相互关联，贯穿了批判性思维、问题解决、团队合作、沟通谈判技巧、创造力、跨文化交流等能力。

三、国际视野下的核心素养

（一）美国核心素养框架

2002年，21世纪技能伙伴联盟（简称P21）开始了21世纪技能的研究工作，即核心素养框架的研究。该研究以未来社会职业需求为价值取向，意在培养学生在将来工作和生活中所必须掌握的技能、知识和专业能力。2002年，专家团队和其他组织开发并最终构建了"21世纪素养框架"，提出了学生在工作、生活和公民能力等方面需要的技能、知识和必要的知识系统（The Partnership for 21st Century Skills，2015）。2007年，该组织又对该框架进行了调整和更新。新的美国"21世纪技能"如图2-1所示。

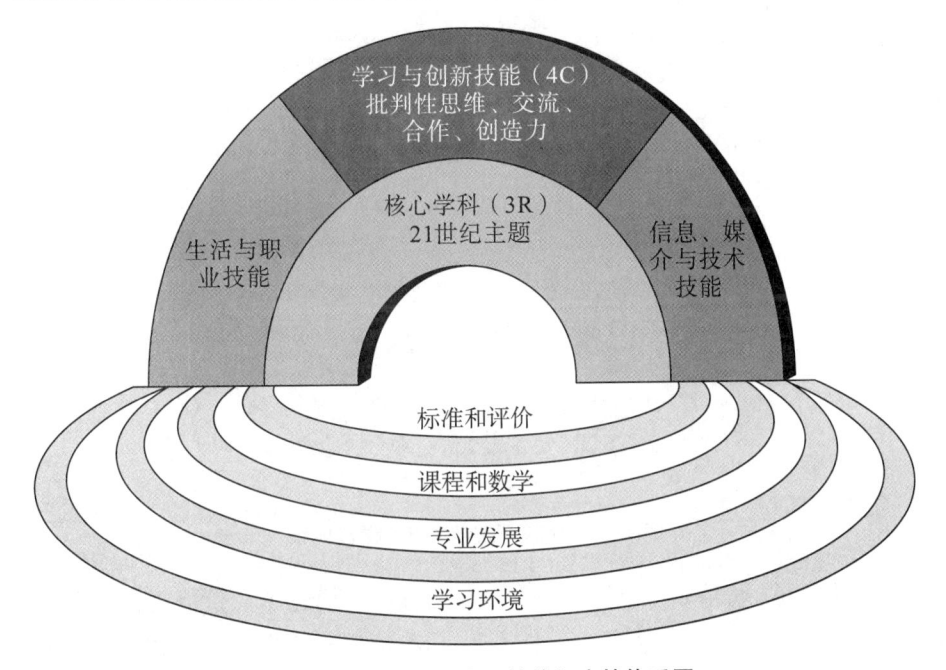

图2-1 美国"21世纪技能"支持体系图

图2-1在垂直面上包括两个部分，内环部分是落实三个核心素养需要学习的具体学科，包含两个方面：核心学科和21世纪主题。其中核心学科主要包含英语、阅读、语言、艺术、数学、经济学、科学、地理、历史、政府和公民等。还从跨学科的角度出发提出了21世纪主题，包括全球意识、金融、商业和创业素养、公民素养、健康素养以及环境素养（The Partnership for 21st Century Skills，2015）。这些学习内容并不独立成为学科，而是融入核心学科中，目的是让学生在学校学习的过程中就能够初步了解并开始学习如何应对现实社会中的问题。

（二）新加坡核心素养体系

新加坡以培养完善品德的人为价值取向，旨在培养有自信的人、自主学习的人、积极贡献者和热心公民，实现个人发展与学校发展相统一。基于这样的目标，新加坡教育部在 2014 年 4 月发表了《新加坡学生 21 世纪素养和目标框架》。图 2-2 表示新加坡学生核心素养模型结构（Ministry of Education，2015）。

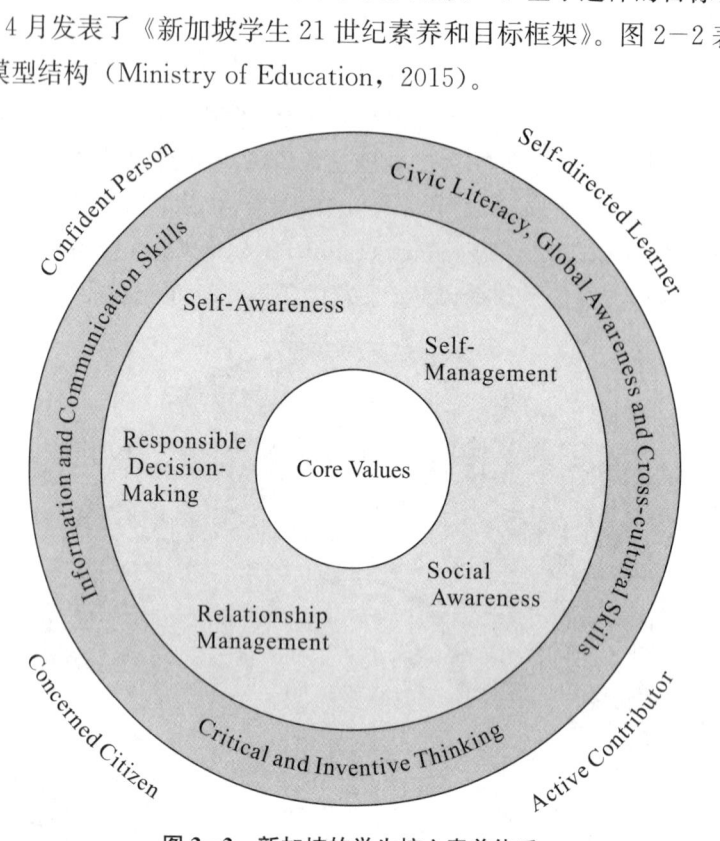

图 2-2　新加坡的学生核心素养体系

该体系以"核心价值观"（Core Values）为核心，构建了"价值观素养""社会与情绪素养"和"21 世纪技能素养"三维框架。"价值观素养"位于最内环，包括尊重、责任、正直、关爱、适应力、和谐。这是 21 世纪素养和目标框架的核心部分，学生的一切知识和技能都要以此为基础。"社会和情绪素养"是以核心价值观为基准提出的，图 2-2 的中间环就代表这一素养，包括自我意识（Self-Awareness）、自我管理（Self-Management）、社会意识（Social Awareness）、关系管理（Relationship Management）和负责任的决策（Responsible Decision-Making）五个方面。

（三）澳大利亚核心素养体系

2008 年颁布《墨尔本宣言》后，澳大利亚才将核心素养引入到国家课程中，它主张以核心素养为支撑的课程内容，将核心素养贯穿整个国家课程体系，由此核心素养成为澳大利亚国家课程标准制定基石（Ministerial Council on Education，2008）。澳大利亚核心素养包括读写素养、数学素养、信息沟通素养、批评和创造思维、个人和社会、道德伦理和跨文化理解（Australian Curriculum，2013）。

（四）新西兰核心素养体系

新西兰认为核心素养是为了让人们能够适应当前和未来生活、学习而必须具备的能力，并且能够在不同阶段不断发展。它不同于技能，且比技能要复杂得多，是知识、技能、态度和价值观的整合。基于这种观念，2014年，新西兰新课程以DeSeCo的核心素养为参考框架，对之前课程框架中的技能进行重组、整合，确定了五条核心素养（Hipkins R，2006），分别是思考（Thinking）、使用语言、符号和文字（Using Language，Symbols，and Texts）、自我管理（Managing Self）、与他人互动（Relating to Others）、参与与贡献（Participating and Contributing）。

（五）日本核心素养体系

2013年，日本在《培养适应社会变化的素质与能力的教育课程编制的基本原理》的研究报告中首次提出了面向国际、立足本国的核心素养框架——"21世纪型能力"。一些发达国家的核心素养体系给该课题研究提供了参考，在结合学生培养核心素养实验的基础上，课题研究从剧烈变化的社会，世界教育的趋向，教育、学习研究的最新进展等三个维度切入，考查21世纪日本国民需要具备哪些核心能力（辛涛，姜宇，2014），提出了同心圆的"21世纪型能力"模式。该模式由外到内分别是实践力、思维能力和基础能力，三个圈层彼此依赖，相互联系。

第二节　中国学生发展核心素养

核心素养是学生在接受相应学段的教育过程中，逐步形成的适应个人终身发展和社会发展需要的必备品格和关键能力（林崇德，2017）。核心素养体现了党的教育方针的具体要求，并且将宏观的教育理念、培养目标以及具体的教育教学实践相连接。通过核心素养可以将党的基本教育方针转化为教学过程中直接使用的、易于教师理解的具体要求，并且指明学生接受教育后应该具备的品格以及关键能力，通过对"立什么德、树什么人"问题的深入回答，引导课程的改革与改善教书育人模式。因此，中国化的学生发展核心素养体系的构建是为了全面贯彻党的教育方针，实现立德树人的根本任务。

学生发展核心素养是学生在接受相应学段的教育过程中，逐步形成的适应个人终身发展和社会发展需要的必备品格和关键能力，这个内涵从两个维度来理解（喻平，2017）。

中国学生发展核心素养，以"全面发展的人"为核心，包括自主发展、社会参与和文化基础三个领域、六项核心素养指标（图2-3），综合表现为学会学习、健康生活、责任担当、实践创新、人文底蕴、科学精神。根据这一总体框架，针对学生年龄特点进一步提出各学段学生的具体表现要求。

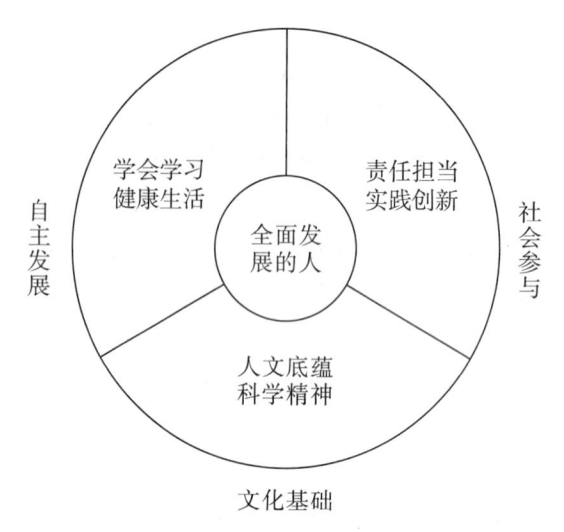

图 2-3　中国学生发展核心素养体系总框架

一、文化基础

文化是人存在的根和魂。文化基础，重在强调能习得人文、科学等各领域的知识和技能，掌握和运用人类优秀智慧成果，涵养内在精神，追求真善美的统一，发展成为有宽厚文化基础、有更高精神追求的人。

（一）人文底蕴

人文底蕴主要是学生在学习、理解、运用人文领域知识和技能等方面所形成的基本能力、情感态度和价值取向。人文底蕴具体包括人文积淀、人文情怀和审美情趣等基本要点。

（二）科学精神

科学精神主要是学生在学习、理解、运用科学知识和技能等方面所形成的价值标准、思维方式和行为表现。科学精神具体包括理性思维、批判质疑、勇于探究等基本要点。

二、自主发展

自主性是人作为主体的根本属性。自主发展，重在强调能有效管理自己的学习和生活，认识和发现自我价值，发掘自身潜力，有效应对复杂多变的环境，成就出彩人生，发展成为有明确人生方向、有生活品质的人。

（一）学会学习

学会学习主要是学生在学习意识形成、学习方式方法选择、学习进程评估调控等方面的综合表现。学会学习具体包括乐学善学、勤于反思、信息意识等基本要点。

（二）健康生活

健康生活主要是学生在认识自我、发展身心、规划人生等方面的综合表现。健康生活具体包括珍爱生命、健全人格、自我管理等基本要点。

三、社会参与

社会性是人的本质属性。社会参与，重在强调能处理好自我与社会的关系，养成现代公民所必须遵守和履行的道德准则和行为规范，增强社会责任感，提升创新精神和实践能力，促进个人价值实现，推动社会发展进步，发展成为有理想信念、敢于担当的人。

（一）责任担当

责任担当主要是学生在处理与社会、国家、国际等关系方面所形成的情感态度、价值取向和行为方式。责任担当具体包括社会责任、国家认同、国际理解等基本要点。

（二）实践创新

实践创新主要是学生在日常活动、问题解决、适应挑战等方面所形成的实践能力、创新意识和行为表现。实践创新具体包括劳动意识、问题解决、技术应用等基本要点。（林崇德，2017）。

第三节 生物学学科核心素养

从2003年版《普通高中生物课程标准（试行）》到《普通高中生物学课程标准（2017年版）》，到《普通高中生物学课程标准（2017年版2020年修订）》（简称《课标》），从双基、三维、核心素养的变化，可以看出国家对于高中生物学科的重视程度在不断增强，也越来越重视学生的生物学能力和生命观念的培养，不再是简单地学习生物学知识，而是更强调生物学课程的育人功能的实现和对社会发展的推动作用。教学理念上强调以生物学学科素养为宗旨，教学内容上使学生建构大概念体系，在教学过程中注重实践，指导学生在获得生物学基础知识的同时，促进其自身的全方位的个性化发展。

在《课标》的发展过程中，我们不难发现新版《课标》的正式颁布，标志着我国生物学学科在教育发展中又一巨大进步。这些变化都凸显着生物学学科独特的育人价值，也对于生物学学科核心素养的形成培养、生物学学科课程的建设规划发展以及教师的专业发展和课堂教学提出了新的发展要求。

一、生物学学科核心素养内容

根据《课标》对生物学学科核心素养的定义可知：生物学学科核心素养集中体现了生物学学科的育人价值，是高中生通过生物学学科的学习逐步形成的正确价值观、必备品格和关键能力，包括生命观念、科学思维、科学探究和社会责任。这四个要素互为一体，不可分割，任意一个要素发展的同时，往往联动其余要素共同进步。此外，《课标》还为课程结构的设计、课程内容的建构提供了理论依据。《课标》中提到，要发展学生的生物学核心素养，培养学生的研究能力，明确指出了高中生物学学科核心素养的具体要求（表2-5）。

表2-5 生物学学科核心素养的内涵及具体要求

素养名称	内涵	具体要求
生命观念	指对观察到的生命现象及相互关系或特性进行解释后的抽象，是人们经过实证后的观点，是能够理解或解释生物学相关事件和现象的意识、观念和思想方法	学生应该在较好地理解生物学概念的基础上形成生命观念，如结构与功能观、进化与适应观、稳态与平衡观、物质与能量观等；能够用生命观念认识生物的多样性、统一性、独特性和复杂性，形成科学的自然观和世界观，并以此指导探究生命活动规律，解决实际问题
科学思维	指尊重事实和证据，崇尚严谨和务实的求知态度，运用科学的思维方法认识事物、解决实际问题的思维习惯和能力	学生应该在学习过程中逐步发展科学思维，如能够基于生物学事实和证据运用归纳与概括、演绎与推理、模型与建模、批判性思维、创造性思维等方法，探讨、阐释生命现象及规律，审视或论证生物学社会议题
科学探究	指能够发现现实世界中的生物学问题，针对特定的生物学现象，进行观察、提问、实验设计、方案实施，以及对结果的交流与讨论的能力	学生应该在探究过程中，逐步增强对自然现象的好奇心和求知欲，掌握科学探究的基本思路和方法，提高实践能力；在探究中，乐于并善于团队合作，勇于创新
社会责任	指基于生物学的认识，参与个人与社会事务的讨论，作出理性解释和判断，解决生产生活问题的担当和能力	学生应能够以造福人类的态度和价值观，积极运用生物学的知识和方法，关注社会议题，参与讨论并作出理性解释，辨别迷信和伪科学；结合本地资源开展科学实践，尝试解决现实生活问题；树立和践行"绿水青山就是金山银山"的理念，形成生态意识，参与环境保护实践；主动向他人宣传关爱生命的观念和知识，崇尚健康文明的生活方式，成为健康中国的促进者和实践者

二、生物学学科核心素养的重要性

教育是国之大计、党之大计。而如何培养人才则是教师需要着重关注的问题。教师如何培养人才？教师应该培养什么样的人才？这些问题都可以被《课标》所解答。《课标》的颁布，为教师培养人才提供了方向，提供了支撑，提供了依据。教师的课堂不能脱离《课标》，学生的发展不能脱离《课标》。《课标》的重要性不言而喻，它在课堂中发挥着以下的作用。

（一）指引者

《课标》提出"核心素养为宗旨"，那么教师在课堂中如何落实，落实到什么地方？在教学中应将培养学生的生物学学科核心素养的理念贯穿始终，落实到底。教师在学科思想方法的指导和统领之下，应创造性地将学科教学各要素及环节相互融合和有效组合，在整体优化的基础上产生聚集效应，从而突破以往追求"双基"的教学方式，最大限度地促进学生学科核心能力和综合素养发展。

（二）评判者

学生通过课堂达成了什么样的目标，教师通过课堂完成了什么教学任务？《课标》就是最好的检验工具。它可以检验学生通过学习将知识转换到哪一层面，也可以检验教师通过教学将知识渗透到了哪一层面，以帮助教师完成"更好的教"。教学是开启心灵、启迪智慧的心智活动。触及心灵深处，与兴趣、情感和思维产生碰撞和交融，教学才能产生真正的意义。而《课标》中核心素养的提出无疑是一盏指路明灯，为检验教师的教学成果提出了统一并有效的评判标准。

（三）规范者

《课标》中明确指出了学生需要通过学习所达到的能力和精神层面，这与其说是一套标准，不如说是一条底线——通过学习，学生必须完成、必须达到的能力要求和知识水平。这既方便了教师对教学内容的选择，也方便了教师对教学内容的评价。

第三章　生物学教学方法论

第一节　教育学理论基础

一、教育学理论基础

究竟什么是教育学理论基础呢？或者说什么才可以称为教育学理论基础呢？许多学者对其进行了细致而广泛的研究，认为教育学的理论基础指为教育提供知识准备、价值取向论证基础和方法论的具有基础性和普遍指导作用的理论（胡炳仙，2006）。目前被普遍接受的教育学理论基础为心理学、哲学和社会学。在教育学流派的影响和基础上，目前教育学理论基础渐渐规范化、明确化，被大众所熟知且对教育有突出贡献的相关教育家及理论大致如下。

（一）斯金纳的操作条件作用理论

操作性条件反射这一概念，是斯金纳新行为主义学习理论的核心。斯金纳把行为分成两类：一类是应答性行为，这是由已知的刺激引起的反应；另一类是操作性行为，是有机体自身发出的反应，与任何已知刺激物无关。斯金纳认为，人类行为主要是由操作性反射构成的操作性行为，操作性行为是作用于环境而产生结果的行为。在学习情境中，操作性行为更有代表性。

斯金纳把强化分成积极强化和消极强化两种。积极强化是获得强化物以加强某个反应，如鸽子啄键可得到食物。消极强化是去掉可厌的刺激物，是由于刺激的退出而加强了那个行为，如鸽子用啄键来去除电击伤害。教学中的积极强化是教师的赞许等，消极强化是教师的皱眉等。这两种强化都增加了反应再发生的可能性。斯金纳认为不能把消极强化与惩罚混为一谈。

在实际教育中，学生对各种不同的强化作出不同的反应。有的学生能因在班上受口头表扬而受到激励，但有的学生则不然。一个强化事件本身并不必然有效。因此，在教学中，教师要针对班上不同的学生提供不同的强化物。教师要注意观察和了解学生对什么强化物感兴趣。教师选择强化物时应考虑年龄因素。有些活动如帮助老师、做谜语题，对小学生可能是更合适的强化物。因此，必须对不同年龄的学生提供相适应的有力的强化刺激和事件。

（二）布鲁纳的发现学习理论

布鲁纳提出的发现学习，使得人们对认知主义有更进一步的认识。布鲁纳在受到德国"格式塔"心理学的主要思想以及皮亚杰提出的认知发展的相关理论启示下，批判了杜威等人提出的行为主义，最终又通过自己长期的不断研究，形成了认知发现学习观的主要理论和模式。

发现学习指学生自我主动、独立思考，自我发现知识之间的内在联系，从而通过自我的再认识将知识与知识间连接起来。换句话说，发现学习就是在新旧知识之间建立联系的过程中，最终不仅获得了知识而且还培养了自我的探究性思维的一种学习方式。因此，他认为学习的根本就是学习者积极地通过自我领会以及思维缜密的分析，最终在大脑中形成知识编码系统。而教师则应该在教学过程中，花时间和精力来创设情境或问题，引导学生自我发现知识点间的联系，正因如此学生通过发现学习这一过程的训练，有助于思维的训练，并且也可以帮助学生树立学习的兴趣，找到自信。

（三）奥苏伯尔的有意义学习理论

有意义学习指符号所代表的新知识与学习者认知结构中已有的恰当观念之间建立起非人为的和实质性的联系（齐建芳，2012）。从概念的界定来看，有意义学习和机械学习两者之间是不对等的。有意义学习存在两条标准：一是新旧知识的联系是非人为的，也就是说新知识和大脑中已有的观念之间存在本质上的逻辑关系；二是符号所代表的观念和大脑中认知结构的某类观念存在实质性联系。实质性联系指符号所代表的观念与原有观念、概念及规律等存在联系。而正是因为这两条标准就将有意义学习和机械学习进行了区分。

机械学习一般指的是依靠反复地重复接受知识内容来熟记知识，这种学习只能起到临时记忆的效果，若从中选取一类知识进行抽查，往往将不知所云。要产生有意义学习必须还有两个先决条件：条件一是外部条件，即其产生必须受到所学材料性质的影响，而该材料也必须同样保证具有非人为和实质性的标准；条件二是内部条件，学习者必须愿意主动地将新知识和大脑中原有知识之间建立起联系。此外学习者大脑中也应该具备恰当的知识才可以更好地与新知识间取得联系。

与接受学习的学习方式相对应的教学方法就是讲解式教学（讲授法）。讲解式教学具有以下四个主要的特点：

（1）师生之间存在较大的互动性。教师虽然扮演讲授的角色，但是在该过程中也要抓住学生的注意，引起他们的反应，否则就是无意义的教学。

（2）提供有意义的材料、例证。

(3) 难易概念呈现的先后顺序。最先呈现的是较为简单、基础的概念，通过简单概念的学习后引证出较为复杂的概念。

(4) 教学操作具有一定的程序、序列（先行组织者策略）。

（四）维果茨基的最近发展区

维果茨基对教育做出的贡献之一就是提出了"最近发展区"理论，简称 ZPD。维果茨基将其定义为"个人实际发展水平与潜在的发展水平两者之间的差距"。

最近发展区理论的基本观点是：在确定发展与教学的可能关系时，要使教育对学生的发展起主导和促进作用，就必须确立学生发展的两种水平。一是其已经达到的发展水平，表现为学生能够独立解决问题的智力水平；二是他可能达到的发展水平，但要借别人的帮助，表现为在集体活动中，通过模仿才能达到解决问题的水平。维果茨基特别指出，至少应该确定学生发展水平的两种水平，如果不了解这两种水平，将不可能在每一个具体情况下，在发展进程与他受教学可能性之间找到正确的关系。维果茨基将学生在指导下借助别人的帮助所能达到解决问题的水平与在独立活动中所达到的解决问题的水平之间的差异称之为最近发展区，如图 3-1 所示。

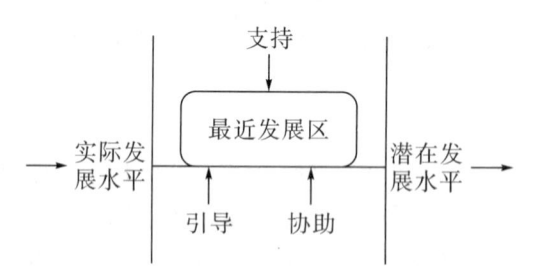

图 3-1 最近发展区

在最近发展区，教师和学生（成人/儿童、指导者/被指导者、样本/观察者、专家/新手、教师/学徒）都在完成同一个任务时，这个任务的难度使学生无法独立完成。最近发展区反映出了马克思主义的集体行动的观点，即主张那些有更多知识和更熟练技能的人，与那些懂得的较少的人分享知识与技能，从而共同完成任务。

在最近发展区里，当教师和学生共享文化工具时，就促成了认知的发展，当学生将这种由文化作中介的互动进行内化时，认知的发展就产生了。在最近发展区的教学活动中，需要大量有人指导的参与活动；然而学生既不是从这种交互作用中被动地获得文化知识，也不一定必须要自动化地或精确地进行反应。学生对互动活动有自己的理解，并通过将这些理解与自己在具体情境中的经验整合起来，从而构建出自己的思想。例如，学生熟知植物向光生长的现象，但是不清楚其背后的原因，可以借助其生活经验引入，启发学习兴趣。

（五）建构主义理论

建构主义理论是一种庞杂的社会科学理论，受到杜威的经验主义理论、维果茨基的最近发展区、皮亚杰学说的影响，主要包括建构主义知识观、建构主义学习观、建构主义教学观。

建构主义知识观认为知识并不是对现实的准确表现，而是一种解释，也是一种假设，并不是问题的最终答案。相反它会随着人类的进步而不断地被革新，这意味着知识是处在不断发展中的。并且学习者非白纸，具有经验，在不同的情境中能够主动地利用自身的经验对知识进行自主建构。

建构主义学习观强调，学生并不是空着脑袋走进教室的，他们在日常生活、学习中，已经形成了丰富的经验。所以教学不能无视学生的这些经验，而是要把儿童现有的知识经验作为新知识的生长点，引导儿童从原有的知识经验中"生长"出新的知识经验。教学要为学生创设理想的学习情境，增进学生之间的合作，激发学生的推理、分析等高级思维活动，促进学生自身积极的意义建构。总的来说建构主义学习观突出以下几点：强调学生的经验、注重学生为中心、创设冲突的真实的学习情境、注重互动的学习方式。

建构主义教学观认为学习不是知识由教师向学生的传递，而是学生自主建构知识的过程，在此过程中学生不是被动的信息吸收者，而是意义的主动建构者，且这种建构不能被他人代替，故而建构主义教学观强调：

（1）教学从学生的经验出发。在生物学教学上，经验指的是学生已有的生物学知识和生物学信息。

（2）创设良好的教学情境。从学生的经验出发，引发学生探究欲望，创设探究情境。在情境中学，以后遇到相似的情境学生就可以更好地解决生活的实际问题。

（3）重视合作的学习方式。合作学习可以集合多人智慧，锻炼学生表达自己观点、与人沟通、归纳与概括的能力，进而培养学生的科学思维。

（4）鼓励学生反省和思考。

（5）调整角色。在知识的自主建构过程中，主要是学生在思考、归纳、总结，教师由直接给出知识的提供者，变成了学习的协助者、情境的建设者、活动的引导者，教师的角色进行了调整。在教学的过程中，没有固定的教学方法，教师也在不断地学习。

第二节　教学方法论概述

课堂教学在教学中占有非常重要的地位，从某种意义上说，课堂教学是整个教学活动的中心环节。在教学中，课堂教学活动是教师的教与学生的学的双边活动，因此，课堂教学研究中最重要的方面，就是对师生双方活动方式的教学方法的研究。

在传统教学论中，强调教师在教学活动中的地位和作用，教师是知识的传授者，教师在教学中往往占有中心地位，而教学方法往往指的是教师的工作方式。现代教学论则强调学生在教学活动中的主体地位和主观能动性，旨在强调提高学生的积极性，让学生在整个课堂教学中活动起来，教学方法也不再是教师单方面的工作方式，而是师生双方共同完成教学活动所采用的手段，教师采用的任何活动手段都必须充分考虑到学生学习的主动性，以适应学生学习的需要。

对于教学方法的概念，学者们都持有自己的观点。关甦霞认为，教学方法是教师为了完成教学任务，实现教学目的，在教学过程中所采用的一系列方法措施（关甦霞，1987）。彭永渭认为，教学方法是教师和学生为完成教学任务、实现教学目的采用的工作方式或手段（彭永渭，1986）。王道俊等认为，教学方法是为完成教学任务而采用的办法，它包括教师教的方法和学生学的方法，是教师引导学生掌握知识技能、获得身心发展而共同活动的方法（王道俊，王汉澜，1989）。

随着现代教学理论的发展，人们对教学方法本质的研究趋于深刻，教学方法的定义也比较具体、确切。明确体现在以下几方面：

（1）教学活动的双边性。教学活动是教师的教和学生的学密切联系、相互作用的双边活动，教学方法应包括教师的教法和学生的学法。

（2）教的方法与学的方法相互联系与作用。教学方法包括教的方法与学的方法，但二者绝不是机械地相加之和，而是密切联系、相互作用的教学活动统一体的两个方面。正如朱作仁指出，教学方法的本质，主要取决于学生的学习认识活动（学习）和教师相应的活动（教学）的逻辑顺序和心理方面，即由学习方式和教学方式二位一体运用的协调一致的效果来决定的（朱作仁，1978）。

（3）教学法的构成。教学法从宏观上可划分为组织结构、逻辑结构和时空结构。组织结构指教学方法本身的构成要素及其组合方式。逻辑结构指教学要遵循一定的逻辑顺序，其起点是教学目的和任务，同时，这个目的也是它的逻辑终点。时空结构，从宏观上指教学方法的结构是历史和逻辑的辩证统一，它体现了教学方式的历史变革与教学方法的历史存在。

（4）方法从实质上来说，就是一种运动规律的规定性和活动模式，它规定人们按一定的行为模式去活动。这种活动是有目的的活动，是师生相互作用的活动，更是以一定方式结合的活动（王策三，1985）。

基于以上认识和分析，本书将教学方法定义为：是在教学过程中，教师和学生为实现教学目的、完成教学任务而采取的教与学相互作用的活动方式的总称。

第三节　生物学教学方法

生物学作为一门具有悠久历史的学科，有着独一无二的学科性质。作为传统的学习科目，在教学过程中，通过短暂的上课时间来让学生接受和消化课堂内容对教师而言并非易事，所以对于课堂时间如何有效利用，传授的课堂知识如何在有限的时间让学生最大化地接受是教学中的关键，而教学方法则成为教师达成教学目标的有效手段。

黄甫全在《现代教学论学程》中提到过"教学方法是为了达成一定的教学目标，教师组织学生进行学习活动所采用的方式、手段和程序的总和"（黄甫全，王本陆，1998）。教学时，教师应该根据内容、学生等，选择适合的教学方法，所以在选择教学方法之前，对于教学方法的熟知，以及了解其相关的要求和基本特征就特别重要。在生物学教学中常用教学方法有如下一些：

（一）讲授法

讲授法是教师运用简明、生动的口头语言连贯、系统地向学生传授知识、发展学生智力的一种方法。

讲授法主要有讲述、讲解、讲读、讲演四种方式。讲述指教师运用具体生动或者描述的语言对教学内容做系统叙述和形象描绘的一种讲授方式。讲述又分为科学性讲述和艺术性讲述。在概念教学中，讲述法就是运用准确、形象的语词进行概念的讲析。讲解指教师运用通俗易懂的语言对教材内容进行解释、说明、论证的一种讲授方式。这种方式一般在自然学科教学中运用较多。讲读指教师把讲述、讲解同阅读教材有机结合，是讲、读、练、思相结合的一种讲授方式。讲读的主要特点是讲与读交叉进行，有时还加入练习活动，既有教师的讲与读，也有学生的讲、读和练，是讲、读、练结合的活动。讲演是指教师以报告或者其他形式在较长的时间里系统地讲授教材内容，条分缕析，旁征博引，科学论证，从而得出科学结论的一种讲授方式。它要求有分析、有概括，有理论、有实际，有理有据。这种方法多用于中学高年级的教学活动中。

在中学生物学教学中，讲授法适用于概念、原理的教学。讲授法有利于发挥教师的主导作用，使学生在短时间内获得大量系统的科学知识，输出效率较高，有利于发展学生的智力，有利于教学活动有目的、有计划地进行。但是讲授法容易束缚学生，没有充分的机会让学生对所学内容进行及时的反馈；不利于学生主动、自觉地学习；对教师的个人语言表达能力依赖较强。

（二）谈话法

谈话法也叫问答法，它是教师按照一定的教学要求向学生提出问题，要求学生回答，并通过问答的形式来引导学生获取或巩固知识的方法。

谈话法的形式，从实现教学任务来说，有引导性的谈话、传授新知识的谈话、复习巩固的谈话和总结性谈话。无论哪种形式的谈话，都要设计不同类型的问题，开展不同形式的谈话活动，调动学生的积极性。这是发挥谈话法作用的关键所在。

谈话法能充分激发学生的主动思维，促进学生独立思考；对学生的智力发展有积极作用；有利于学生语言表达能力的锻炼和提高。但运用谈话法完成相同教学任务时，需要较多的时间；学生人数较多时，很难照顾到每一个人。

在中学生物学教学导入环节，创设真实的情境，运用谈话法可以拉近师生的距离，引起学生的共鸣，产生学习兴趣，从而形成学习期待进入课堂。

（三）讨论法

讨论法是学生在教师的指导下为解决某个问题进行探讨，通过讨论或辩论活动，辨明是非真伪，获得知识或巩固知识的一种教学方法。

讨论法既是学习新知识、复习巩固旧知识的方法，也是提高学生思想认知的方法。它既可以单独运用，也可以和其他方法结合运用。学习新知识的讨论法，需要学生具备一定的基础知识和一定的理解能力、独立思考能力。因此，一般在高年级学生或成人教学中采用。

讨论法容易激发学生的兴趣、活跃他们的思维；由于全体学生都参加活动，有助于学生集思广益、互相启发、加深理解，并在此基础上独立思考；有利于促进学生思维能力的发展；能调动学生的学习积极性；能有效促进学生口头语言表达能力的发展。但讨论法的效果受学生的知识基础、经验水平和理解能力的限制；讨论容易脱离主题，流于形式。

教师在生物学概念教学过程中，根据生物学概念的特点和学生的实际，提出具有启发性和思考性的讨论话题，组织学生展开讨论，可以集思广益、互相启发、加深理解、提高认识，有助于探索、发现、推理、想象、分析等能力的培养。这种方法适合学习内涵和外延十分丰富的生物学概念。

（四）演绎法

从某个具有普遍意义的一般性生物学原理或生命活动规律出发，推理解释某些个别的或特殊的生物现象，这种从一般到个别，从普遍到特殊的推理方式叫作演绎法。

运用演绎法进行生物学概念教学实质上是为学生提供新的问题情境，指导学生运用所学的概念进行合理的分析解释，并提出解决问题的措施。这种方法既能让学生更深刻地理解概念的内涵和外延，又能提高学生运用所学概念解决实际问题的能力。这种方法比较适合在概念的运用和复习环节使用。

（五）演示法

演示法是教师通过展示实物、模型、图片等直观教具，进行示范性实验或利用现代化视听手段，指导学生获得知识或巩固知识的教学方法。

演示的特点在于加强教学的直观性。演示可以使学生获得丰富的感性材料，加深对知识的印象。教学中把理论与所展示的教具或实验演示结合起来，能使学生对知识形成深刻的印象，同时可以激发学生的学习兴趣，集中注意力，并使学生学到的概念得以巩固。这种方法和直观法结合十分紧密，演示法经常结合其他教学方法使用。

演示的手段大致可以分为三大类：一是实物或模型、标本、图片、挂图的演示；二是用连续成套的模型、标本、挂图、图片或幻灯片、电影等，进行序列性的演示；三是生物学课上教师的实验演示的示范性动作或操作等。

（六）比较法

比较法指通过两个或多个相似或相关概念的比较，找出它们在某一方面的类似点、不同点或者它们之间的内在联系的一种教学方法。

学生在学习生物学概念时，多种概念之间发生着复杂的相互作用，形成了同一、并列、属种等多种关系。学生在学习这些概念时，特别是在学习两种相似而不相同的概念时，常常易发生混淆。如，血液的凝固和凝集、细胞分裂和细胞分化、极核和极体、呼吸运动和呼吸作用、胚囊和囊胚、无籽西红柿和无籽西瓜的培育等。这种与类似概念发生混淆的现象，在心理学上叫作泛化现象。产生这种现象的原因，是由于两种概念产生的刺激在大脑皮层相邻的反射中枢产生兴奋，从而引起条件反射泛化的缘故。为了减少和防止这种现象的发生，在讲解与旧概念相似的新概念时，要运用比较的方法，把易混淆的两个概念进行区分，找出二者的异同，形成分化，帮助学生分辨这些概念。

（七）练习法

练习法是学生在教师指导下，运用所学知识反复地完成一定的操作，以形成技能、技巧的方法。

比如在一课、一节或一章内容结束后，要求学生把已经学过的全部的生物学概念，按照它们之间的关系和联系，编织成各种"概念链""概念网"，进而组成概念系统，形成学生完整的系统概念，这也是一种巩固深化概念、促进学生科学思维形成的好方法。

（八）实验法

实验法是在教师指导下，利用一定仪器设备，在一定条件下引起某些事物或现象的发生和变化，使学生在观察或研究这些现象的过程中获取知识、形成技能技巧的方法。

在生物学教学中，实验法是一种重要的教学方法。通过实验，学生可以把一定的直接知识同书本知识联系起来，以获得比较完整的知识，又能够培养独立探索能力、实验操作能力和科学探究兴趣。实验法因概念教学的目的和时间不同，可分为学习概念前打好学习基础的实验、学习概念后验证性的实验和巩固概念的实验。

（九）归纳法

从某些个别或特殊现象出发，可以推导出具有普遍意义的一般性原理或规律，这种从个别到一般，从特殊到普遍的推理方式叫作归纳法。

运用归纳法进行生物学概念教学的通常做法是举出一定数量的有效概念例证，让学生进行分析和归纳。应该注意的是，这些例证应包含有关该概念的相同的本质属性和不同的非本质属性，也就是说这些例证应该不断变换概念的非本质属性和概念应用的情景，以便学生正确区分概念的本质属性和非本质属性。例如，在讲授"细胞膜"的概念时，讲完构成细胞膜的主要化学成分是蛋白质和磷脂后，可列出以下生物学事实（及例证）：变形虫是一种单细胞的动物，其细胞膜能外凸或内陷做变形运动形成伪足，以此进行摄取食物的活动；在细胞膜对物质的主动运输过程中，载体蛋白与被运输的物质结合，通过运动，将物质从细胞膜的一侧运输到另一侧，等等。然后要求学生分析解释这些个别的、特殊的生物学事实，并归纳出细胞膜的结构特点。这种教学方法比较适合具有较强抽象性和概括性的生物学概念。

（十）探究法

探究式教学，又称"做中学"、发现法、研究法，指学生在学习概念和原理时，教师只是给他们一些事例和问题，让学生自己通过阅读、观察、实验、思考、讨论、听讲等途径去主动探究，自行发现并掌握相应的原理和结论的一种方法。

科学探究步骤包括提出问题、做出假设、制定计划、实施计划、得出结论，以及表达和交流。探究的类型有启发式探究、推理式探究、实验式探究。例如初中生物学"验证光合作用产生氧气"等需要学生体验完整的实验过程内容可采用实验式探究的步骤进行教学；而对于高中生物学"探究生物生理作用的两重性"宜采用推理式探究教学，引导学生通过问题思考，直接或间接地观察现象，提出疑问和讨论、归纳出概念。

（十一）直观法

直观法指在教学中通过亲身实践或具体的事物来激发起学生的感性认识，使学生比较全面、深刻地掌握和理解知识的教学方法。

生物学概念教学中常用的手段是运用演示实验挂图、板画、模型、幻灯、投影、录像、电影及计算机等直观教学手段，进行生物学概念的讲解。在概念的讲解中，运用直观手段能够较好地调动学生的视、听器官的活动，使抽象的概念形象化，以增强学生对所学的生物学概念识记的巩固性和持久性，同时，还能激发学生的学习积极性及培养他们的观察力、思维力、想象力。

（十二）角色扮演法

角色扮演法指课堂教学中根据教学的需要，在教师的组织下由教师或学生依据教材扮演特定的角色，在扮演过程中开展学习的活动的方法。

这种角色扮演法过去大多出现在社会学科的教学中，在目前生物学课程的教学中出现较少。随着新课程的推进，人们越来越关注学生人文素养与科学素养的结合，这就为角色扮演法在生物学课堂上提供了广阔的应用舞台。这种方法一般用在对复杂概念的复习环节，比如对细胞结构的复习中，让学生扮演各种形状的细胞器，并说出各自的功能用以加深理解（张祥沛，陈继贞，2012）。

第四章　生物学知识教学

知识是在日常生活中常用的词汇，对于其含义，我国心理学家皮连生认为，知识是个体通过与其环境相互作用后获得的信息及其组织（皮连生，1997）。陈琦、刘儒德等学者从教育心理学的角度阐述了知识的概念，其认为从本质上说，知识是人对事物属性与联系的能动的反应，是通过人与客观事物的相互作用而形成的（陈琦，刘儒德，2001）。综上所述，知识是人在长期的社会实践中所形成的，是人们对客观事物的认识以及获得的稳定经验。

知识分类指依据特定的要求和规则，通过知识间的比较，将人类所有的知识根据相同或相异以及相关的特性划分为几种不同的知识体系类别，并用来表示这些知识在整体知识中应处于什么位置和相互关系。1956 年，美国教育学家、心理学家布鲁姆团队出版了《教育目标分类学第一分册：认知领域》，对国际教育产生了巨大影响。2007 年出版的《学习、教学和评价的分类学——布卢姆教育目标分类学修订版（简缩本）》，该书将知识分为：事实性知识、概念性知识、程序性知识、反省认知知识。

生物学知识指人们对生物的生命现象、规律、原理的认识。结合如上对知识类型的分析，根据生物学知识的性质不同，可以将生物学知识分为事实性知识、概念性知识、程序性知识和应用性知识。

第一节　生物学事实性知识教学

一、什么是生物学事实性知识

（一）事实性知识

布鲁姆等人定义事实性知识（factual knowledge）是学习者在掌握某一学科或解决问题时必须知道的基本要素，表示分散的、孤立的"点滴信息"。事实性知识包含两个亚类，分别是术语知识和细节与元素知识。初学者必须认识这些学科的基本要素。

我国学者陈洪澜将事实性知识表述为独立的、特定的知识内容，如专有名词等。通过这两个定义我们可以发现，事实性知识具有孤立性的特点，同时大多数事实性知识以相对较低的抽象水平出现（陈洪澜，2007）。我国学者季苹认为任何一个知识内容都包含有四个层面的知识，其中的事实性知识就是解决"是什么"和"怎么样"的知识，存在形式可以是符号（字母、公式及各种人类艺术表现形式）、信息（语言文字）、现象（故事等）。她将事实性知识分为了三类：科学的事实、自然的事实以及纯粹的事实（季苹，2009）。

因此，我们将现象和在现象中发现的事实，以及进行高度概括的知识定义为事实性知识。事实性知识即抽象水平较低的、具体的知识。

（二）生物学的事实性知识

生物学的事实性知识指客观存在于生物界的各种生物学事实和现象等，也包括生物学史和生物学知识被发现的历程。

生物学事实是构成生物学现象的物质基础，如动植物的结构组成、血细胞的成分等。在教学过程中，这类知识的教学层次较低，只要求学生简单记忆。

生物学现象包括生理过程和生理功能，是生物学事实在发展变化中所显示出来的外在表现与内部联系，如水分吸收、生长发育、血液循环等。这部分知识的教学层次稍高，要求学生不仅要知道这些生物学现象是什么，还要理解这些现象的实质与意义。

生物学事实性知识内容多、分布广、材料琐碎，不易记忆，学生常常感到知识杂乱无章，如果在学习过程中不注意及时整理、归纳，只是简单、机械地记忆在头脑中，就容易导致学习困难。学生往往认为记住了，但在解决问题时却束手无策，难以提取所需要的知识。孤立、零散的知识不利于应用时提取，而无法提取的知识就变成了僵化的、无价值的知识。因此，使学生在理解的基础上记忆有关知识，形成较系统的知识结构，就成为生物学事实性知识学习的关键。

二、生物学事实性知识学习的心理机制

心理学家对学习过程提出了各种解释，加涅和梅耶从信息加工的角度对学习过程进行了剖析。加涅提出了知识学习的信息加工模式，他认为一个学习过程就是一个信息流程，即信息输入—编码—加工—储存—译码—输出的过程（黄希庭，郑涌，2016）。梅耶提出科学知识学习的信息加工模式。认为有意义的科学知识学习涉及"信息—感觉记忆—短时记忆（工作记忆）—长时记忆—输出反应"等基本过程（Mayert，1997）。建构主义的研究者认为学习者获得知识经验的过程是一个主动建构和对原有认识重新建构的过程，并从不同方面提出了学习建构的各种模式。心理学家对学习过程给出了自己的解释，尽管他们所用术语不同，强调的方面也不尽相同，但都意识到学习的过程始于注意。由此，新信息经过短时记忆，进入长时记忆，并经过学生的主动加工贮存下来；在一定的条件下，长时记忆里的信息被提取、被应用。这就是学习的一般心理过程（邵瑞

珍，1997）。

以此为据，结合生物学事实性知识的特点，我们把生物学事实性知识的学习过程看成是获取信息、加工和储存信息、提取和运用信息的过程。我们认为生物学事实性知识的学习过程经历了获得、储存、提取应用三个阶段。

（一）生物学事实性知识的获得阶段

严格说来，只有当学生注意或知觉外部情景之后，学习过程才真正开始。知识的学习始于学习者的注意和预期，我们把这个阶段叫作新知识的获得阶段。由于对学习目标的期望，学习者处于一定的激活状态，与预期要获得的新知识有关的原有知识被激活进入工作记忆中，随时准备吸收新知识。在学习目标的指导下，学习者有选择地接受新信息，并将它暂时贮存于短时记忆（工作记忆）中。新知识相互间产生联系，并与处于激活状态的原有知识形成联系，这就意味着新知识已进入原有的命题网络。

但是，在知识的获得阶段，知识间形成的联系是暂时性的，如果不经过学习者的复述或者深入加工使知识间形成稳固的联系，这些知识将很快被遗忘。尤其对于生物学事实性知识，它包括宏观与微观世界的生物组成、结构、功能等多方面的内容，知识点多，知识量大，而我们短时记忆的容量是有限的，学生在短时间内获得的大量信息，如果不经过加工转入长时记忆的话，结果只能是学了后面的，忘了前面的。

（二）生物学事实性知识的储存阶段

中学生物学教学中，生物学事实性知识比较零散，知识点繁多，所以在事实性知识学习的第一阶段——知识的获得阶段，学生会接触到大量的信息，例如生物体的物质基础、生物大分子的化学性质、细胞的微观结构等。这些信息看似零散、繁杂，其实仔细分析就能发现它们内在的逻辑和关联。

学生如果仅仅死记硬背，进行重复机械记忆，而没有经过自己的处理、加工，很难将知识内化，这样获得的知识不仅容易遗忘，也不利于提取和应用。因此，知识的储存并不是仅仅依靠复述这种方式使信息转入长时记忆，而是需要学生发现新知识之间的逻辑与关联，并且和自己的原有知识建立起联系，经过自己的加工和整理，将新知识内化和吸收，形成或完善自己的知识结构。

大量生物学事实性知识的形成、整合和运用都需要其他已有知识的参与，知识的储存阶段实际上就是通过新旧知识相互作用，使输入的新知识被原有认知结构同化，或者对原有认知结构进行调节和重新建构（顺应），从而形成新认知结构的过程（张奇，2000）。因此教学中，需要教师积极引导、帮助学生寻找新旧知识之间的联系，从而建立连接，形成新的知识系统。

（三）知识的提取运用阶段

知识的提取运用，就是我们通常所说的运用知识解决问题。心理学家很早就对问题解决进行研究，认为问题解决是从问题的起始状态出发，经过一系列有目的、有指向的认知操作，达到目标状态的过程，它包括以下几个阶段：问题表征阶段、选择和应用算子阶段、评价阶段。

学生在对问题进行了正确的表征，对问题有了深刻的理解以后，还要有效地提取头脑中的知识，选择和应用算子也就是找寻解题的方案，并且评价和调整解题方案、策略，完成整个问题解决过程。

建构主义教学观倡导创设情境，在真实的教学情境中创设问题，建构新知，有利于在今后生活中遇到相似问题，能熟练地提取知识，解决问题。

三、生物学事实性知识教学建议

（一）复述策略

我国古代教育家孔子主张："学而时习之"；北宋大文豪苏轼也曾说过："旧书不厌百回读"。复述是促进记忆的一种手段和方法，是对信息进行简单的重复。与其他学习策略相比，复述策略仅仅是保持信息，是一种水平较低的信息加工策略。

现代脑科学研究证明，外界信息通过人的感觉器官向大脑中传输的时候，大脑细胞中的突触所产生的电脉冲和神经递质沿着一定的神经通道传导，在信息流的作用下，随着信息的传导便会在神经通道上作为一种化学印记显现出来。如果刺激强度很大或者经常重复，就能形成很强的结构印记（阮迪云，2008）。

复述有机械复述和加工复述两种等级。单纯重复信息音韵的复述，称为机械复述。它能够使信息保持在短时记忆中，却难于形成长时记忆。如果对材料进行某种形式的分析、比较、组织、归类，或思考内容的意义和联系，然后用自己的语言表达出来，称为加工复述。

（二）协同记忆策略

在记忆的过程中，多种感觉器官并用，协同识记，称之为协同记忆。心理学的实验表明，多种感觉器官一起参加记忆，比一种感觉器官单独记忆，效果要好得多。在生物学事实性知识的学习时，应充分调动各种感觉器官对物质及其变化进行全面的观察和体验，做到从各个方面明确感知生物学事实，从而加深对事实性知识的印象，增进对知识的理解与记忆。

（三）精加工策略

精加工策略是指通过对学习材料进行深入细致的分析、加工，理解其内在的深层意义并促进记忆的一种策略。精加工策略一方面能够使新知识与已有知识取得联系，增进对新知识的理解；另一方面，经过精加工的信息进入已有知识网络中，在以后需要唤起时易于检索，即便直接检索困难，也能够通过知识网络间接推导出来。

1. 类比

类比是依据两个（或两类）不同对象在某些属性上的相同或相似之处，将一个对象的特殊属性迁移到另一个对象上去，从而作出可能判断的逻辑推理方法。在生物学学科教学中，类比推理起着重要的作用，它能使抽象的信息变得具体生动，协助学生去记忆、理解知识，有利于学生创造性思维的发展。类比推理对认识的横向延展的连通显出不可低估的作用。

2. 比较

比较是对两种或两种以上易混淆的相关对象进行对比分析，揭示其本质的过程。比较的方法较多，常用的有：①对立比较，将相互对立的事物放在一起，形成鲜明对比，只要理解其中一个，也就掌握了另一个，如化合反应与分解反应的概念；②差异比较，寻找两种易混淆对象的差异，掌握其界限，关键是找出其中不同之处；③对照比较，将不同类别的若干材料同时并列，进行对应比较，既能把握事物间的差异，又能使新知识易于掌握。如在学习血管的几种类型时，可以通过比较的方法，同中求异。

3. 联想

从一个事物想到另一个事物，从一个概念想到另一个概念，这就是联想。联想不仅能活跃学生的思维，而且能够增加知识的有序性，形成牢固的知识网络。在教学过程中，联想法有：①会意法。会意记忆就是把一些抽象的概念进行自我理解和再加工处理，然后再巧记。②谐音法。谐音记忆就是把需要记忆的生物学内容跟日常生活中的谐音结合起来进行记忆。③歌诀法。歌诀记忆就是针对需要记忆的生物学知识，利用音韵编成歌谣或口诀。歌诀法集知识性与趣味性于一体，读起来朗朗上口，易诵易记。在生物学学习中，通过联想，赋予无意义或意义不强的生物学事实性知识以生动的形象、情景或意义，让其与头脑里已有的知识经验联系起来，形成一个较完整的有意义的内容，从而易于记忆和回忆，而且整个记忆过程会变得生动有趣，同时也发展了学生的创造性联想能力。

（四）合理复习策略

德国著名心理学家艾宾浩斯研究发现，遗忘在学习之后立刻开始，遗忘的进程是先快后慢，并据此绘制出著名的艾宾浩斯遗忘曲线。根据这一规律，在生物学学习中，要注意以下几方面（吴良根，2012）。

1. 及时复习

大量研究发现，及时复习的效果优于延后复习，这主要是因为遗忘的发生是先快后慢、先多后少的。及时复习可以赶在遗忘大量发生之前使所学材料加以巩固，这样就避免了遗忘的迅速发生，使知识保持量始终处于较高水平。

2. 集中复习和分散复习

正确分配复习时间对复习效果具有很大影响。复习时间的分配一般有两种情况，一是集中复习，就是集中一段时间重复学习许多次，如期末总复习。二是分散学习，就是每隔一段时间重复学习一次或几次，如家庭作业和单元复习。对大多数学生和学习材料而言，分散复习的效果好于集中复习的效果。学习材料越难，机械成分越多，而学生又缺乏兴趣，就越宜采用分散复习的方法；而学习材料较易，具有一定的意义，且学生学习兴趣又高，则较宜采用集中复习的方法。

（五）组织策略

组织策略指对记忆材料按照不同方式归纳、排队、分门别类，建立联系，以便能够扩大记忆容量并在记忆后对记忆材料进行加工，尤其是分析记忆材料的语义时，其加工程度较深，故记忆效果明显。组织策略的具体方法有许多种，较常见的是组块化。组块化指把一些独立的信息合并成一个整体，使大量信息具有整体功能。研究表明，在记忆彼此意义上关系不大的学习材料时，组块化可以显著提高记忆成绩。组织策略主要有聚类和纲要两种形式。

1. 聚类

聚类也叫归类，指对材料按特征或归属来进行组织。将一些生物学事实性材料按等级多层次地归类（形成关系树），可有效地改善记忆。将多条信息压缩到一个组块中，提高了组块的信息贮存能力，减轻了学生的记忆负荷。

2. 纲要

生物学教学中，引导学生组织学习材料纲要，有利于抓住生物学学习材料的精髓，可减少记忆负担。纲要是"大容量"的知识组块，能使学生的思维具有整体性、跳跃性，有助于问题解决能力的提高。

（1）标题纲要。以标题表示所学材料的层次，体现其逻辑关系。运用标题纲要策略按某一问题组织知识板块。

（2）图表纲要。运用图示或表格等手段表示所学知识之间的内在联系。在生物学教学中，可借助图表纲要形象、直观的特点，对一些基本概念、基本理论之间的内在联系进行归纳组块，使生物学知识结构的复杂关系或内在联系一目了然，便于学生建构知识的整体结构。

（3）网络纲要。指学习者用连线将所学材料要点联结成一个网络结构，并表示出它们之间从属逻辑关系的一种组织方法。网络纲要中用得较多的是概念图。

第二节 生物学概念性知识教学

一、什么是生物学概念性知识

（一）概念

《现代汉语词典（第6版）》中指出：概念是思维的基本形式之一，反映客观事物的一般的、本质的特征。人类在认识过程中，把所感觉到的事物的共同特点抽出来，加一概括，就成为概念。

概念是人们认识的结果，它反映客观事物的思想；语词是一些表示事物或表达概念的声音与笔画；概念是语词的思想内容，语词是概念的语言形式（金岳霖，1979）。

季苹先生在《教什么知识——对教学的知识论基础的认识》一书中提出：要进行概念教学，还需要对关于概念的有关知识有更全面的了解。并指明关于概念的两个最基本知识：概念有内涵与外延。内涵是概念中思维对象的本质属性，而外延是概念所反映的具有本质属性的对象的范围。概念通常包括四个方面：概念的名称、定义、例子和属性（季苹，2009）。

因此，概念与事实不同，是从客观事实中抽象出来的带有普遍性和概括性的规律性内容，这些内容能够涵盖同一类事物共同的本质特征。

（二）生物学概念性知识

提到生物学概念，我们总能想起如"光合作用""呼吸作用""有丝分裂"等概念名词，但需要注意的是，概念名词从严格意义上讲，它不是概念，它只是代表或标记概念的符号（刘恩山，张颖之，2010），因为词的含义会随着社会的发展和科技的进步不断发生改变。

李高峰和吴成军老师在《初中生物学有效教学》中提出要正确地理解生物学概念，需要从四个要素入手：概念的语词、概念的内涵、概念的外延和概念的例证（李高峰，吴成军，2015）。

1. 概念的语词

概念与语词是密切联系的：概念的存在，必须依附于语词；不依附于语词的赤裸裸的概念是不存在的。语词的学习属于表征学习的范畴，即学习单个符号或一组符号的意义；表征学习是概念学习的基础和前提。语词和概念之间并不是一一对应的。同一概念可以用不同的语词来表达，如"细胞"和"cell"，"脱氧核糖核酸"和"DNA"，同一语词也可以表达不同的概念，即一词多义，必须结合具体语境加以理解（李高峰，吴成军，2015）。

2. 概念的内涵

金岳霖先生指出"概念的内涵，就是概念所反映的事物的特有属性"，这也就是概念的含义，内涵是概念的质的规定性，它表明概念所反映的对象"是什么"，任何一个概念都是有内涵的。定义是"揭示事物的特有属性（固有属性或本质属性）的逻辑方法"。定义的方法主要有两种。

（1）属+种差定义。

属+种差的定义，就是定义项是由属与种差组成的定义。例如，"基因"的定义，基因是有遗传效应的DNA片段，属为"DNA片段"，种差是"有遗传效应的"（李高峰，吴成军，2015）。

（2）语词定义。

语词定义就是规定或说明语词的意义的定义（金岳霖，1979）。有的概念是说明的语词定义，如RNA有不同类型，tRNA中t指转运、rRNA中r指核糖体。

3. 概念的外延

概念的外延，就是具有概念所反映的特有属性的事物，即具有概念所反映的本质属性的全部对象。例如，根据细胞内有无以核膜为界限的细胞核，把细胞分为真核细胞和原核细胞；生态系统的外延，包括自然生态系统和人工生态系统。

4. 概念的例证

概念的掌握，还需要概念的例证的支持。例如，在学习光合作用时，结合具体的生物讲解，更加生动形象。

二、生物学概念性知识教学

（一）生物学概念性知识教学的基本过程

张祥沛、陈继贞老师认为生物学概念教学的基本过程包括以下几个阶段：

（1）概念的引入。生物学概念的引入应根据生物学科的特点，同时还必须符合学生的年龄、心理特点以及认知规律。虽然中学生的抽象思维能力日益发展，但他们思考问题时仍需要直观感性材料的支持。因此，引入概念要在学生已有的知识的基础上，尽可能从生活实际、实物标本、实验、模型、挂图、投影、多媒体等直观感性材料入手，从而使学生获得一定的感性认识或唤起对原有知识和表象的回忆，为学习新概念奠定一个清晰、明确的认知基础，同时激发学习兴趣，增强自信心。

（2）概念的形成。有些概念产生于感性认识，但又高于感性认识，概念的形成过程是认识从感性到理性的升华过程。引入概念后，教师必须引导学生通过比较、分析、概括、归纳等抽象思维，把事物最一般的本质属性抽象出来给予定义，然后推广到同一类事物上去。

（3）概念的巩固。生物学概念主要是在运用中得到巩固，概念的运用是把已经概括化的一般属性应用到特定的场合，其运用过程也就是概念的具体化过程。学生通过实践的检验，可以纠正错误的认识，更全面、更深刻地理解和掌握概念。因此，教师应创造条件，通过提问练习等手段来帮助学生理解和掌握概念。教师可以运用提问、反馈强化促进学生对概念的巩固，注意概念的分化与泛化。

（4）概念的深化。所谓深化，即概念的系统化过程。对相邻、相对、并列或从属的概念进行类比、归纳，根据它们的逻辑关系，用一定的图式组成一定的序列，形成概念体系，把学生"孤立""零散"的概念纳入相应的概念体系之中，让学生获得一个条理清晰的知识网络，既能帮助学生理解新概念，又能巩固复习旧概念（张祥沛，陈继贞，2012）。

（二）生物学概念性知识教学的建议

1. 提供范例，丰富表象

范例与表象是学习者获取概念最基本的条件与基础。范例可以从外部提供反馈信息，帮助学生掌握概念的主要特征；表象具有直观性和概括性，是具体感知到概念形成的过渡和桥梁。因此，在生物学概念的教学中，应该从多角度、运用多种方式向学生提供范例，丰富他们的表象。

充分利用实物、图像、模型、实验演示、现代电化教具等直观教学手段，丰富学生的表象。例如，在讲解真核细胞的结构时，可以用橡皮泥、泡沫塑料等材料制作真核细胞的三维结构模型，激发学生的兴趣，直观地呈现各细胞器的形态；在讲"生态系统"这一概念时，教师可以借助多媒体技术播放录像来丰富学生的感性认识，帮助学生掌握概念。

充分利用学生已有的生活经验，唤起有关的表象。在日常生活中，学生通过对感性认识的辨别、分析、抽象形成假设，并在生活过程中得到肯定或否定的反馈，逐步形成一些日常概念。这些日常概念是学生学习科学概念的基础。在进行概念教学时，要利用好学生已有的生活经验。例如，在讲渗透作用的概念时，可以让学生回忆生萝卜片放入盐水中发生变化的情况；讲遗传和变异概念时，可以让学生回想自己与父母性状的异同点。

2. 比较概括，抓住概念的关键特征

学生在学习概念时，概念的关键属性与无关属性是一起出现的。心理学研究表明：概念的关键属性越明显，学习就越容易；概念的无关属性越多，学习就越困难。因此，教师要做好以下两方面工作：其一，突出概念的关键属性，例如，在酶的概念教学时，抓住"活细胞产生、催化、有机物"这些关键属性；其二，引导学生对概念进行比较、概括，从而抓住概念的关键属性，通过比较，使学生明确概念之间的区别与联系，避免概念之间的混淆，更准确地理解、掌握概念。概括是把抽象出来的本质属性综合起来，推广到同类的其他事物，从而形成概念的思维过程。例如，"无性生殖"概念的提出，可以通过对出芽生殖、分裂生殖、营养生殖和孢子生殖的本质属性的分析和抽象概括出来。

3. 变式练习，提供反馈信息

变式是指在提供感性材料时，从不同的角度、不同的方向改变事物的非本质属性，突出事物的本质特征，来促进概念的教学。在概念的检测阶段，教师可以提供多个概念的正反例，让学生进行判断。学生判断正确则是一种变式练习，学生判断错误，说明没有掌握这个概念，教师就要设计更多的变式并伴随反馈练习，直到学生准确掌握了这一概念为止。学生掌握概念依赖于从外界获得反馈信息。教师要给予学生正确、及时的反馈信息。反馈信息必须及时、准确、有效。提供反馈与运用变式都必须在知识应用过程中进行。应用概念解答各种作业题，不仅有助于检验学生对概念的掌握程度，而且还可以促进学生对概念的更深入的理解和掌握。教师只有在学生运用概念的过程中发现问题，才能更好地给予指导和提供反馈信息。

4. 正确表征概念，给予系统分类

所谓表征概念就是用精确的语言给概念下定义，或者用正确的语言描述概念。概念的定义指明了概念所含的对象的本质属性，为概念下定义是学生掌握概念的重要环节。在生物学概念教学中，要求学生能在理解的基础上复述并准确地记住定义，以防造成对定义的死记硬背。例如，等位基因是指一对同源染色体的同一位置上控制相对性状的基因，有的学生说成是"相对位置上的基因"；基因突变应指"基因内部的结构改变，包括DNA碱基对的增添、缺失或改变"，有的学生说成是"基因的突然变化"。这些错误说明学生并没有真正理解概念的本质属性。由此可见，只有真正理解生物学中概念的含义及实质，学生才能用科学的、准确的语言来表征概念。

概念之间是相互联系的，若能使学生将所掌握的概念纳入一定的系统中，则所学的知识就会融会贯通，有助于掌握知识的内在联系。如用概念链的方法表示概念之间的关系：基因−DNA−染色体−细胞核−细胞−组织−器官−系统−个体−种群−群落−生态系统−生物圈，可使概念间的关系一目了然。另外可将彼此有联系的概念编成概念网，使概念系统化（张祥沛，陈继贞，2012）。

第三节　生物学程序性知识教学

一、什么是程序性知识

（一）程序性知识

现代信息加工心理学将知识分为两类：一类为陈述性知识，另一类为程序性知识。陈述性知识用于回答"是什么"的问题，如生命活动的承担者是什么？生物的储能物质是什么？而程序性知识则用于回答"怎么办"的问题，即如何应用知识（占晨达，吴志强，2016）。

程序性知识也称生产式知识，指完成某项任务的一系列操作，其核心成分是概念和规则的运用。程序性知识是关于如何做的知识，主要通过一个主要目的将一系列的条件和行动连接起来，以此表征知识，体现了在达到总目标的过程中，人们采取何种方式或行动来一步一步达成各种阶段性目标，最后实现任务。在此过程中，程序性知识则要对信息进行加工、操作或其他运作，从而使之发生转变，因而是一种动态的知识。在对人的生存影响方面，程序性知识侧重问题的解决过程，直接引发或控制人的行为，所以人在获得此类知识时会不断进行价值判断与筛选，然后进行反复练习，习得某种目的行为，因此程序性知识获得速度较慢。由于程序性知识往往需要反复练习才能获得，所以修改程序性知识是比较困难的。

相较于陈述性知识，虽然程序性知识有其自身诸多特点，但两者关系确是紧密相连、不可分割的，程序性知识的获得离不开陈述性知识的铺垫。

（二）生物学程序性知识

在生物学学科教学中，涉及将陈述性知识转化为程序性的过程，即把生物学中的概念、规律、原理等应用于实际问题的解决，分为"动作"性的程序性知识和"智慧"性的程序性知识，即操作技能和心智技能。例如，怎样利用植物组织或器官培育新植株，如何制作人口腔上皮细胞装片等。

操作技能即实验操作过程和探究性学习活动的过程，是一种动作性过程的知识；心智技能即将概念、规律、原理等应用于题目的解答，是一种思维性的程序性知识。

二、程序性知识习得过程

程序性知识习得的一般过程可以分为三个阶段：陈述性知识阶段、转化阶段、自动化阶段。

第一阶段是陈述性知识的获得，即学生能用语言陈述出概念和规则，为其转化成程序性知识作铺垫。如知道蛋白质或氨基酸等的概念，掌握氨基酸脱水缩合的方式和规律等。在这一阶段学生仅仅能够陈述这些概念、规则，理解其含义，但其他的技能尚未形成。这一阶段也反映出陈述性知识对程序性知识习得的重要之处，也能看出程序性知识与陈述性知识之间的联系与习得顺序。

第二阶段是转化阶段。在转化阶段关键是把习得的陈述性知识与应用知识的条件相结合起来，形成条件化的形式，即形成"如果…那么…"的产生式。此阶段过程中通过大量应用性的变式练习，以问题解决为途径，使得规则的陈述性形式向程序性形式转化，最终形成稳固的问题解决思维与动作技能（高学林，2003）。承接上例来说，可通过"某肽链含20个肽键，那么组成此肽链最多的氨基酸分子数目和最少的氨基数分别是多少？"通过这样的问题解决途径，使学生熟练应用习得的陈述性知识，进行知识转化，支配其行为解决问题，这是程序性知识学习的最高阶段。

第三阶段是程序性知识使用的自动化阶段，这是程序性知识掌握和发展的最高阶段。规则可在人无意识的情况下完全支配人的行为或思维，技能也达到相对自动化。这一阶段仍需要大量的变式练习来达成技能的熟练与自动化程度。如掌握了氨基酸脱水缩合的方式和规律，就能利用其原理在生物体外合成特定蛋白质，解决众多生物问题。

三、生物学程序性知识的教学建议

陈述性知识的学习有三个阶段：第一阶段为新信息进入短时记忆，与大脑中原来储存的相关知识形成联系。第二个阶段是将处于短时记忆的知识进行精细加工，储存在长时记忆中。在此阶段中，如果不及时对短时记忆加以复习和巩固，那么遗忘概率将非常高。第三个阶段是提取和应用头脑中储存的知识。从程序性知识的学习特点和规律来看，程序性知识的习得先要掌握其陈述性知识的形式，然后由陈述性形式的知识向程序性形式的知识转化，所以程序性知识的学习第一阶段就是陈述性知识的习得，接着才是转化与自动化应用。

生物学中陈述性知识的比重明显超过了程序性知识，所以教学过程中教师往往容易忽视对程序性知识的有效教学，当前教师对于生物学程序性知识的教学存在以下问题：

（1）学生未正确或清晰地掌握概念、规则与原理等，导致陈述性知识获取阶段出现困难。

（2）教师对程序性知识的教学多数停留在陈述性知识获取阶段，没有采取有效的教学策略促进知识的程序性转化。

（3）练习或变式练习不够有效，没有很好地增进学生对概念、规则应用的进一步理解，阻碍转化与自动化进程，学生不能灵活解决新的问题。

（4）对于操作性的程序性知识，如生物学的实验操作类，过于强调操作步骤的规范性，不能体现学生的主动探究，忽视了对学生探究能力的培养。此外，还有将实践操作改为教师演示或视频演示，学生未能亲自操作，又将程序性知识的学习停留在陈述性知识的获得阶段，或是动作技能获得的认知阶段。

由此可知，在生物学程序性知识习得的三个过程中都还存在一定问题，对此，在教学过程中，有必要针对不同的阶段实施不同的教学策略。可采用的教学策略有选择和设计学习课题策略、示范与讲解策略、变式训练策略、分解性策略、练习与反馈策略。

（一）选择和设计学习课题策略

选择和设计学习课题的主导者主要是生物学教师，在选择时要以具体程序性知识的特点为基础，以便能够有针对性地帮助学生知识的习得。

选择和设计学习课题可以运用加涅等人提出的学习层级理论。加涅认为智力技能本身就存在层次关系，其获得过程同样如此，低一级的智力技能学习和掌握是进行高一级智力技能发展的前提。因此，在智力技能习得过程中必须先明确所要达到的总目标，再将总目标细化为各级子目标。换句话说，一个特定的终点任务，可以分解为一系列的从属任务或子任务。然后将所有的子任务分层次排列，只有在低水平任务完成与掌握后才有条件进行高水平任务，也就是说高水平任务的完成必须以较低水平任务的完成为前提。

（二）示范与讲解策略

教师的示范与讲解在生物学程序性知识的教学中起到十分重要的作用，主要是使学生更清晰明了地明确学习任务，理解生物学程序性知识中所包含的概念、原理、规律等。在这个过程中，需要注意以下五点：

（1）教师在示范与讲解的同时，要让学生说出示范动作。研究表明，指导者的身份与示范与讲解的熟练程度，都会导致学习者产生不同的学习效果。一般来说，当指导者是教师，且熟练程度很好，那么学生可产生最好的学习效果；若熟练程度不够好的情况下，教师指导的效果甚至会低于学习者同伴指导的效果。因此，教师必须要对示范与讲解的程序性知识有深入且细致的认识。

（2）把各个步骤充分展开加以示范。教师在示范时，要把程序划分为小的程序单元，再将各单元中的各个步骤充分展开，也要突出动作要领，讲解动作包含的基本原理和内涵，使学生准确观察、理解各个动作的结构与特点，实现更好地模仿。在这个过程中应该引导学生将教师有声的外部语言活动，转化为自身无声的外部语言活动，在头脑中进行复述。

(3) 控制示范与讲解的速度，防止信息负担过重。许多研究表明，在程序性知识学习的初期阶段，要使示范与讲解效果更好，那么其示范动作必须慢速进行，以便学生有足够的时间进行消化。在此过程中，需要教师的语言简练，有概括性，必要时还可以辅以图片、视频、实物等，帮助学生理解。

(4) 引导学生回忆并利用已掌握的有关技能。生物学科是一个以实验为基础的学科，教师在生物学程序性知识的教学中应引导学生回忆学过的有关技能，不仅可以对旧技能进行复习巩固，通过分析新旧技能间的共同之处，还可以加深学生对新技能的理解，有利于原有技能向新技能的迁移。

(5) 示范与讲解要直观，可给学生提供具体事例。教师在讲解新的概念时，可以提供与之相关的事例，以此促进学生的理解。

（三）变式训练策略

变式指在其他教学条件不变的情况下，变化概念和规则的例证，突出隐蔽的本质要素，让学生在变式中思考，掌握事物的本质和规律。在生物学课堂教学中，变式训练对于改善题海战术等情况具有积极意义。在变式训练中采用多个连续性的变式，更利于学生对程序性知识在不同情境进行概括，加速程序性知识的转化与自动化过程。

1. 概念的变式训练

概念的变式训练即改变概念的呈现形式。在教材中，生物学概念大多以文字描述的形式表达，具有高度的抽象性与概括性。在概念教学过程中，为了促成学生对概念的准确理解，可以把文字表述所蕴含的信息转换成示意图加以呈现，此方式的关键之处在于找出概念中的关键词与关键词间的关系，以适宜的方式表征。

2. 生物学原理或规律的变式训练

每一个生物学原理或规律都是在其相应的背景下提出的，所以，其运用也必然有其前提条件。若要让学生能够对原理、规律有深入的理解、灵活的运用，就必须使学生能够认清其本质特征，排除各种非本质特征的干扰。在此过程中，可采用变式训练达到目的。在生物学教学中，我们可以通过变换问题情境、条件或问题表征方式，使学生分析和领悟原理、规律的核心特征，排除非本质特征。

3. 操作过程的变式训练

操作过程的变式训练主要是改变不同的问题情境，或操作条件，要求学习者能够根据实际条件选择适宜的操作方法与程序，实现举一反三。

运用变式训练策略需要注意的是：及时提供反馈信息；设计变式练习题；身体练习与心理练习相结合；变式训练要有梯度；教学生正确选用练习方法；激发并维持学生的练习动机。

（四）分解性策略

程序性知识包含了一系列的程序步骤，所以为了提高教学效率，常常要采取局部性、分解性的教学形式，将整个程序性知识分为几个阶段，或在所要达到的总目标下，建立适宜数量的子目标，然后结合序列性的教学顺序，在不同部分的教学中采取适宜的教学方式，以此帮助学生建立对程序性知识更加深入细致的理解。

（五）练习与反馈策略

练习是在反馈条件下反复多次的进行同一种活动。程序性知识的自动化则需要各个局部操作之间的联系达到最紧密、最流畅。换句话说，程序性知识的自动化需要大量的练习，以此才能使知识达到熟练和自动。

这种练习并不是盲目追求量大，而是要考虑练习时间、练习形式等因素。根据练习时间可分为集中练习与分散练习。集中练习指将某项练习集中在一段时间内进行，直至学习者熟练掌握。而分散练习则是将练习分成几个时间段，逐渐掌握技能。一般来说分散练习比集中练习更有效，能够给予学习者更多思考与修缮技能的时间，特别是在学习较为复杂的技能时，分散练习的优势更为明显。因程序性知识中包含了动作技能和心智技能，所以在进行练习时，教师还需引导学生将身体练习和心理练习相结合。身体练习主要指外部的具体身体活动，而心理练习则指内部的思维活动，如记忆、思考等。

仅仅依靠练习还不能实现最大的学习效果，我们需要指导学生在练习时进行反馈，以此监控自己的学习进程。反馈一般分为外部反馈与内部反馈。由学生观察获得，或指导者提示等由外部感官获取的反馈信息都可称为外部反馈。而内部反馈则是由内部产生的反馈信息，从动作技能与心智技能来看，可分为动作技能的反馈信息——动觉，心智技能的反馈信息——元认知的自我监控。学习者在学习初期，一般只能意识到外部的反馈信息，并且不全面，在此基础上才能逐步产生内部反馈。因此教师需要在教学前期多关注学生的反馈情况，尽快帮助学生建立起内外部的反馈机制。

第四节　生物学应用性知识教学

一、什么是应用性知识

（一）应用性知识

应用性知识是从知识的功能和意义的角度提出的，可以理解为实践性知识。

（二）生物学应用性知识

在生物学中应用性知识具体指导实践活动的知识，如各种传统的或现代的生物技术及其背后的生物学原理。应用性知识的提出体现了生物学科的实践特点（张芸，2012）。

我国在生物学新课标中设置的课程目标包括：让学生掌握科学探究的方法和思路，形成合作精神，善于从实践层面探讨或尝试解决现实生活中的生物学问题。这体现了生物教学过程中"实践"的重要教学地位。因此，生物学应用性知识的教学对于培养学生的知识应用实践能力尤为重要。

二、生物学教材中应用性知识的分析

（一）生物学应用性知识的特点

生物学其实是一门与生活联系十分紧密的学科，在高中生物学教材中，其知识内容大体上可分为事实性知识、概念性知识、应用性知识等。应用性知识即生物学原理在实际中的应用，可视为概念性知识由陈述性知识向程序性知识转化，即运用概念解决实际问题。学生掌握了应用性知识，表明更深层地理解了概念性知识。

（二）生物学教材中应用性知识的选取

我国古代在生物学方面就积累了大量应用于实践的知识，例如：免疫学方面，就有狂犬病防治方法，人工接种牛痘预防天花等记述；遗传学方面，人工选择和培育优良品种（包括作物选种、金鱼的选育、著名花卉品种的培育等）、杂种优势的利用（通过驴和马远缘杂交得骡，家蚕杂交等）、计划生育方面的优生探索（《国语·晋语》中就有"同姓不婚，恶不殖也"之语）等；微生物应用方面，制酱技术、黄酒的酿造和食用菌栽培等；生物资源方面，"山林非时不升斤斧"和"川泽非时不入网罟"则体现了古人保护生物资源、维持生态平衡的思想（杨国锋，2016）。这些都是将知识运用于生活实践的例子。

因此可将高中生物学教材中与生活实践联系十分紧密的知识点梳理出为应用性知识进行教学，如必修一中：蛋白质的结构及其变性，细胞中的糖类、脂质、无机盐，细胞膜的结构及功能，细胞的失水与吸水，物质跨膜运输，酶的作用，细胞呼吸，光合作用的原理及运用，细胞的分化、衰老、癌变；必修二中：孟德尔杂交实验，减数分裂与受精，伴性遗传，基因对形状的控制，基因突变与基因重组，染色体变异，人类遗传病，杂交、诱变育种，基因工程，生物进化理论；选修一中：内环境稳态，激素调节，神经、体液调节，免疫调节，植物激素的调节与运用，种群的特征与数量变化，群落的结构与演替，生态系统的能量流动、信息传递。可见生物学知识可以广泛运用于生活实践当中，教学中生物学应用性知识对于完成课标中提出的培养学生的实践能力具有促进作用。

三、生物学应用性知识的教学建议

学生在学习应用性知识后，可达到"陈述性"和"程序性"两个不同层次的水平（杨国锋，2016）。"陈述性"水平指能够对原理应用的步骤、方法、意义等进行表述；而"程序性"水平指能够基于特定的问题情境，通过实践操作解决实际问题。教师教学生物学应用性知识的最终目的就是要帮助学生从理解生物学原理知识提升到能够应用原理知识解决生物学实际问题的水平。因而实践教学活动模式对于帮助学生理解和运用生物学应用性知识十分重要。

目前生物实践教学的主要形式就是学校基地教学、互联网教学和校企合作教学，在这几种教学中，每一种教学方式都有其优势和不足，结合生物实践教学经验，采用"互联网+"的教学模式，可以弥补不同教学方法的不足，最大化每种教学方式优势，提升生物实践教学效果。因此，对于"互联网+"的教学优势的探讨，可以帮助我们更好地认识到这一教学模式的应用方向，并对其应用现状进行更科学、更客观的分析，在此基础上可以不断地提升"互联网+"在生物实践教学中应用的效果，使这实践教学更加完善（丁文乔，2017）。

而后面介绍的"工作坊研修活动教学""翻转课堂教学""微课教学"模式都是与"互联网+"结合的，形成网络课堂与传统课堂、实地实践结合的教学模式，这对于教师教学生物学应用性知识以及培养学生解决问题的实践能力具有一定的帮助。

（一）工作坊研修活动教学

1. 工作坊研修活动教学的内涵

工作坊（workshop）一词最早出现在教育与心理学领域。20世纪60年代，美国劳伦斯·哈普林（Lawence Harplin）将"工作坊"的概念应用到都市计划之中，使其成为不同立场、族群的人思考、探讨和相互交流的一种方式，成为一种鼓励参与、创新及找出解决对策的方法。目前，高等教育界逐渐把"工作坊"引入教育教学领域，形成了国际上比较流行的教学模式之一。

"工作坊研修活动教学"就是把"工作坊"的先进理念引入到实践教学中来，改变传统的"以教师为主体、以教学内容为中心、以实践活动为载体"的方式，形成"以学生为主体、以企业需求为核心内容、以工作坊为载体"的实践教学模式。这一模式树立了以学生为主体的教育理念，弹性地吸纳了不同的活动学习、互动学习及实践教学的诸多元素，真正地以学生为主体，以社会需要、企业需求为核心内容，把解决企业需求的知识的学习和实践作为教学项目交给学生，以小组的形式进行互动学习、演练和应用所学知识；通过专业的指导，使他们完成自我职业规划，提升职业专业技能，并能掌握企业需求的知识和应用能力（葛桦，2011）。工作坊研修活动教学逐渐构建了基于"项目—任务—过关问题"的教学流程（图4-1），教师根据完成任务的需要设定明确的目标和问题，学生通过解决问题逐步完成教学任务。基于问题学习的探究式教学与工作坊研修活动教学模式结合可以激发学生的学习热情，有利于培养学生的创新意识。

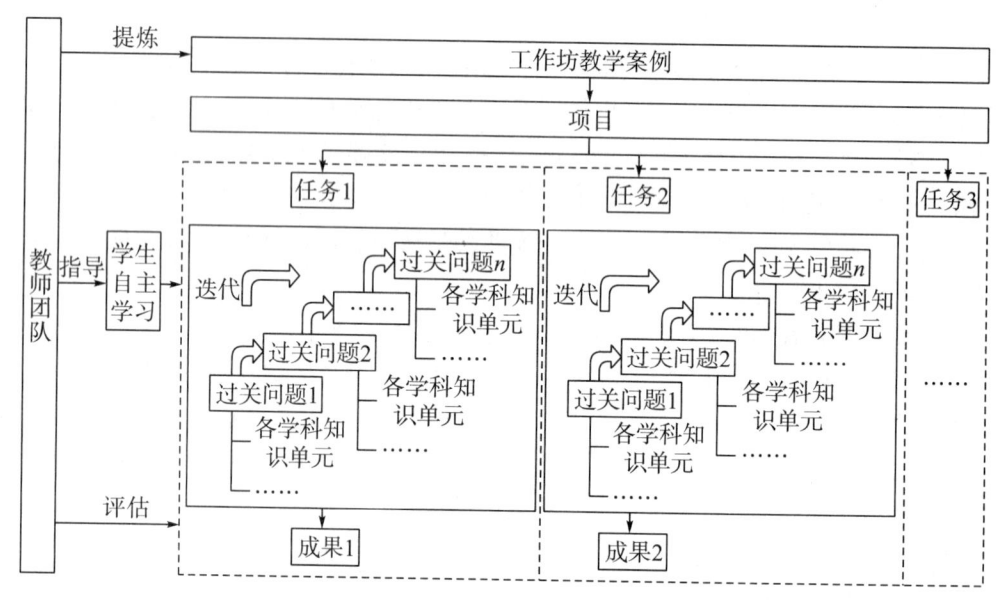

图 4-1 以问题为导向的工作坊研修活动教学模式

以问题为导向的工作坊研修活动教学模式的关键是要将结构化的知识转化成立体、真实的问题和任务，通过教学设计实现过关问题在能力要素和知识单元间的纽带作用（严玲，2016）。

2. 以果酒与果醋制作为例的工作坊教学

该部分内容是高中《生物学》选修教材中有关生物技术与食品安全部分的内容，确定项目主题就是"观察实践葡萄酒的制作"。在此之前学生已经通过网络视频复习了必修一的厌氧呼吸和乙醇发酵实验，容易理解葡萄酒是酵母菌在无氧条件下利用葡萄糖进行乙醇发酵的产物，且为果酒发酵装置的设计奠定了知识基础。在整个教学过程中采用让学生实地体验酒坊中葡萄酒制作的生产过程，以一个个探究任务、过关问题为教学主线逐步培养学生的实践应用能力。

在教学过程中，让学生亲身体验从采购水果进行保鲜储藏开始，到加入酵母菌菌种于发酵罐中，以及促进有氧呼吸与无氧呼吸控制发酵时间，最终进行葡萄酒品质的检测。整个探究主线中的问题均为实际生产生活的问题（如颜色观察、气味嗅闻与味道品尝等食品感官鉴定），有效促进了学生主动将所学知识转化为社会实践。该实践能力的提升既是对深度学习的有效达成，更为学生适应现实生活与终身发展奠定基础。具体的教学任务及过关问题如下所示：

任务1：采购葡萄，并用凉开水将其清洗干净放置在空气稀薄、避光的储藏室中。

过关问题：为什么要将采购的葡萄放置一段时间后再酿制？（通过这样降低呼吸作用的速率。）

任务2：将5kg成熟葡萄用榨汁机打成浆状，并将1g高活性干酵母放在纸杯中，加入少量温水（<40℃）调成糊状，制成酵母菌悬液。可加入少量蔗糖，使酵母菌迅速发挥作用。

  过关问题1：葡萄表面已有野生酵母菌，为什么还要接种酵母菌？（凉开水冲洗葡萄，不仅去除了葡萄表面的杂菌，还使野生酵母菌大量减少，接种酵母菌可提高发酵效率。同时，酵母菌占优势后可抑制其他真菌和细菌的生长。）

  过关问题2：加入的酵母菌液应该具有什么特点？（菌种应为兼性厌氧型真菌，能够进行无氧呼吸产生酒精进行发酵。）

  过关问题3：为什么加入少量蔗糖可以让酵母菌迅速发挥作用？（蔗糖为酵母菌进行有氧呼吸作用的营养底物，可促进酵母菌大量繁殖。）

任务3：将发酵装置提前清洗干净并晾干。将葡萄浆放入发酵瓶中，装量不超过2/3，然后加入酵母菌悬液，混匀，盖上带有双球安全漏斗的橡胶塞，向漏斗加入适量水以液封。

  过关问题：为什么装量不能超过2/3？（在发酵过程中会产生大量CO_2，这些气体会充满果皮、果肉之间，使果皮和果肉从发酵液中分离出来，浮于上层，导致体积增大。若葡萄浆装得较满，则会导致液体外溢，既损失发酵液，又会被杂菌污染。）

任务4：调至温度在25~30℃的下发酵。在发酵过程中，每天定时观察实验现象并每隔一段时间对发酵罐进行排气操作。

  过关问题1：发酵温度为什么调在25~30℃？（这是酵母菌进行无氧呼吸的最适温度。）

  过关问题2：为什么每隔一段时间要排气？（发酵过程中会产生大量的CO_2，若不及时排气，发酵装置的空间有限，会发生爆炸。）

任务5：发酵完毕，过滤发酵液，除去葡萄皮、果肉和籽；将滤液（浑浊）分装到5L的矿泉水瓶中，拧紧瓶盖，静置；待沉淀后，上清液即为葡萄酒，倒出上清液或用虹吸法取出。学生展示自己制作的葡萄酒，并对葡萄酒的质量进行坚定。

  过关问题：如何对葡萄酒的质量进行评价？（通过食品感官进行鉴定、酒精生成检测可利用重铬酸钾的显色反应。）

评估：学生提交研修活动报告并作汇报总结。（以此来培养学生的口头表达总结、汇报的能力。）

（二）翻转课堂实践教学

1. 翻转课堂的内涵

翻转课堂又称"颠倒课堂"，指在信息化环境中，课程教师提供以教学视频为主要形式的学习资源，学生在上课前完成对教学视频等学习资源的观看和学习，师生在课堂上一起完成作业答疑、协作探究和互动交流等活动的一种新型的教学模式。杨英歌提出的"以任务为驱动，以实践为核心"翻转课堂教学模式如图4-2所示，它为我国当前的教育改革提供了一个理想化的集先进教育理念、教与学方法、教学技术三位一体的系统解决方案，具有提高学生的学习兴趣、培养学生良好的学习习惯、增强学生的自主学习能力、提升学生的创新能力与合作能力等优点，因此备受教育界的关注。

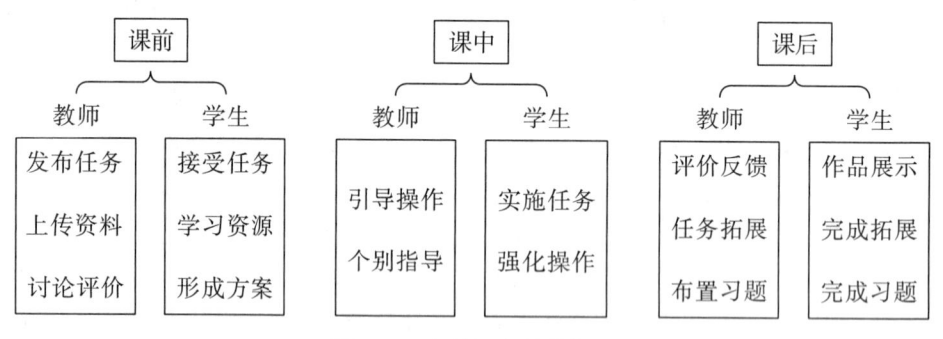

课前		课中		课后	
教师	学生	教师	学生	教师	学生
发布任务 上传资料 讨论评价	接受任务 学习资源 形成方案	引导操作 个别指导	实施任务 强化操作	评价反馈 任务拓展 布置习题	作品展示 完成拓展 完成习题

图4-2 翻转课堂教学模式

2. 以其他植物激素为例的翻转教学

其他植物激素是高中生物学选修一中的知识内容，该节内容主要包括赤霉素、细胞分裂素、脱落酸、乙烯等植物激素的合成部位、分布及主要作用。这些知识都是属于生物学应用性知识内容，它在花卉培养、果蔬生产、农作物抗倒伏、植物保绿等农业生产应用方面具有重要作用。依据新《课标》的具体要求，在学习该节内容之后，要求学生能够举例说明几种主要植物激素的作用，这些激素可通过协同、拮抗等方式共同实现对植物生命活动的调节；举例说明生长素、细胞分裂素、赤霉素、脱落酸和乙烯等植物激素及其类似物在生产上得到了广泛应用。

具体的翻转课堂教学包括以下三个部分：

（1）课前准备。

教师基于新《课标》提出的学习要求制定了以下几个预习任务：①赤霉素、细胞分裂素、脱落酸、乙烯这四种植物激素的合成部位主要在哪里？具体有什么作用？②乙烯与生长素之间的相互作用中为什么生长素能促进乙烯的合成？乙烯又为什么会抑制生长素促进细胞伸长的作用？③设计方案阐述如何将这些植物激素以及植物生长调节剂运用到实际的农业生产中？

教师向学生的学习平台发送制作好的植物激素讲解视频、课程课件、习题检测等。学生接受学习任务，从学习平台上下载学习资源，在电脑或手机上进行学习，遇到疑问可以在微信学习群中交流讨论。针对任务①，学生可以仔细学习视频中提到的这四大植物激素的合成部位、分布及作用。针对任务②和③，学生可以在理解了在植物的生长发育和适应环境变化的过程中，各种植物激素并不是孤立地起作用，而是多种激素相互作用共同调节之后，再进行解答任务②；并且在结合学习了植物激素的作用之后，设计方案给出在日常生活中见到的一些植物叶片衰败、植物茎的生长发育不良、植物果实尚未发育成熟等问题，我们应该如何应用植物激素，进而解决任务③。

学生完成以上学习后，将预习作业发给教师，教师给予评价并提出修改意见，发回给学生，学生修改并完善。在此过程中，学生如有疑问，可以与教师交流，教师也可以将学生遇到的典型问题汇总，以微信、微博的形式推送给学生，与学生一起学习交流。

（2）课中教学。

在课堂中，教师不再过多地进行讲授，而是针对学生的预习作业情况帮助学生进行查缺补漏。课中教学主要是在小组成员之间互相进行评价反馈各成员的任务的完成情况。尤其是任务②与③，任务②中的生长素能促进乙烯的合成、乙烯又会抑制生长素促进细胞伸长的作用，这是两个难以理解的知识点，其原理主要是涉及乙烯的合成路径以及乙烯具有抑制生长素转运的作用这两个需要老师进一步讲解的知识点，对任务②的理解可进一步帮助学生理解生长素的两重性。其中任务③主要是考查学生将知识学以致用的能力，本来这部分知识就是生物学应用性知识与生活实践联系紧密，学习这部分知识的主要目的就是要能够解决日常生活中遇到的实际问题。因此在方案设计时，其评价标准是看学生能否全面理解每个植物激素的作用，以及怎样将它们运用到实际农业生产中。

学生分组完成自己的方案设计，并对自己设计的方案进行阐述汇报，在整个的汇报过程中进行视频拍摄，结束后将视频传到学习平台上。教师的任务就是引导学生对方案进行进一步的修改和完善，并对个别没有理解到植物激素作用的同学进行指导。

（3）课后复习。

观看各组上传的操作视频，进行组内、组间和教师打分，并进行"找茬儿"游戏，找到其他组的问题。在互相评价找碴的过程中，深化对植物激素的作用，以及各植物激素相互作用、共同调节的认知。教师上传拓展资源——其他的植物激素调节学习资源，学生进行拓展学习，在学习过程中进一步总结出植物激素的作用（除了书本上提到的）。对拓展学习中遇到的问题，学生可以在学习平台上与同学和教师交流，最后完成习题检测，进行自我的查缺补漏。

（三）微课实践教学

1. 微课实践教学内涵

微课教学指教师提前将要教的内容录制成微视频、制作成教学课件等，供学生学习使用。学生对掌握不好的知识，可以反复的看视屏、看资料，进行自主学习。此外，教师还可以对教学内容进行整合，把教学内容中最精华的部分制作成微课，每节课只需要十来分钟就可达到教学效果。其主要的特点是：时间短、内容少、容量小、情景化。学生也可以自主选择学习的内容、进度，选择教学的老师。这种学习方法极大地调动了学生参与学习的积极性和主动性，激发了学生主动获取知识的热情，当然也能使学生在教学参与中取得更好的成绩。

在这种微课教学模式下，课堂由传统课堂转变成了传统课堂加网络课堂的形式。在双课堂模式下生物教学有了明显的优化。常规课堂的教学方式、方法得到了改善。新模式体现了学生在教学中的主体地位，有利于学生知识应用能力和动手能力的培养。例如，生物实践教学中"微生物检验操作"一节，传统方式教学下，老师即使多次示范，学生在操作过程中，也还会存在各种问题。在课堂教学改革后，学生的动手能力明显增强，实验中很少需要老师的帮助，这就证明学生的动手能力提高了。微课教学的课时很短，一堂课也就短短十来分钟，但一堂课中包含的内容却非常的丰富，一堂课的知识足够学生拓展成为好几个研究主题，这种教学方法极大地激发了学生的学习潜能，使其在教师的引导下主动地获取知识，自主学习，这样学习效果会更好。由此可见，常规课堂与网络课堂的结合优化了生物教学的方式、方法。在多种教学手段的配合下，学生的进步很快，参与教学的积极性得到了激发，生物学实践教学的有效性得到了明显的提高。

2. 以人类遗传病检测为例的微课教学

"人类遗传病"是高中《生物学》必修二第5章第3节的内容，该节内容主要包括人类遗传病的类型以及检测与预防，这与人们生活息息相关。在了解了人类遗传病的类型之后，教师主要任务是要帮助学生理解如何来预防人类遗传病以及怎样检测。在讲授人类遗传病的检测时，可以以微课的形式，给学生播放6~9分钟的人类遗传病检测知识的视频。在学生看完视频后，教师对学生的学习成果进行检测，判断学生的微课学习效果，针对学生的薄弱点进一步加深巩固。

教师给出材料"羊水穿刺会导致1%的畸胎，有没有安全的检查方案？"这样既将现实生活的情境问题抛出，又将学生的兴趣转移至教学过程中。之后教师给出无创产前检测的答案并分析其科学原理，即母亲的外周血中存在胎儿未成熟的红细胞，采用梯度离心等手段可以完成胎儿细胞的分离与基因筛查。最后在明确了胎儿有相关遗传性疾病时，让学生明白生物技术在造福人类的同时，也带来了一定的伦理问题。具体情境化主线教学过程如图4-3所示。该教学中创设的"无创产前检测技术"既是当下科技造福人类的热点，又巧妙地回顾了学生对成熟红细胞没有细胞核与众多细胞器的基础知识。而情境间的环环相扣、层层递进可以让学生的注意力集中不掉队，且多次利用实际生产生活中的问题与知识符号相挂钩，促进了学生生活经验与所学知识相互转化，完成深度学习的同时培养学生将知识运用于生活实践、解决生活实际问题的能力（朱俊，丁奕然，2018）。

情境主线		知识主线	
为什么要进行胎儿的产前检测？	→	有利于了解胎儿有无遗传病，符合国家优生优育的政策。	
了解产前诊断的方式有哪些？	→	羊水检查、B超检查、基因检查，现在使用最多的仍为羊水检查	
听说羊水穿刺会导致1%的畸胎，有没有规避风险的安全检查方案？	→	采用无创产前检测手段做基因检查，判断新生儿是否有遗传病。	
无创产前检测可以有效检查吗？	→	母亲外周血中有胎儿红细胞。根据红细胞有无细胞核的区别进行分离与基因筛查。	
明确了胎儿有相关的遗传疾病，那要不要选择流产？	→	生物技术在造福人类的同时，会带来一定的伦理学问题。	

左侧纵向文字：情境化使学生全身心地投入学习

右侧纵向文字：生活经验与所学知识不断转化

图4-3 情境化主线引入与递进的"人类遗传病检测"主线教学

第五章　生物学能力培养

能力属个性心理特征，指人们顺利完成某种活动的心理特征而言。能力是与活动联系的，从事任何一种活动都不是一种能力能使其顺利进行的，而是需要多种能力综合。如从事教育活动需要观察力、判断力、语言表达能力、组织能力等（周德昌，1992）。学科能力是学科教育与学生智力发展的成果（胡卫平，罗来辉，2001），通常有两个方面的含义，一是学生掌握某学科的特殊能力，二是学生学习某学科的智力活动及其相关的智力与能力的成分（王建，2018）。生物学科能力指学生在学习生物学课程的过程中所形成的稳定的心理学特征，主要包括科学思维方式和解决生物学问题的能力（王建，2018）。

对能力进行分类，依据能力的层次不同可以将其分为基础能力、核心能力、高级能力（缪仁票，2014）。对学科能力的分类亦可以根据能力的层次进行划分，但PISA（国际学生评估项目）以科学素养为出发点，将学科能力划分为科学地解释自然现象的能力、评估和设计科学探究的能力、科学地解释数据和证据的能力。

《课标》中提出的核心素养区别于三维教育目标的不同，将学科知识、学科基本技能以及情感、态度、价值观三个维度进行整合，更加强调学生能力的发展。生物学科核心素养主要由四个方面组成：生命观念、科学思维、科学探究和社会责任。

从生物学的性质可以看出生物学是一门以实验为基础的学科，据此结合《课标》中核心素养对生物学能力的要求，可将生物学能力划分为三类，分别为实验能力、获取与利用信息的能力和科学探究能力。

第一节　科学探究能力培养

一、科学探究能力界定

《美国国家科学教育标准》中科学探究的定义是"科学家们用于研究自然并基于此种研究获得证据、提出解释的多种不同途径，也指学生用以获取知识、领悟科学家的思想观念、领悟科学家研究自然界所用的方法而进行的种种活动"。

广义的探究能力泛指一切独立解决问题的能力，包括人们通常所说的追根究底、好奇、好问，企图自己弄清事理等。而狭义上的科学探究能力指运用科学基本观点理解自然界并能做出合理解释的能力。科学探究能力还包括能够确认科学问题、使用证据、做出科学结论，并就结论与他人进行交流的能力（姚青山，2008）。

学生的科学探究能力是学生顺利完成科学探究活动的心理条件，是科学探究过程所需要的能力，是探究自然的事物、现象的过程中所使用的能力。学生的科学探究能力不仅包括认知方面的能力，还包括反思、评价、交流、协作等社会化技能和反思性技能（姚青山，2008）。对于学生而言，科学探究能力是学生进行科学探究活动所特有的能力，是直接影响探究活动效果、决定科学探究活动能否成功的关键因素，是圆满完成科学探究目标与任务的一种个性心理特征（贺建清，2019）。

《普通高中生物学课程标准（2017年版）》中"科学探究"指能够发现现实世界中的生物学问题，针对特定的生物学现象，进行观察、提问、实验设计、方案实施以及结果的交流与讨论的能力；学生在探究过程中，逐步增强对自然现象的好奇心和求知欲，掌握科学探究的基本思路和方法，提高实践能力；在探究中，乐于并善于团队合作，勇于创新。

故而，我们可以说科学探究能力即观察现象的能力、提出问题的能力、实验设计的能力、方案实施的能力，以及结果的交流与讨论的能力等的综合；具有科学探究能力不单单只具有某一方面的能力，而是以上几种能力的综合表现。

二、中学生物学学科探究实验梳理及分析

生物学是一门以实验为基础的学科，故而在初高中生物学教材中会涉及大量的实验，对初高中生物学教材中的探究实验进行梳理有利于生物学教师更好地进行教学与教研。

（一）初中生物学探究实验梳理及分析

人教版初中《生物学》教材中共涉及探究实验15个，其中七年级上册中有探究实验5个，七年级下册中有探究实验3个，八年级上册中有探究实验4个，八年级下册中有探究实验3个，具体内容见表5-1。

北师大版初中《生物学》教材中共涉及探究实验18个，其中七年级上册中有探究实验9个，七年级下册中有探究实验6个，八年级上册中有探究实验2个，八年级下册中有探究实验1个，具体内容见表5-1。

表5-1　人教版和北师大版初中《生物学》教材中的探究实验梳理

教材	人教版	北师大版
七年级上册	第1单元第2章第1节 生物与环境的关系 ——非生物因素对某种动物的影响 第1单元第2章第1节 生物与环境的关系 ——探究植物对空气湿度的影响（课外实践） 第3单元第2章第1节 种子的萌发——种子萌发的环境条件 第3单元第2章第1节 种子的萌发——测定种子的发芽率 第3单元第5章第1节 光合作用吸收二氧化碳释放氧气—— 二氧化碳是光合作用必需的原料吗？	第1单元第1章第2节 生物与环境的相互影响 ——探究温度和湿度对霉菌生长的影响 第1单元第2章第2节 生物学研究的基本方法 ——探究影响鼠妇分布的环境因素 第3单元第5章第1节 光合作用 ——探究影响叶绿素形成的环境因素 第3单元第5章第2节 呼吸作用——探究植物细胞的呼吸作用 第3单元第5章第3节 吸收作用——探究植物细胞的吸水和失水 第3单元第5章第4节 蒸腾作用——探究植物气孔的数目和分布 第3单元第6章第1节 种子萌发形成幼苗 ——探究种子的营养成分 第3单元第6章第1节 种子萌发形成幼苗 ——探究种子萌发的外部条件 第3单元第6章第1节 种子萌发形成幼苗 ——探究不同种子萌发是吸水量不同的原因
七年级下册	第4单元第2章第1节 食物中的营养物质 ——测定某种食物中的能量 第4单元第2章第2节 消化和吸收——馒头在口腔中的变化 第4单元第6章第3节 神经调节的基本方式——测定反应速度	第4单元第8章第1节 人类的食物——探究食物中的营养成分 第4单元第8章第2节 食物的消化和营养物质的吸收 ——探究唾液对淀粉的消化作用 第4单元第9章第2节 血液循环——探究运动与脉搏的关系 第4单元第10章第1节 食物中能量的释放 ——探究不同食物贮存能量的差异 第4单元第12章第2节 感受器和感觉器官 ——探究人对某种味道辨别能力的个体差异 第4单元第13章第1节 健康及其条件 ——探究酒精对水蚤心率的影响

续表5-1

教材	人教版	北师大版
八年级上册	第5单元第1章第6节 鸟——鸟适于飞行的形态结构特点 第5单元第2章第2节 先天性行为和学习行为 ——小鼠走迷宫获取食物的学习行为 第5单元第2章第3节 社会行为——蚂蚁的通讯 第5单元第4章第1节 细菌和真菌的分布 ——检查不同环境中的细菌和真菌	第5单元第16章第3节 动物行为的研究——探究蚂蚁的行为 第5单元第17章第1节 动物在生物圈中的作用 ——探究动物对植物生活的积极作用
八年级下册	第7单元第2章第5节 生物的变异——花生果实大小的变异 第7单元第3章第3节 生物进化的原因 ——模拟保护色的形成过程 第8单元第3章第2节 选择健康的生活方式 ——酒精或烟草浸出液对水蚤心率的影响	第8单元第24章第1节 人口增长与计划生育 ——探究世界人口增长的趋势

从数量上来看，人教版初中《生物学》教材七年级上册、七年级下册、八年级上册、八年级下册中七年级上册的探究实验分布较多，其中第3单元的探究实验数目最多，为3个，七年级下册、八年级上册、八年级下册中的探究实验数目基本持平；北师大版初中《生物学》教材七年级上册、七年级下册、八年级上册、八年级下册中同样也是七年级上册的探究实验分布较多，其中第3单元的探究实验数目最多，为7个，七年级下册的探究实验数目次之，八年级上册和下册的探究实验较少，虽然八年级的探究实验较少，但是却涉及更多的观察实验和数据调查等，以此锻炼学生的生物实验能力。

对比人教版教材和北师大版初中《生物学》教材中的探究实验，北师大版初中《生物学》教材中的探究实验比人教版教材中探究实验数目略多，且人教版初中《生物学》教材中是直接标注出实验的类型是否为探究实验，而北师大版初中《生物学》教材中将"实验"板块改成"活动"板块，未明确实验的类型，而是在实验名称上点出该实验是否为探究实验，这样的设计赋予了教师更多的教学空间，教师可根据教学情况安排实验的类型。

本着用教材教，而不是简单教教材的原则，很多生物学教师都会根据学生的学情、学校的教学资源以及对教材实验的分析，对教材上给出的探究实验进行一定的改进，以此更好地进行教学。下面是对实验改进的案例分析。

案例：对探究实验"光对鼠妇生活的影响"的改进——探究非生物因素对蚯蚓生活的影响（马梓炜，2015）。

案例中认为七年级学生是第一次系统地学习生物科学，通过实验培养学生的学习兴趣、科学探究能力是一种重要途径，实验结果不明显会直接影响学生的积极性。而"光对鼠妇生活的影响"实验中，要通过观察鼠妇的活动规律探究不同光照强度对鼠妇生活的影响。但是鼠妇爬动较快，学生不易控制，最后要统计在不同区域鼠妇的数量比较困难，而要将数只鼠妇同时放在容器的中间位置更会让学生手忙脚乱。鼠妇除了对光敏感，震动也会影响鼠妇的行动，课堂实验环境较为嘈杂，不可控因素较多，鼠妇还有"假死"的应激现象，这些都会造成实验结果的误差，影响实验结果的说服力，也会打击学生的积极性。

为增强实验的可操作性和实验结果的有效性，使实验更具说服力。本案例对实验材料进行改进，选择用蚯蚓代替鼠妇。实验用具为蚯蚓（每组3条，2人一组）、解剖盘、培养皿、玻璃板、纸板或书、湿布、毛巾、15℃和30℃的温水。

蚯蚓代替鼠妇作为实验材料的合理性和优越性为：

蚯蚓和鼠妇生活的环境相似，替代实验也会要求学生亲自捕捉蚯蚓，增强直观感受，而且蚯蚓较鼠妇行动缓慢容易捕捉。蚯蚓替代实验设计思路大致和鼠妇实验相似，与课程同步且符合《课标》要求的活动建议。

蚯蚓替代实验的可控性强。鼠妇实验要将10只鼠妇同时放在阴暗、明亮的交界处，还要每隔两分钟统计一次不同区域鼠妇数量的分布状况，但鼠妇爬动较快，不是跑了这个就是跑了那个，会对实验造成一定困扰。而蚯蚓相对鼠妇行动缓慢，上述实验要求都能顺利进行，减少实验误差。另外，蚯蚓对震动不敏感而对光极为敏感，即使有明显震动蚯蚓还是会爬向阴暗一边，保证了实验的单一变量原则。

蚯蚓替代实验具有一定的拓展性。鼠妇实验的目的是使学生通过实验体会并认同非生物因素对生物的影响，但光只是非生物因素之一。蚯蚓代替实验除了能探究光对蚯蚓的影响，还能探究湿度、温度对蚯蚓生活的影响。

案例的实验过程符合探究实验的几个步骤：第一步，课外捕捉蚯蚓并观察周围的环境特点；第二步，提出问题，教师首先提出"你是去哪里采集蚯蚓的？你是在什么环境中采集到蚯蚓的？采集来的蚯蚓主要分布在容器中的什么地方？你认为蚯蚓分布的地方跟什么非生物因素有关？"等问题激发学生思考，进而提出所要探究的问题；第三步，作出假设，提醒学生思考做出假设的依据；第四步，制定计划，分三组分别对光、湿度、温度对蚯蚓生活的影响进行探究，改进后实验装置设计和实验记录表见表5-2；第五步，预习实验操作流程并进行实验；第六步，讨论与分析。

表5-2 改进后实验装置设计和实验记录表

小组	实验装置设计	实验记录表			
第一组	在解剖盘内铺上用水浸湿的滤纸，以横轴中线为界，一侧盖上玻璃板，另一侧盖上纸板或书，在盘内形成阴暗和明亮两种环境	环境	第一次	第二次	第三次	共计
		明亮				
		阴暗				

续表5-2

小组	实验装置设计	实验记录表
第二组	以解剖盘中轴线为界,一侧铺上干燥的滤纸,另一侧铺上用水浸湿的滤纸,在解剖盘上盖上纸或书,形成阴暗条件下干燥和潮湿两种环境	环境|第一次|第二次|第三次|共计 潮湿|||| 干燥||||
第三组	以解剖盘中轴线为界,一侧铺上用10℃水浸湿的毛巾,另一侧铺上用30℃水浸湿的毛巾,在装置内形成温度较低区域和温度较高区域,用纸板或书盖在解剖盘上	环境|第一次|第二次|第三次|共计 低温区|||| 高温区||||

(二) 高中生物学探究实验梳理及分析

人教版高中《生物》(2004年版)教材中共涉及探究实验11个,其中必修1中有探究实验4个,必修2中有探究实验2个,必修3中有探究实验5个,具体内容见表5-3。

人教版高中《生物学》(2019年版)教材中共涉及探究实验5个,其中必修1中有探究实验4个,必修2中有探究实验1个,具体内容见表5-3。

表5-3 人教版2004年版高中《生物》与2019年版高中《生物学》教材中的探究实验梳理

教材	2004年版	2019年版
必修1	第4章第1节 物质跨膜运输的实例 ——植物细胞的吸水和失水 第5章第1节 降低化学反应活化能的酶 ——影响酶活性的条件 第5章第3节 ATP的主要来源——细胞呼吸 ——探究酵母菌细胞呼吸的方式 第5章第4节 能量之源——光与光合作用 ——环境因素对光合作用强度的影响	第4章第1节 物质跨膜运输的实例 ——植物细胞的吸水和失水 第5章第1节 降低化学反应活化能的酶 ——影响酶活性的条件 第5章第3节 ATP的主要来源——细胞呼吸 ——探究酵母菌细胞呼吸的方式 第5章第4节 能量之源——光与光合作用 ——环境因素对光合作用强度的影响
必修2	第3章第4节 基因是具有遗传效应的DNA片段 ——脱氧核苷酸序列与遗传信息的多样性 第7章第2节 现代生物进化理论的主要内容 ——自然选择对种群基因频率变化的影响	第6章第3节 种群基因组成的变化与物种的形成 ——探究自然选择对种群基因频率变化的影响

续表5-3

教材	2004年版	2019年版
必修3	第3章第2节 生长素的生理作用——探究生长素类似物促进插条生根的最适浓度 第4章第1节 种群的特征——用样方法调查草地中某种双子叶植物的种群密度 第4章第2节 种群数量的变化 ——培养液中酵母菌种群数量的变化 第4章第3节 群落的结构 ——土壤中小动物类群丰富度的研究 第5章第3节 生态系统的物质循环 ——土壤微生物的分解作用	

从数量上来看，2004年版高中《生物》必修1、必修2与必修3教材中必修3中探究实验分布较多，必修3中稳态与环境较必修1与必修2更为宏观，可见度更高，故而能实际操作的探究实验更多；虽然必修2中的探究实验数量较少，但必修2中大量的科学史内容即是从另一个角度阐释科学探究的过程与精神。

对比2004年版高中《生物》和2019年版高中《生物学》教材中的探究实验，2004年版高中《生物》教材中会直接标注出实验的类型是否为探究实验，而2019年版高中《生物学》教材中将"实验"板块改成"探究·实践"板块，未明确点名实验的类型，由此赋予了教师更多的教学空间，教师可根据教学情况安排实验的类型。

如何更为有效地培养学生的科学探究能力一直是教师苦心专研的内容。新课伊始，除了探究实验，在日常教学中如何培养学生的科学探究能力是需要教师们挑战的内容，下面以赵冬青的"运用生物科学史培养学生科学探究能力的实践研究"为案例具体分析。

案例：运用生物科学史培养学生科学探究能力的实践研究（赵冬青，2018）。

案例结合对科学史和探究性过程的分析确定运用科学史培养学生科学探究能力（图5-1）。

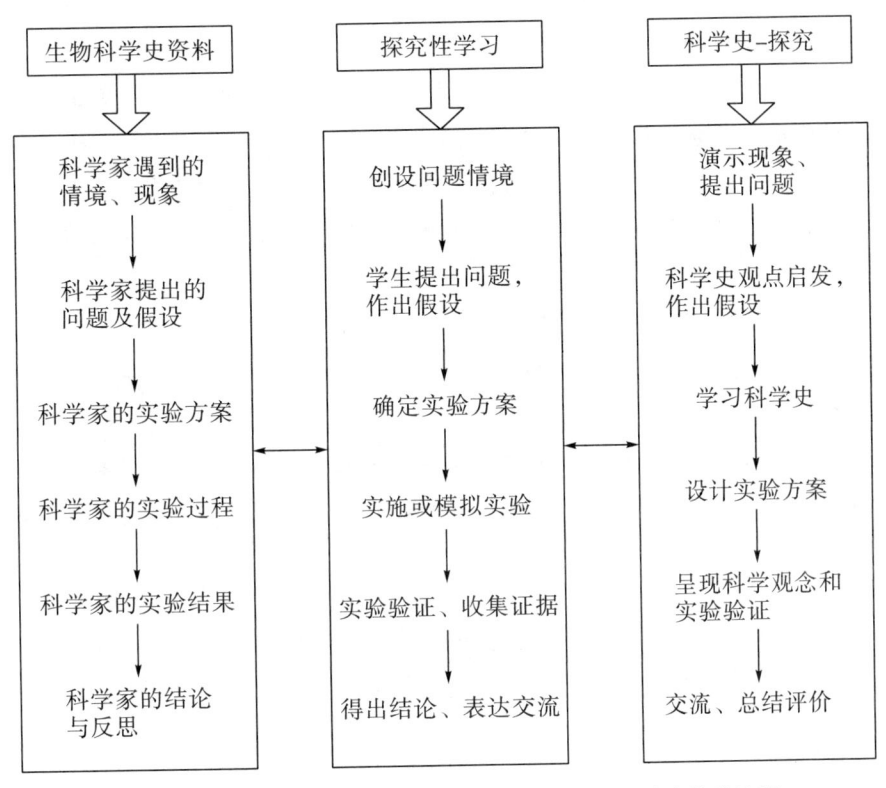

```
┌─────────────┐        ┌─────────────┐        ┌─────────────┐
│ 生物科学史资料 │        │  探究性学习   │        │  科学史-探究  │
└──────┬──────┘        └──────┬──────┘        └──────┬──────┘
       ▼                      ▼                      ▼
┌─────────────┐        ┌─────────────┐        ┌─────────────┐
│ 科学家遇到的  │        │ 创设问题情境  │        │ 演示现象、    │
│  情境、现象  │        │             │        │  提出问题    │
└──────┬──────┘        └──────┬──────┘        └──────┬──────┘
       ▼                      ▼                      ▼
│ 科学家提出的  │        │ 学生提出问题, │        │ 科学史观点启发,│
│  问题及假设  │        │   作出假设   │        │  作出假设    │
       ▼                      ▼                      ▼
│ 科学家的实验方案│◄──────►│ 确定实验方案 │◄──────►│ 学习科学史   │
       ▼                      ▼                      ▼
│ 科学家的实验过程│        │ 实施或模拟实验│        │ 设计实验方案 │
       ▼                      ▼                      ▼
│ 科学家的实验结果│        │实验验证、收集证据│      │ 呈现科学观念和│
│                                                │  实验验证   │
       ▼                      ▼                      ▼
│ 科学家的结论  │        │得出结论、表达交流│      │ 交流、总结评价│
│   与反思    │
```

图 5-1　运用生物科学史培养学生科学探究能力的基本教学流程

运用科学史培养学生科学探究能力的教学设计理念为：

1. **以生物科学史的发展历程为线索**

这其中体现了科学家的思维方法、科学态度和创新精神。把握好生物科学史的发展脉络，在教学中加以组织运用，既可以让学生体会科学家的探究历程，了解科学家进行实验的背景，选取的实验材料以及为什么这样选择，逐步完成实验的思路和探究过程，记录实验现象及科学地分析结果。科学史中记录的这些内容，为组织探究性学习提供了线索和基础，还可以使学生整体把握科学探究的过程与方法，从整体上培养学生科学探究的能力。

2. **以探究性学习的方式组织教学**

探究性学习注重发挥学生的主体性，在课堂中，教师组织课堂活动，引导学生进行探究性学习。组织探究性学习一般包括探究过程的几个环节，即提出问题、作出假设、设计实验、实施实验方案、收集证据、得出结论等步骤。在实际的教学过程中，对探究的环节可以灵活变通，在以探究性学习的方式组织教学时注意将"生物科学史"与"探究性学习"相关联，将科学史的发展脉络与科学探究过程灵活地加以结合，运用科学史组织探究性学习，形成科学史-探究的教学流程：演示现象、提出问题—科学史观点启发、作出假设—学习科学史—设计实验—呈现科学观念和实验检验—交流、总结评价。

3. 以培养学生科学探究能力为目的

科学探究是生物学核心素养之一，但并不是所有的章节都突出科学探究这一个方面。所以教师应该充分研读教材，分析教材内容中探究的部分，思考为什么会这样编排，以及用什么样的方式组织教学。根据课程标准对科学探究的要求，结合学生的发展水平，选取教材中侧重培养科学探究能力的章节，以培养学生科学探究能力为主要目的来做教学设计。

4. 以开放性的理念组织教学

开放性主要体现在形式和内容两个方面，形式上教师为主导，学生为主体，以探究的教学方式组织教学，打破"一言堂""满堂灌"等形式，组织学生积极参与、互相讨论，营造一个学生乐于探索的开放的教学氛围。内容上打破完全按照课本内容进行讲解的形式和简单的问答形式，采用开放型的问题，开拓学生的思维，有意识地引导学生思考、探究。

对学生科学探究能力的培养不仅仅只停留在新课的教学中，在复习课中也可在复习实验教学内容中培养学生的探究能力。下面以陆惠媛的"基于科学探究能力提高的高三生物实验复习课型的研究"为案例具体分析。

案例：基于科学探究能力提高的高三生物实验复习课型的研究（陆惠媛，2018）。

探究学习的操作步骤主要包括：提出问题、确定探究方向、组织探究、收集并整理资料、分析结果并得出结论、评价与反思等，结合胡刚（2008）、王慧君（2013）等学者提出的探究学习程序，本案例中尝试对基于科学探究能力提高的实验复习课型的基本程序进行设计，制定其课型的一般模式如图5-2所示，并将教材中探究实验归纳如图5-3所示，及对生物科学史进行统计如表5-4所示。

第五章 生物学能力培养

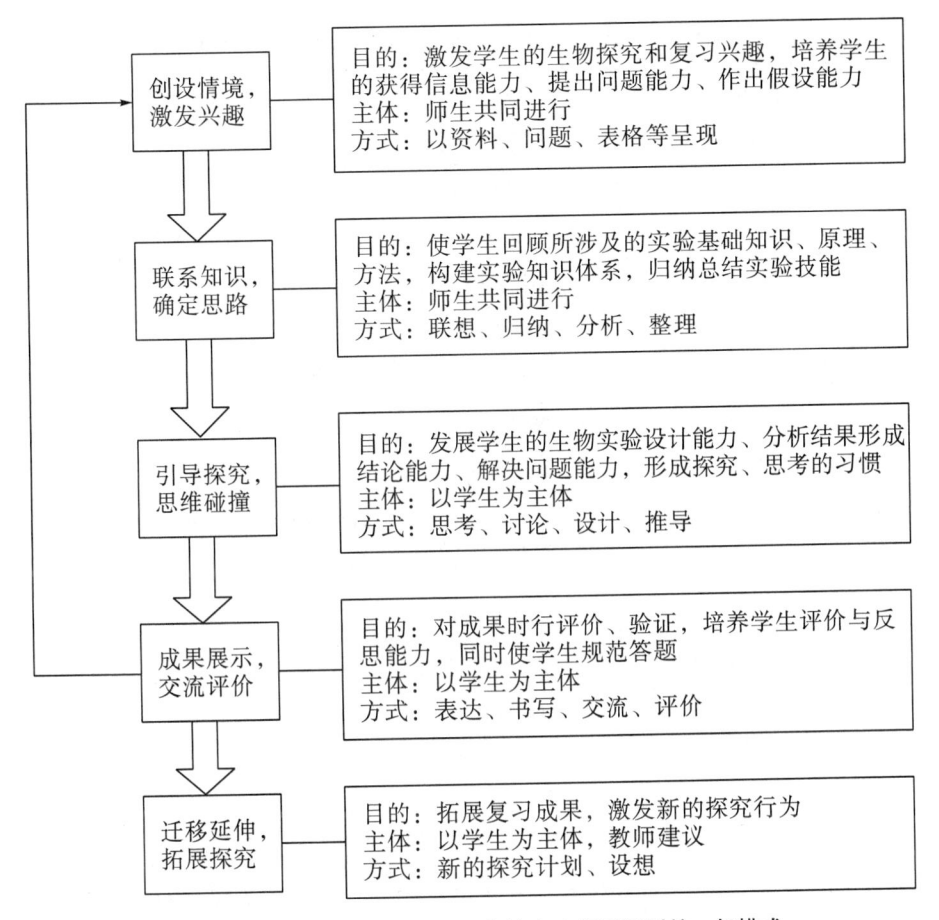

```
创设情境,     目的:激发学生的生物探究和复习兴趣,培养学生
激发兴趣  ——  的获取信息能力、提出问题能力、作出假设能力
              主体:师生共同进行
              方式:以资料、问题、表格等呈现
      ↓
联系知识,     目的:使学生回顾所涉及的实验基础知识、原理、
确定思路  ——  方法,构建实验知识体系,归纳总结实验技能
              主体:师生共同进行
              方式:联想、归纳、分析、整理
      ↓
引导探究,     目的:发展学生的生物实验设计能力、分析结果形成
思维碰撞  ——  结论能力、解决问题能力,形成探究、思考的习惯
              主体:以学生为主体
              方式:思考、讨论、设计、推导
      ↓
成果展示,     目的:对成果时行评价、验证,培养学生评价与反
交流评价  ——  思能力,同时使学生规范答题
              主体:以学生为主体
              方式:表达、书写、交流、评价
      ↓
迁移延伸,     目的:拓展复习成果,激发新的探究行为
拓展探究  ——  主体:以学生为主体,教师建议
              方式:新的探究计划、设想
```

图 5-2　基于科学探究能力提高的实验复习课型的一般模式

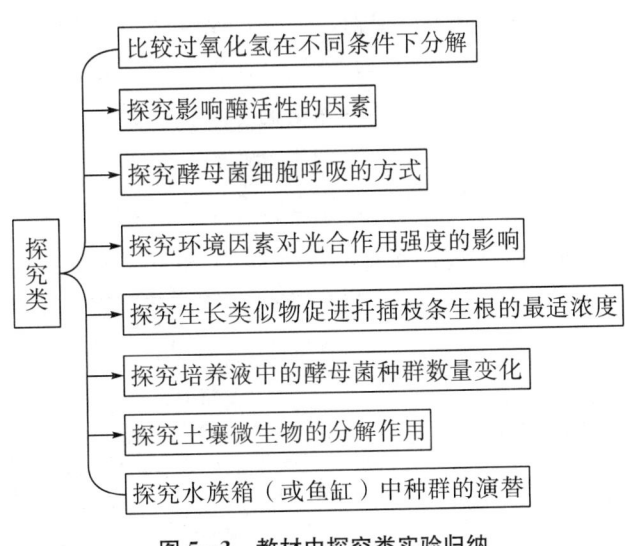

```
         ┌─ 比较过氧化氢在不同条件下分解
         ├─ 探究影响酶活性的因素
         ├─ 探究酵母菌细胞呼吸的方式
探究类 ───┼─ 探究环境因素对光合作用强度的影响
         ├─ 探究生长类似物促进扦插枝条生根的最适浓度
         ├─ 探究培养液中的酵母菌种群数量变化
         ├─ 探究土壤微生物的分解作用
         └─ 探究水族箱(或鱼缸)中种群的演替
```

图 5-3　教材中探究类实验归纳

表 5-4　人教版高中《生物学》必修课本中的科学史

线索	相关科学史内容
细胞的探索	(1) 细胞学说的建立
	(2) 生物膜结构的探索历程
	(3) 通道蛋白的研究
生理过程的探索	(1) 酶的探索历程
	(2) 光合作用的探索历程
遗传规律的探索	(1) 孟德尔的豌豆杂交实验
	(2) 萨顿假说
	(3) 摩尔根的实验
DNA 是遗传物质的探索	(1) 格里菲斯的肺炎双球菌体内转化实验
	(2) 艾弗里的肺炎双球菌体外实验
	(3) 噬菌体侵染细菌实验
生命过程的探索	(1) DNA 双螺旋结构模型的探索
	(2) 中心法则的探索
生命活动调节的探索	(1) 促胰液素的发现
	(2) 生长素的发现

由于在高一阶段，学生对教材的探究实验已经学过，因此在复习过程中就不能是仅仅再重复一遍实验过程，教师应该创设相关的问题情境，提出相应的问题，引导学生根据探究的一般过程进行思考，并解决问题。这样，教材探究实验的复习就有了新意，就变成学生根据创设的问题主动去分析实验的学习过程。教材探究实验的复习按照上述图 5-2 的基于科学探究能力提高的实验复习课型的一般模式进行。

实例 1："酶与无机催化剂的对比"复习教学实践（表 5-5）

实验目的：培养学生提出问题能力、作出假设能力、分析结果形成结论能力

表 5-5　"酶与无机催化剂的对比"复习教学实践

教学过程	学生活动	设计意图
【创设情境，激发兴趣】 教师呈现教材中的探究实验情境：经计算，质量分数为 3.5% 的 $FeCl_3$ 溶液和质量分数为 20% 的肝脏研磨液相比，每滴 $FeCl_3$ 溶液中的 Fe^{3+} 数，大约是每滴研磨液中过氧化氢酶分子数的 25 万倍。 根据上述资料，提出怎样的研究问题？并作出什么假设？	学生通过思考，提出问题：酶分子数比无机催化剂分子数少太多，催化效果反而会比无机催化剂高吗？作出的假设是酶的催化作用比无机催化剂要高，或反之	目的：激发学生的生物探究和复习兴趣，培养学生提出问题能力、作出假设能力 主体：师生共同进行 方式：资料形式呈现

续表5－5

教学过程	学生活动	设计意图
【联系知识，确定思路】 教师呈现实验过程，引导学生思考： 1. 常温　2. 加热　3. FeCl₃　4. 加肝脏研磨液 ①实验的对照组是_____？ 实验组是_____？ ②实验的自变量、因变量、无关变量分别是_____？ ③实验遵循了实验设计的_____原则？	学生展开课堂思考、讨论和交流，发挥学习的主观能动性，通过分析上述问题，回归课本，吃透教材 P79 实验的对照设置、变量设置、实验原则	目的：使学生回顾所涉及的实验基础知识、原理、方法，构建实验知识体系 主体：师生共同进行 方式：归纳、分析、整理
【引导探究，思维碰撞】 学生针对本实验开展分析： ④各组的实验现象是_____？ ⑤组1和组2对照，说明_____？ 组1和组4对照，说明_____？ 组3和组4对照，说明_____？	学生学会针对实验结果，分组进行分析讨论，两两比较得出实验结论，酶比无机催化剂的催化作用更高效	目的：发展学生分析结果形成结论能力、解决问题能力。 主体：以学生为主体 方式：思考、讨论、推导
【成果展示，交流评价】 此环节渗透在其他环节，教师通过提问，使学生有主动表达机会	学生主动表达，进行互动交流	目的：对成果进行评价、验证 主体：以学生为主体 方式：表述、交流
【迁移延伸，拓展探究】 教师在教材探究实验的复习基础上，引导学生思考新的问题：上述实验组3和组4比较，即酶与无机催化剂相比说明酶具有高效性。现欲证明酶具有专一性，应如何设计实验？ 设置：_____酶对_____底物的催化效果比较 或者：_____酶对_____底物的催化效果比较	学生对新产生的问题进行思考，根据已掌握的实验知识，设计相关实验进行探究	目的：拓展复习成果，激发新探究行为 主体：学生为主，教师建议 方式：新的探究计划、设想

实例2："探究酵母菌细胞呼吸方式"复习教学实践（表5－6）

实验目的：培养学生提出问题能力、作出假设能力、实验设计能力

表 5－6 "探究酵母菌细胞呼吸方式"复习教学实践

教学过程	学生活动	设计意图
【创设情境，激发兴趣】 教师创设问题情境，酵母菌是一种单细胞真菌，在有氧和无氧条件下都能生存，都能产生CO_2，属于兼性厌氧菌，酵母菌能使葡萄糖发酵产生酒精。 根据上述资料分析，提出怎样的研究问题？并作出什么假设？	学生通过思考，提出问题：酵母菌产生酒精是在无氧还是有氧条件下进行？不同条件下产生的CO_2是否一样多？根据自己已有的知识，针对所提出的问题作出假设	目的：激发学生的生物探究和复习兴趣，培养学生的获取信息能力、提出问题能力、作出假设能力 主体：师生共同进行 方式：资料形式呈现
【联系知识，确定思路】 教师引导学生关注以下问题： ①怎样鉴定有无酒精产生？怎样鉴定有无CO_2产生？如何比较CO_2产生的多少？ ②怎样保证酵母菌在整个实验过程中能正常生活？	学生展开课堂思考、讨论和交流，通过分析上述问题，回归课本，吃透教材P92参考资料，掌握葡萄糖培养液作用，总结酒精、CO_2的鉴定方法	目的：使学生回顾所涉及的实验基础知识、原理、方法，构建实验知识体系，归纳总结实验技能 主体：师生共同进行 方式：联想、归纳、分析、整理
【引导探究，思维碰撞】 教师提供不同作用的锥形瓶，请学生思考： ①怎样控制有氧和无氧的条件？ ②怎样排除空气中CO_2干扰？并设计有氧和无氧的两套实验装置 酵母菌培养液 a　澄清石灰水 b　10%NaOH溶液 c　酵母菌培养液 d	学生根据装置，设计出有氧装置是c－a－b，无氧装置是d－b，并掌握10% NaOH溶液的作用	目的：发展学生的生物实验设计能力、解决问题能力 主体：以学生为主体 方式：思考、讨论、设计
【成果展示，交流评价】 此环节渗透在其他环节，教师通过提问，使学生有主动表达机会	学生主动表达，进行互动交流	目的：对成果进行评价、验证 主体：以学生为主体 方式：表述、交流
【迁移延伸，拓展探究】 教师在教材探究实验的复习基础上，引导学生思考新的问题：上述实验是否存在对照组？如果没有对照组，那遵循了怎样的对照原则？	学生对新产生的问题进行思考，掌握教材P93的对比实验与对照实验的区别，并联想归纳教材其他的对比实验	目的：拓展复习成果，激发新探究行为 主体：学生为主，教师建议 方式：新的探究计划、设想

实例3："生长素的发现"复习教学实践

实验目的：培养学生实验分析能力、质疑和反思能力

【课前自主学习】

本环节的复习目标，是回顾和梳理科学家实验，理解掌握实验目的、材料、过程、

结果和结论。教师将教材中科学家的实验进行整理，让学生自主看书学习，梳理实验历程，理清科学家思路。

以生长素的发现为例，教师课前设计自主学习学案，或者直接利用复习资料书中的知识框架，使学生课前自主复习四位科学家（达尔文、鲍森·詹森、拜尔、温特）的实验方法、结果结论，根据相关实验过程和结果，完成学案填写（表5-7）。这样使学生在全面了解各实验过程与结论的基础上，全面理解四个关键实验的逻辑关系。举例如下：

表5-7 "生长素的发现"学案

观察与思考	归纳与结论
达尔文的实验	结论：1. 产生生长素的部分是_____。感受光刺激的部位是_____。弯曲生长的部分是_____。 2. 植物向光性的原因是_____
1910年詹森的实验	结论：胚芽鞘尖端产生的_____可以透过琼脂片传递给下端
1914年拜尔的实验	结论：胚芽鞘弯曲的原因是_____
1928年温特的实验	结论：温特的实验进一步证明造成胚芽鞘弯曲的化学物质是_____

【引导探究，思维碰撞】

本环节的复习目标，是在学生课前自主学习基础上，师生课堂上进行互动交流，深度分析科学家的实验，掌握科学家的科学思维和方法，以培养学生的科学探究的兴趣和能力。教师提出系列问题让学生思考：

①达尔文的胚芽鞘向光性实验中，如何设置实验变量？如何排除无关变量的干扰？两两实验对照分析可以得出什么实验结果？通过胚芽鞘向光性实验，达尔文提出了什么假设？

②詹森、拜尔实验是怎样对达尔文的推论进行验证的？詹森的实验可以怎样改进？如果运用云母片还可以怎样改进？拜尔的实验为什么一定要在黑暗条件下进行？

③温特的实验中琼脂片的作用？他是如何验证琼脂片中有促进生长的物质的呢？为了使实验设置更加严谨，如何设计对照？

在师生讨论交流的基础上，教师指导学生关注并掌握实验设计中的对照原则、单一变量原则，学会观测实验的指标、分析现象等，从而培养实验分析能力，并对科学家的实验进行质疑与反思。

【成果展示，交流评价】

此环节渗透在其他环节，教师通过让学生相互讨论和提问，使学生有主动表达机会，并进行互动交流。该环节以学生为主体，学生在表达和交流中，能发挥学习的主动性，可培养学生的评价与交流能力。

【迁移延伸，拓展探究】

本环节的复习目标，是在学生习得科学家的实验过程、方法的基础上，教师设计探究问题，指导学生独立完成，对实验进行拓展深化，或者让学生进行新的实验设计，以培养其在新情景中迁移和运用实验探究知识的能力。例如，针对达尔文胚芽鞘向光性实验，让学生利用胚芽鞘尖端进行进一步的拓展探究，选用的题目举例如图5-4所示。

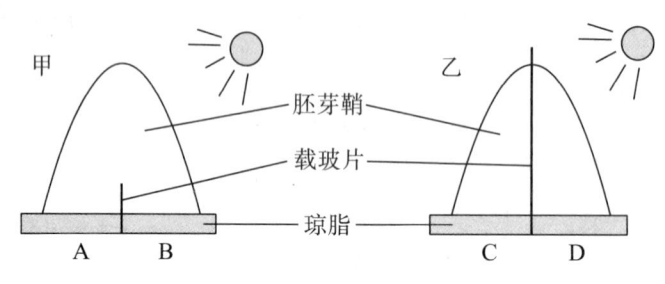

图5-4 拓展探究

（1）图中A、B、C、D四块琼脂块中生长素的含量情况为_____
（2）若给你一些去除尖端的胚芽鞘，并利用上述有关材料，请设计实验证明上述结论。

实验设计：①取四个相同的去除尖端的胚芽鞘。
②把_____
③过一段时间后，测量并比较四个胚芽鞘的高度。

实验结果：_____

（三）探究实验的评价

为了更加有效地开展探究实验，提高教学的有效性，需要及时有效地进行评价。评价作为一种反馈机制，有助于教学更好的发展。对于学生来说，可以帮助其改善自己的学习状态并及时检测自己学习上存在的不足与缺点；对于教师来说，利于教师发现教学中存在的不足以便及时进行修改，改进自己的教学。

目前对学生科学探究能力的评价方法主要有现场观察、工作单和纸笔测验。

现场观察是让学生动手探究，评分者通过观察即时评分，其体流程为在探究过程中，让学生以个人或小组形式进行实践操作，评分者观察学生的探究过程，并参照一定的评分标准，评价各项科学探究能力。现场观察能及时掌握学生的探究状况，实时实地评定学生的探究能力，是一种评价学生科学有效的方式。现场观察在我国很多地区的高中阶段学生实验水平测试中较为常见。这种方法需要提前准备好实验室，制定实验试题，制定明确的观察指标与评分标准，对学生进行抽签分组，组织学生备考和老师监考，消耗的人力、物力成本较高，针对我国当前班额大、教育经费不足、实验室条件不完善、教学课时较为紧张等现状，这种评价方式不能广泛应用（陆惠嫒，2018）。

工作单也是让学生动手探究，但要求学生同时把探究过程和结果写在一张工作单上，事后评分者对工作单上的内容进行延时评分（罗国忠，张正严，2008）。工作单又可以按照结构性强弱分为开放性工作单、结构性工作单和引导性工作单（罗国忠，张正严，2008）。要求学生把探究过程与结果写在空白的工作单上，称为无提示的开放性工作单；要求学生按照提示的结构来描述探究过程，称为一般提示的结构性工作单；针对具体探究任务一步步地引导学生探究并写在工作单上，称为充分提示的引导性工作单。工作单的设计需要教师科学系统的把控，实验之后还需对工作单进行数据分析统计。此外工作单的记录内容较多，准确评定记录的全部内容难度较大（陆惠媛，2018）。

纸笔测试指通过能反映学生科学探究能力的测验试题，对学生解答试题的过程所展示的探究能力进行评价，从而实现评定学生科学探究分项能力的水平或科学探究总体能力的水平的目的（李晓军，2013）。编制的探究性试题可以采用多种表现形式，如选择题、填空题、简答题、实验设计题等，试题可以来源于实验专题复习中的经典题、创新题、各地模拟题及高考真题等。探究性试题可以通过题目设置一定的探究情境，针对性考察各个探究环节，从而评价各个分项探究能力。探究性试题能很好地考查学生科学探究能力，是新课程理念在考试评价中的具体体现，对课程改革具有强大的推动作用，有利于引导生物学教学的改革方向（陆惠媛，2018）。

张正严采用现场观察、纸笔测验、开放式性工作单、结构性工作单和引导性工作单来测评课改区高一学生的科学探究能力，揭示了这五种不同评价方式的公平性，其结果显示现场观察和引导性工作单这两种科学探究能力评价方式针对不同性质学校、不同性别、不同年龄、不同成长环境均无显著性差异；不同性别、不同年龄、不同成长环境的学生在纸笔测验中的表现也无显著性差异，但对于不同性质学校的学生在纸笔测验中却有显著性差异。也就是说，采用单一的纸笔测验方式评价学生的科学探究能力对于不同性质学校（城市重点、城市普通、农村中学）的学生显得不公平，学校越好，学生在纸笔测验中的表现越好。引导性工作单在公平性上完全可以替代现场观察，而纸笔测验则不能（张正严，2013）。

李能国在《初中生物学探究教学的整体设计》中提出，科学探究能力具有综合性，每个环节所需要的心理特征具有差异性，是观察能力、操作能力、思维能力、创造能力、表达能力等多种能力的综合，科学探究能力在探究活动中表现出来，能够进行观察和测量。评价是根据评价标准对评价对象进行量化和非量化的测量过程，最终得出一个可靠的并且具有逻辑的结论。科学探究能力的形成，是建立在科学知识的掌握、科学方法的应用、表达和交流的基础之上的，科学探究能力评价应该反映科学探究的全过程。通过对国内外文献的研究，可以建立科学探究能力评价的结构模型（表5-8）（李能国，2014）。

表 5-8　初中生物学科学探究能力评价的结构模型

评价指标	评价维度			
	提出问题或假说	设计探究方案	收集和展示数据	分析和解释结果
科学知识的掌握	背景信息和观察结果与科学研究相关	能设计符合逻辑、安全和伦理要求的探索方案	收集的数据是合理和精确的,与研究计划的目标一致	使用科学术语正确地报告结果
科学方法的应用	形成的问题或假说是可以得到回答或检验的	设计的探究方案为回答问题或检验假说提供充分的数据	数据的转换是有效的、完全的,对解释问题有价值	对过程和结果进行批判性评估
表达和交流	清楚的表达问题或假说以及背景信息	能够交流探究方案设计和实施过程	为交流观察和测量结果,有组织地展示数据	所得的结果支持结论,结论能表明提出的问题或假说

刘东方在《中学生科学探究能力表现及现状测查》中以能力的"二因素"理论及智力三维度理论为基础,基于对探究活动的心理机制分析,以及对国内外课程标准中科学探究能力要素的综合提炼,构建科学探究能力活动表现构成及其发展水平的模型(图5-5)(刘东方,2018)。

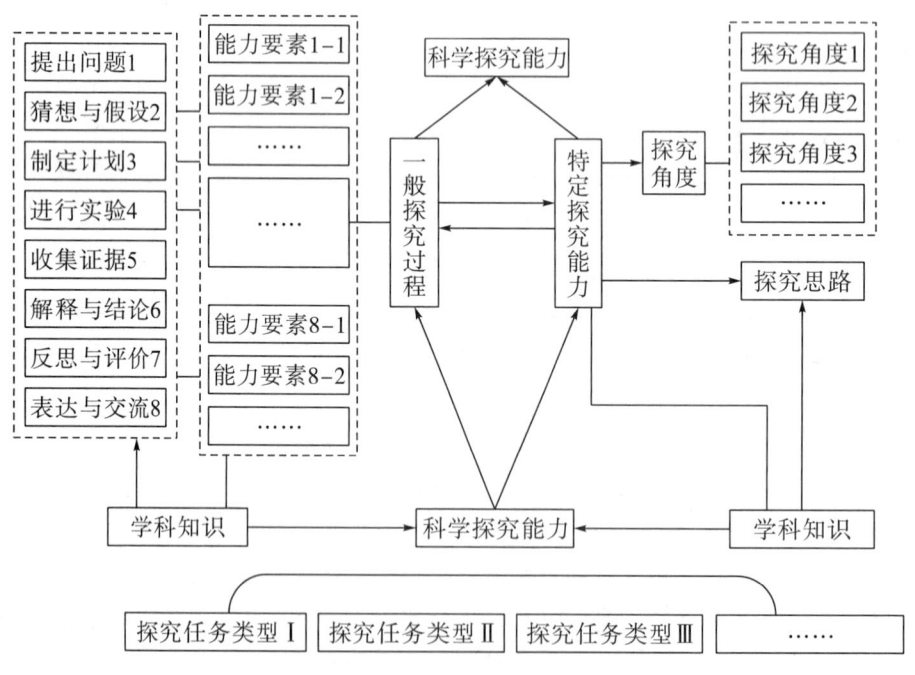

图 5-5　科学探究能力表现模型

基于对上述模型的分析,刘东方依据探究过程对探究能力进行了二度能力细分,具体见表5-9并在评价一般探究过程时,以每个二级能力要素为单位,将其划分表现水平,主要依据是系统性、深刻性、相关性、创造性,其表现水平分别为"孤立-系统""局部-完整""表象-本质""无关-相关""简单情境—复杂情境"等。例如,"猜想与假设"能力的第一个二级要素"基于观察和所学习知识,从不同角度建构可检验的假设",从低到高分为 2 个水平,水平 1 为"基于问题的表面和简单经验提出猜想与假设",水平 2 为"基于理论指导和事物本质提出猜想与假设",分别代表"表象"和"本质"水平(刘东方,2018)。

表 5-9 一般探究过程的二级能力要素

科学探究能力	科学探究能力的二级能力要素
提出问题能力	发现并提出问题,基于多个角度拆解问题使其指向具体的研究任务;用科学语言表述问题;有提出科学问题的意识;提出的问题与研究对象相关,且能够通过经验或实践解决
猜想与假设能力	基于观察和所学习知识,从不同角度建构可检验的假设;建立简单的模型来陈述现象或预测,编写科学的、以模型为中心的解释和说明;提出与研究对象相关、可检验的假设;为假设提供依据
制定计划能力	确定定性定量方法;鉴别变量并设计变量的控制;选择合适的实验材料和工具收集数据(探测器、电子天平等);选择合适的实验装置及条件;确定探究的方法,包括实验、模型、实地调研、信息研究、二手资料;设计实验步骤;根据探究目的设计需要收集的证据
收集证据能力	用硬件(如计算机)和软件收集和存储实验的数据和现象;使用图、表等方式收集并呈现实验数据和实验现象;对比信息,选择可以用的证据
解释与结论能力	分析、推理数据的规律,通过归纳、演绎得出结论;使用证据和逻辑推理确立因果关系;用准确的语言描述结论或做出解释
反思与评价能力	评价结论和观点的正确性和局限性;从科学的角度评价所使用的方法;批判性地思考证据,确定是否选择了合适的证据进行论证;评价结论的正确性;提出改进的建议或需要进一步解决的问题
表达与交流能力	交流探究的过程和方法;交流探究的结论和观点;交流获得的数据和信息;运用符号或术语撰写探究报告

三、科学探究能力发展的意义

(一)有利于改进教学方法

传统的教学注重对学生进行知识的传授和解题方法的训练,让学生学会、学懂相关的知识和技能,学生全都学会、学懂、记住了,教学任务也就基本完成了。通过大量的课后作业进行强化训练,学生的时间基本都花在做题上,很少有独立思考的空间。教师的时间多用于批改作业。这样学生苦不堪言,教师也不胜其烦。至于学科中的科学方法很少能引起师生关注。在这种教学方式下,学生总是掌握不了这门学科,能力也很难得到提高,能够感觉到的只是解题的熟练程度不同而已。新的课程标准把科学探究能力的培养视为学校教育的甘泉,强调从学生和社会发展的需要出发,发挥学科自身的优势,尊重学生的个性，培养学生的学习兴趣，珍视学生独特的体验和感受，促使学生积极主动地学习，让他们有更多的机会主动地体验探索过程，在掌握知识的过程中培养科学的探究能力。科学探究过程强调学生的主体地位，培养学生"做科学"的意识和能力，养成科学的态度和获得科学的方法。自主探究是科学课的核心理念和主要方法，它应该建立在清晰的探究目标的基础之上。这种有目的性的教学本身就是一个集系统性、科学性于一身的方法，对于推动教学改革，改善我国教学传统和培养初中生积极、自主的学习具有重要意义。当然，在放手让学生自主探究之前，教师应该清楚探究教学的目的，探究教学的重点在于培养初中生的科学思维能力（姚青山，2008）。

（二）有利于发展学生的科学思维能力

科学探究能力的培养是形成科学思维能力的前提。科学思维能力有两个基本的要素，一是尊重事实，二是遵循逻辑。探究活动只是科学探究的外在形式，而科学思维才是探究的灵魂。发现问题和解决问题这两个过程构成了科学探究活动中科学思维培养的关键因素。在探究活动中，为何做，做什么，怎么做，做出了什么，说明了什么？等思维活动，包括了探究问题的形成、探究过程的设计、探究方法的选择、证据的收集、结果的分析等理性思维的参与过程。这种以"思中做，做中思"为特征的思维参与过程，是探究教学的主要要求。就当前的情况来说，努力纠正初中科学课程教学中的偏差，培养初中生独立思考的科学探究能力，是目前科学课教学改革的重点（姚青山，2008）。

学会思考对一个人成才十分重要。思维是人对客观事物本质特征和内在规律性联系的间接的、概括的反映。思维能力是孩子智力活动的核心，它在探究活动中起决定性作用，是体现一个学生科学素养高低的重要标准。长期以来，在中学物理、化学、生物等学科的教学过程中，存在着过于注重知识传授的倾向，存在着过于强调接受学习、死记硬背、机械训练的现象，学生的学习兴趣被忽视，学习主动性被压抑，因而不能达到预期的目标。探究式教学通过创设情境，使学生通过观察、感知、体验以后发现问题、思考问题，激发他们动手解决问题，最终形成自己的思维过程（姚青山，2008）。

（三）有利于培养学生的动手能力

随着科学技术革新的加速，如何培养学生接受新知识和锻炼创新意识已成为社会各界的共识。在初中阶段，学生的世界观和思维模式正处在从幼稚走向成熟的关键阶段，这一心理特征要求教师在具体的教学实践中应根据不同的教学对象，不断强化学生的科学探究意识。如今，生物学教学倡导学生主动参与活动，变学生的"授受式"学习为"探究式"学习。在教学过程中不失时机地培养学生科学学科的思维方法和科学素养，使学生能够举一反三、融会贯通，在实践中掌握知识和技能，为他们将来发展创新意识打下良好基础（姚青山，2008）。

（四）有利于培养学生的研究能力

王文军在其《引导实践探究》中也谈到了实验课对于培养创新能力和探究能力的重要性。生物学是一门以实验为基础的学科，在教学中必须充分地重视实验，运用实验去提高学生的学习兴趣，以培养学生的观察能力、操作能力、思维能力，激发学生的学习积极性，最大限度地培养学生的探究性学习意识和创新能力，养成良好的学习习惯和动手实验能力，发展研究能力，从而更好地实现生物学学科的教学目标。

第二节　生物学实验能力培养

一、生物学实验能力概念

生物学是一门以实验为基础的自然科学，生物学实验能力是生物学科需要重点培养的能力。学者对生物学实验能力的界定可分为三种。第一种是20世纪90年代前的主流思想，即将生物学实验能力简单地定义为生物学实验操作技能，这很容易让人将培养实验能力简化为实验操作技能的培养，片面地将能力与技能画上等号。第二种，有学者将生物学实验能力理解为培养学生观察、思维能力等的方法和途径，这毋庸置疑，但若只是方法和手段，而不把生物学实验能力作为一种独立的心理和个性加以培养，是不利于学生自身的发展的（王丽娜，2005）。第三种是将生物学实验能力作为一种实验的本领和才能，并在此基础上，运用生物学实验手段来解决问题，包括实验观察能力、实验操作能力、实验设计能力等的综合能力，这是近几年开始兴起的一种观点，较为全面（吴俊明，王祖浩，1996）。

对此，教育界不同学者对生物学实验能力的结构组成进行了探究。其中学者陆健身在《生物学教育展望》中提出生物学实验能力的定义为对实验现象的观察，对实验记录和数据的处理，对实验结果的分析、总结和报告（陆健身，2001）。而郑鸿霖等人在《生物学学习论》中提出生物学实验能力包括操作能力、整理与沟通能力、获得知识的能力、解决问题的能力（郑鸿霖，邱冈，2001）。然而刘毓森等人则把生物学实验能力定义为：了解实验目的和实验原理，会选择适当的实验材料和正确使用仪器、试剂，能规范地进行操作，会根据实验结果写出相应结论，会写简单的实验报告，初步会用实验方法解决一些问题（刘毓森，张听，张富国，2001）。

生物学实验能力是指运用生物学理论和方法，借助实验仪器、设备及实验材料，针对实验过程和结果进行科学思维、科学观察和科学操作，实现认识自然、探究生命现象及其变化的能力。具体可以划分为实验观察能力、实验操作能力、实验分析能力等。

（一）实验观察能力

实验观察能力指学生在实验过程中，将所观察到的实验现象进行综合、分析、归纳，形成正确的科学概念及认知的过程。在生物学学科中，实验观察能力具体指有目的地观察实验过程中的一些实验现象，如高中生物学实验所涉及的植物洋葱表皮细胞质壁分离及复原、植物有丝分裂等现象；当然也包括教师的一些演示实验，如实验试剂的制备、器材的选取等（俞闽婕，2016）。

（二）实验操作能力

实验操作能力主要指在实验过程中一系列规范、有序的操作动作，包括对各种实验器材的正确使用、对各种生物试剂和药品的使用注意事项及规范的正确掌握，对实验材料的选择等（俞闽婕，2016）。

（三）实验分析能力

实验分析能力主要指在所获得的实验现象或者记录的相关数据的基础之上，对其进行分析与讨论，并得出相应实验结果的能为，包括对实验原理的解释、实验现象的分析及实验数据的处理、归纳（俞闽婕，2016）。

二、生物学实验能力发展的意义

（一）有助于提高学生的科学素养

生物学是一门以实验为基础的自然科学，在课堂教学中加强学生实验能力的培养是提升学生科学素养的重要途径。而对实验能力的培养最重要的是让学生亲身体验整个科学实验探究过程，熟悉实验室器材的规范使用、试剂的配置等操作能力。以外，对实验现象的观察、分析也能提升个人的科学素养，拓展学生的思维能力（俞闽婕，2016）。

（二）是生命科学发展的需要

随着经济水平的不断提升，生物科学已经成为 21 世纪最具发展潜力的学科之一。尤其是在医疗方面，生物科学的应用更加广泛，如基因工程、试管婴儿、器官移植等在临床的应用，给许多病患带来了健康。此外，在人类饮食上也有涉及一些生物学知识，如杂交水稻大大提升了粮食的产量，解决了资源贫乏地区的粮食危机。这充分说明了生命科学的发展在不断地影响着人类的生活（俞闽婕，2016）。

而生命科学的发展需要基于一定的生物学实验能力，一些生物科学研究领域的重大突破，如克隆、人类基因组计划等都需要研究人员具备相应的实验能力。因此，在高中生物学课堂教学中，加强探究实验教学，培养学生动手实践能力，对生物学实验能力提升有较大的帮助（俞闽婕，2016）。

第三节　生物学信息收集处理能力培养

一、生物学信息收集处理能力概念

生物学信息指课内、课外与生物有关的信息，包括生物概念、生物规律（如原理、公式、现象）、生物观念、生物方法、生物实验、生物学习方式和策略等。

收集和处理信息的能力是信息素养结构的核心。信息素养（Information Literacy）的概念最早是由美国信息产业协会主席保罗·车可斯基（Paul Zurkowski）在1974年提出，是从图书馆检索技能发展和演变过来的，当时将信息素养定义为"利用大量的信息工具及主要信息资源使问题得到解答时利用信息的技术与技能"，后来又将其解释为"人们在解答问题时利用信息的技术和技能"。美国图书馆协会和美国教育传播与技术协会于1989年提交了一份《关于信息素养的总结报告》，提出了信息素养的概念："个体能够认识到何时需要信息，能够检索、评估和有效地利用信息的综合能力"。《美国图书馆学会"信息能力"主席委员会总结报告》将信息能力的内容机构分为定位（locate）、评价（evaluate）和有效利用（use effective）三个方面（曲秀香，2005）。

二、生物学信息收集处理能力的要素

收集信息的能力指根据学习目的收集必要的信息。它包括采访、观察、实验、问卷调查、图书馆的利用等，主要看能否从多个渠道收集：书本、报纸、课外资料、光盘、互联网等。

处理信息的能力指能对收集的信息进行理解、归纳、分类、存储记忆、批判、鉴别、遴选、分析综合、抽象概括和表达等。从中获取有用的情况、数据，进而提炼出新的思想、理论，用以指导工作实践的全过程。信息的处理包括信息的整理加工、信息的储存、信息的传递三个部分（曲秀香，2005）。

钟启泉等学者对于21世纪的学生提出了6个方面的"信息素养能力"要素：

（一）信息获取的能力

能够根据自己的学习要求，主动地、有目的地去发现信息，并能通过各种媒体，如互联网、书籍、报纸、电视等，或者自己亲自调查、参观等，收集到所需要的信息。

（二）信息分析的能力

能够将丰富的获取到的信息进行筛选，鉴别自己所需要的信息，判断它的可信度，然后对认为真实有用的信息进行分类。

（三）信息加工的能力

将不同渠道获取的同一类信息进行综合，结合自己原有的知识，重新整理组织、存储，并能够简洁明了地传递给他人。

（四）信息创新的能力

在信息加工的时候，通过归纳、综合、抽象、联想的思维活动，找出相关性、规律性的线索，或者能从表面现象分析出事物的根源，得出创新的信息。

（五）信息利用的能力

利用所掌握的信息，使用信息技术或其他手段，分析、解决生活和学习中的各种实际问题。

（六）协作意识和信息的交流能力

能够通过互联网等平台拓展自己的交流范围，面向世界，开阔视野，并能利用信息技术加强与他人的联系、协作。

三、生物学信息收集处理能力发展的意义

（一）是信息社会对一个合格公民的要求

对于中学生来说，公民基本素养指符合中学生年龄特点，具备健康生活、遵守规则、学会尊重、担当责任、拥有诚信、具有爱心等基本意识与能力。而素养的养成过程中离不开对身边知识的学习与对各事件的处理及反馈，生物学信息收集和处理的能力是帮助中学生学习身边知识、处理事件、做出反馈的重要能力之一。

（二）是满足社会发展的需要

社会的发展要求人们在工作、学习和生活中都要处理大量的信息，而衡量一个人能力的很重要的方面就是收集、处理信息的能力。我们应深刻认识信息技术的强大力量，加快在中小学普及信息技术教育的步伐。中学生作为中国的未来和希望，只有更好地提高利用信息和驾驭信息的能力，才能满足自身发展和社会发展的需要（田霖，2011）。

（三）是培养学生探究能力的需要

《普通高中生物学课程标准（2017年版）》中达成核心素养的其中一个关键部分就是科学探究。科学探究的基本步骤为观察、提问、实验设计、方案实施以及对结果的交流与讨论，而方案实施以及对结果的交流与讨论中收集和处理信息是其中最关键的一环。因此，培养中学生生物学信息收集和处理信息的能力对于转变学生的学习方式是至关重要的。当今社会知识和信息都在飞速增长，一个人要想创新必须具备较强的信息收集和处理能力。只有具备这种能力，才能在庞大的信息资料中找到自己需要的信息，才能充分吸取前人的研究成果，及时掌握相关领域的研究现状及发展方向，从而提高自己的创新水平和创新能力（田霖，2011）。

（四）是实现终身学习、终身教育的需要

当今时代，科技发展迅速，市场竞争激烈，新情况、新问题层出不穷，知识更新的速度大大加快。要想适应不断发展变化的客观世界，求得生存和发展，就必须不断更新知识，要把学习从单纯的求知变为生活的方式，努力做到"活到老、学到老"。为了使终身学习得以实现，学校教育的一项重要内容就是要使学生"学会学习"，而具有信息收集处理能力是"学会学习"的一个重要标志，学生只有掌握信息收集处理能力，才能在社会纷繁复杂的信息中及时获取对自己有效的信息，通过对有效信息的吸收与利用，从而实现广泛意义上的学习活动，进而实现终生学习。因此，要提高中学生收集信息和处理信息的能力，使其养成良好的学习习惯，成为一个"会学习、能思考，会合作、能创造"的全面发展的学习型人才（田霖，2011）。

第六章　生物学素养培育

结合2012年教育部颁布的《中小学教师专业标准（试行）》的要求，一个合格中学生物学教师应该具备专业理念与师德、专业知识素养和专业能力素养三方面素养。

第一节　专业理念与师德培育

学生心目中喜欢的好老师是什么样的？

美国著名教育家保罗韦地博士花了40年时间，收集9万个学生所写的信，并从中概括出学生心目中喜欢的好教师具有的12种素质。其中"友善的态度"，即爱学生，善待学生，被放在了第一位。

2014年第30个教师节前夕，习近平总书记考察北京师范大学时勉励广大师生的讲话，号召全国广大教师要做有理想信念、有道德情操、有扎实知识、有仁爱之心的好教师。

一、生物学专业理念与师德的定义

专业理念是教师通过教育理论学习和教育教学实践，形成对教育对象、内容、过程、教学质量等以及对自己从事职业的理性认识。师德，教师职业道德的简称，是从事教书育人工作的专业人员，在从事教育教学活动，履行教书育人职责，获取主要生活来源的过程中，必须遵循的行为准则和道德规范的总和。

师德，是做老师的基本准则。师德是教师的灵魂。教师是以德育德的职业，"无德不从医，无德不从教"。"师者，所以传道授业解惑也"。教师的道德素质比教师的文化素质更为重要，教师除了传递知识之外，还有一个重要的使命：让学生成为有独立人格的人。高尚的思想品格是最高的学位。

教师工作是复杂的脑力劳动，具有极大的创造性和灵活性，具有鲜明的示范性。教师职业道德具有以下几个特点：

1. 深远性

不仅影响学生的学业，而且影响学生的个性品质、人格特征、世界观、人生观，进而影响学生的一生。

2. 崇高性

教师职业是以德育德的职业，要求教师道德境界更加崇高，要做到言传身教与教书育人的完美结合。

3. 奉献性

教师职业是一种特殊行业，教师的工作是完成"树人"工程，难以换回等价回报。

4. 自律性

践行师德是一种自觉意识行为，它建立在自愿的基础上。

二、生物学专业理念和师德的要素

基于专业理念和师德的定义，我们来讨论专业理念和师德的构成要素。厉育纲认为师德的要素包括三个方面的内容，分别是教师善、教师公正、教师责任感（厉育纲，2008）。程红菲认为师德要素一共有四个层次：师品、师爱、师能、师风（程红菲，2019）。从中学生物学教学来看，中学生物学教师职业道德的要素可以分为以下四个层次。

（一）师爱

师爱既是一种情感，也是一种能力、一种态度。正如李镇西老师所说，真诚地热爱每一个学生，平等地对待每一个学生，永远不对任何学生绝望。教师之爱是自觉的爱、有目的的爱；教师之爱是严慈相济的爱；教师之爱是泛爱，是广博的爱、一视同仁的爱；教师之爱是具有教育艺术的爱。

师爱的具体表现为危难时的舍生忘死；用博爱之心铸造师德之魂；对学生的宽容，宽容是人生最伟大的力量；信任的爱，爱学生就信任他们；对学生的赏识，这是催生希望的师爱；理解之爱，教育从理解学生开始。

大爱无言。爱是教育的根基，爱学生是教师的天职，没有爱就没有教育。大德无痕。师德是教师职业的灵魂，没有德行的教育就失去了方向。"没有爱的教育是死亡的教育，不能培养爱的教育是失败的教育。"这句在教育界广泛流传的经典名言说明：爱是教育的生命，爱学生是师德直接体现，是做好教师的关键。

（二）师艺

师艺是师德中不可或缺的一部分，它不仅仅指教师的教育教学能力，如专业能力、课堂管理能力、教育教研能力等，还包括如何当好孩子生命中的贵人，如何让自己的高尚师德影响学生一生！

（三）师范

学高为师，身正为范。在平时的工作中，不是有很多这样的例子吗？要求学生作业字体工整，可老师的板书及作业的批文却"龙飞凤舞"；要求学生自习课上要保持安静，但老师却在自习课上旁若无人地接打手机……如此种种，不一而足。所以，我们在今后的工作中要求学生做到的我们必须先做到，要求学生不做的我们必须带头不做，任何时候、任何地方都要率先垂范，做学生的标杆。

（四）师智

师智指的是做个学问高、师德更高的专业化教师。以实践提高自身的专业化水平；加强理论探究，并应用于教学实践；努力提高知识的专业化程度；做教育改革的探究者；建立自我评价标准，促进专业化发展。

同时，教师要因材施教，努力尝试个性化教育，尊重学生身心发育规律，不拔苗助长；注重情感激励，良好的师生关系是个性化教育的基础，要鼓励长处，避免揭短。

教师还要提高学生的主体意识，放手给学生创设学习情境；培养学生检查与反思的习惯；修炼好"启发"这一基本功，使学生知其然，更要知其所以然。

三、生物学专业理念和师德的培育途径

在教学过程中，教师是科学知识的传播者和共产主义道德的教育者。教师的思想道德是正确教学方法的保证。教师的道德品质影响着教学方向，体现了教学责任感和教学质量。教师工作中的教师道德水平直接影响着教师的劳动效应，涉及学生和整个社会的利益。因此，教师的道德水平在教学过程中具有重要意义。

（一）加强自学

加强自学是培养教师道德的必要途径和方法。提高对教师道德的认识，是形成教师道德修养、建构教师道德观念、培养教师道德习惯的基础。没有基础，教师的道德素质就无法形成。那么，教师要如何培养教师道德呢？

第一，教师必须认真学习马克思主义理论，树立无产阶级世界观和革命人生观。在此基础上，充分理解党的教育事业，忠于党的教育事业，践行培养无产阶级革命事业的继承者。马克思主义是教师形成无产阶级世界观、人生观和价值观的理论基础。它具有重要的指导意义和作用，在教师道德修养的过程中，有必要加强学习。

第二，要学习共产主义的道德原则和社会主义教师的道德规范和要求，区分是非，提高遵守教师规范和要求的意识。

第三，要学习教育者和优秀教师的先进思想和行为，树立教师道德的高尚典范，升华自己的道德境界。

第四，学习科学理论，丰富文化知识，掌握教学和育人的技能。

总之，加强自我学习是培养教师道德不可或缺的方法。教师只有通过学习和教育实践相结合才能取得实际成果。

（二）教育实践

我们所说的教师的道德不是理想主义所倡导的"闭门思维"，而必须致力于教育实践。只有这样，教师才能理解人与人之间的道德关系，形成道德情感，体验和磨炼道德意志。因此，教育实践不仅是教师培养教师道德的现实基础，也是督导道德修养的唯一标准。

（三）严格分析自己

教师持续认真的自我批评和自我分析是培养教师道德修养的重要方法之一。为了认真开展自我批评，教师必须要有自知之明，认清自己的不足，并严格分析自己。与此同时，我们要谦卑地听取别人的意见和批评，并严格要求自己，把社会主义道德原则和规范作为自身的行为准则。此外，追求更高的教师道德目标，如以社会模范人物或学校优秀教师为榜样。

第二节 生物学专业知识素养培育

一、生物学教学专业知识类型

（一）教育知识

教师要做好教育之事，需要懂得教育的基本道理和知识。教育知识指的是一般的教育基础知识和规律。

（二）学科知识

教师学科知识是指教师所具有的特定的"本体性知识"。

（三）学科教学知识

学科教学知识包括对学科知识呈现顺序的理解、教学表征和策略、对课程资源与评价的看法、对学生先前概念和其他影响学习因素的了解等。

学科知识与教学知识的有机结合产生的教学机智是一个优秀教师的标志。一个教师必须具有"专业化"教师的"知识结构"才能胜任教师之职。

教师的知识必须经过"处理"之后，并采用恰当的方法才能传授给学生。教师必须要有适合教育对象的专业知识结构才能以最佳的方式传授给学生。

（四）通识性知识

教师通识性知识指教师所拥有的有利于开展有效的教育教学工作的普通文化知识。

二、生物学专业知识培育途径

（一）树立终生学习观

作为生物学教师来讲，要时刻给自己充电，才能够不断地为学生带来更多新的知识。在信息更新速度日益加快的今天，一旦教师停止了学习，我们的工作会变得像机器一样，不断重复，枯燥的教学活动会让生物课堂变得乏味，这也会使教师工作令人厌恶。树立终身学习的理念，即生活本身就是不断地学习的过程。因此，"活到老，学到老"是新时代教师应有的职业理想。

（二）加强理论学习，促进专业知识的提高

在教师的知识结构中，首先必须具有基本的文化知识，即社会、历史、人文等方面的常识，以帮助学生理解丰富多彩的世界，满足学生多方面的发展需要；其次必须具有学科专业知识，精通学科本身的基本概念、原理和事实，掌握学科知识体系和概念结构；最后必须具备教育理论知识，理解教育目的及功能，了解教育对象的身心特征，并熟悉常用的教学方法。此外，还应具有一定的外语交流能力，密切关注相关国际领域的前沿动态。

第三节　生物学专业能力素养培育

一、生物学专业能力定义

生物学专业能力指的是生物教师在从事生物教学活动中，顺利完成教学活动时所表现出的教师个人的心理特征。教师的专业能力是教师专业结构的重要组成部分。生物学专业能力主要包括生物课堂教学设计能力、生物教学实施的基本技能、认识能力、传播能力、组织能力、课堂管理能力等。

二、生物学专业能力类型

（一）教学设计

1. 教学设计的定义

史密斯、雷根认为教学设计是运用系统方法，将学习理论与教学理论的原理转换成对教学资料和教学活动的具体计划的系统化过程。乌美娜认为教学设计是运用系统方法分析教学问题和确定教学目标，建立解决教学问题的策略方案、试行解决方案、评价试行结果和对方案进行修改的过程。何克抗认为教学设计是运用系统方法，将学习理论与教学理论的原理转换成对教学目标（或教学目的）、教学条件、教学方法、教学评价等教学环节进行具体计划的系统化过程。

2. 教学设计的主要思路

教师的教学策略要实现新转变，由重知识传播向重学生发展转变，由重教师教学内容选择向重学生学习方法指导转变，由统一规格教育向差异性教育转变。教师在教学方法上要有新的突破，在课堂教学的设计上就要多下功夫。新理念下的生物教学设计的主要思路有：

（1）创设生动有趣的问题情境。

问题是生物教学的心脏，问题的提出是思维的开始。生物学教学是一种"过程性教学"，它既包括知识的发生、形成、发展的过程，也包括人的思维过程。前一种过程教材已有所体现，但思维过程是隐性的、开放的，教师必须周密设计系列性问题，精心创设问题情境，找准问题切入点，给学生提供思维空间，使学生在生动、紧张、活跃、和谐的氛围中，在自觉、主动、深层次的参与过程中，实现发现、理解、创造与应用，使认识过程变为认同的过程。

（2）创造民主的学习气氛。

现代心理学认为，学生学习包含着互为前提、互相促进的认知结构和情感、气氛状态两个方向。教学中教师要充分发挥情感、气氛因素的积极作用，达到以情促知、以知增情、情知交融的教学境界。

课堂要体现民主教学的思想，建立平等、和谐的师生关系，营造宽松、和谐、活跃的教学氛围，师生互动、生生互动、平等参与。教师不主观、不武断、不包办，应充分尊重学生人格，关心学生的发展，把微笑带进课堂，把信任的目光投向每个学生，增加对学生感情的投入，使学生感受到教师的爱心和诚心。同时，语言要生动、活泼，富有激情，善于诱导，巧妙叩开学生思维的闸门，点燃思维的火花，使学生进入求知若渴的意境。少一些直叙，多一些设问，少一些"是什么"，多一些"为什么"，使学生真正成为学习的主人，最大限度地发挥每个学生的潜能，在认知和情感两个领域的结合上，促进学生全面发展，使学生愿学、爱学、乐学，培养"亲其师、信其道"的真挚情感，化情感为学习生物的动力。

（3）提供学生自主学习的空间。

通过反思教学方式和学生的学习方式，一些教育专家和教育工作者发现，人们的学习主要依赖于两种方式，一种是接受式学习，另一种是探究式学习，两种学习相辅相成，缺一不可。而当前的基础教育过多地注重接受式学习。实际上，学生自主求知活动应是中学生物课堂教学活动的主体：对抽象性、理论性较强的知识，教师可做适度点拨；对实践性、操作性较强的生物知识，应让学生参与知识的形成、发生、发展的探索过程，让其动手、动脑、实验、操作、交流、质疑，从中体会原理、领会实质，自觉构建认知结构和操作模式。

总之，课堂上要树立以学生自主发展为目的的教育观，充分发挥学生自身发展的潜能，加强对学生学习方法的指导，鼓励自主学习、自我探索、自我发现，尽最大可能把课堂还给学生，突出学生的主体地位，让课堂焕发出生命活力。

（4）应用全新的教学模式。

生物课堂应坚决摒弃"教师讲，学生听"的机械灌输式的教学模式，代之以读、讲、议、练、师生对话、课堂讨论等以学生主体参与的教学方式，使问题解决、知识应用、表达交流、情感认同成为课堂的主流，要冲破以教材为本位的束缚，在课堂中提供学生参与的机会，把握好启发的时机、力度。学生作为独立的个体，存在着智力和非智力因素上的差异，对知识的内化程度和能力的形成速度也有所不同，因此教育模式也不能一成不变，要因人而异，因材施教，分类指导，分层要求，使学生各得其所，各展其长，各成其才，整体发展，全面提高。

（5）提倡合作学习。

在学生学习中，小组合作学习是个很好的形式，一个问题放在小组中，大家经过讨论进行有选择性的商议。这时，学生的学习体验是快乐的，不同的人会获得不同的发展，让学生从课堂中去体会生物的魅力和活力。我们在鼓励学生独立而富有个性的学习的同时，也要倡导主动参与合作学习，在学习中学会合作，在合作中学会学习。

（6）提倡多元化的问题解决方案。

问题的解决方案要向开放的、多元化的方向发展。问题的解决要不拘泥常法、不恪守常规，善于开拓、变异、发散，从多角度、多方位、多途径求得问题解答。

在教学中，要鼓励学生善于观察、联想，敢于创新，对课堂上一些生成资源的价值，应充分挖掘，以促进教学的不断优化。

（7）创造性地使用教材。

课程资源的开发和利用，是保证新课程实施的基本条件。学校和教师是课程资源开发的重要力量，教材不应该也不可能是唯一的课程资源。教学活动中，教师应根据学生实际，充分发挥自己的主观能动性，创造性地使用教材。

（二）教学实施的十大技能

1. 板书技能

板书是教师在课堂教学中，为了辅助课堂口语的表达，强化教学效果而在黑板上书写的文字、符号、图表、图画等。

板书技能指教师在课堂教学中，利用黑板以凝练的文字语言、图表和符号等形式，传递教学信息的教学行为方式。目的是揭示内容，突出重点，体现结构和教学程序，板书能引导和控制学生的思路，有助于学生理清教材脉络，加强对所学内容的理解，强化记忆，减轻负担，激发学生学习兴趣，启发思维，将感性知识上升为理性知识。

2. 讲解技能

讲解指教师用语言传授知识信息的一种教学方式，并以此表达思想感情、启迪学生心智、指导学生学习和调控课堂活动。讲解的首要目的是传授知识，使学生了解、理解和充分记忆所学的知识。通过生动、活泼和有效的讲解，使学生产生学习的兴趣进而形成志趣；通过讲解内容的思想性来影响学生的情感和价值观；通过讲解启发学生思维，并传授思维的方法、表达和处理问题的方法，从而为提高学生的能力创造条件。讲解是教师常用的、有许多优点的教学行为方式。

美国教学研究专家弗兰德斯的"三分之二律"：即课堂时间的三分之二用于讲话，讲话时间的三分之二是教师讲话，教师讲话的三分之二是向学生讲话而不是与学生对话。

讲解的优点是省时、省力。由于教师的精心组织，信息传输的密度比较大；由于减少了学生学习过程中的盲目性，使得信息传输的速率比较高。讲解的缺点，一是学生处于被动接受的地位，这样会影响学生创造性品格的发展；二是学生只听不干，无直接的感性材料，学生无亲身体验；三是只靠听信息，保持率（记忆）不高。

3. 教学语言技能

教学语言是教学信息的载体，是教师完成教学任务的主要工具。教师的教学语言水平是影响学生学习水平和学习能力的重要因素，在引导学生学习、启发学生思维、实现教学目标等方面具有重要作用。

教师在课堂上用来阐明教材、传授知识、组织练习、不断激发学生积极的学习情绪，以完成教学任务所运用的语言，就叫作教学语言。教师的语言修养在很大的程度上决定着学生在课堂上的脑力劳动效率。我们深信，高度的语言修养是合理利用时间的重要条件。

教师的语言表达形式是多种多样的，包括课堂口语、书面语言、体态语言。课堂口语是课堂教学中语言表达的主要形式。

教学语言的目的：一是教学语言技能要保证准确、清晰地传递教学信息，以完成教育教学任务。这就要求教师具有良好的语言技能。二是教学语言技能要能使学生的智力得以发展，能力得到培养。这就要求教学语言形象生动，具有启发性。

教学过程是学生发展的过程，学生的身心健康发展要求有一个良好的环境。教学环境应该是：愉快和谐、启迪智慧、积极紧张三者的统一。而这正是教师提供的，是教师运用完美的教学语言创设的。

4. 导入技能

导入技能是教师在课堂教学中采用各种教学媒体和教学方式，吸引学生注意、唤起学习动机、明确学习方向和建立知识联系的一类教学行为方式。

导入技能包括以下七种方法：

（1）直接导入。教师用三言两语说出本节课的学习内容和要求，从课题直接导入新课。直接导入的特点是迅速揭示课题。它比较适合中、高年级教学或新任教师对学生知识、能力水平了解不深的情况。

（2）演示实验导入法。一是教师通过演示实验，使学生感受到一定的刺激，同时提出若干问题，巧布疑阵，激发学生的求知欲，从而导入新课。二是通过学生演示实验，利用学生在实验中的感知导入新课更能激发学生的求知欲。

（3）故事导入或谜语导入。故事导入指通过讲述与教学内容有关的具有科学性、哲理性的故事、寓言、传说等，激发学生兴趣，启迪学生思维，创造情境引出新课，使学生自觉进行新知识学习的一种导入方法。

（4）谈话导入。教师通过和学生谈话引出本节课的学习内容和要求，从而导入新课。谈话导入的特点是贴近学生，它比较适合中、高年级教学或新任教师对学生知识、能力水平了解较深的情况。

（5）以旧拓新导入。就是用温故知新的方法引入新课。可以从旧课的总结、检查提问、练习等入手，通过复习旧知，联系新知，使学生感到旧知识不旧，新知识不难。

（6）游戏导入。根据中学生活泼、好动、好奇心强的特点，通过做游戏或演小品，融知识性、趣味性、思想性于一体，寓教于乐，使学生在轻松、愉快的教学氛围中积极投入到新课的学习。

（7）视听媒体导入。多媒体技术有极丰富的表现力，它能提供的是多种感官的综合刺激，这对激活学生的思维非常重要。

5. 教态技能

教师教态指在教学过程中，教师所呈现出来的对教学效果有影响的状态，它是教师表情系统的综合体现。良好的教态体现教师的人格修养、气质和整体素质。教师的教态主要包括以下几个类型：

（1）站态。站立是教师工作中一个十分平常而又必不可少的重要部分。站态不仅是一种涵养程度的检验，而且具有很强的造型特点，对教师传达教学信息有着很重要的作用。站态的要点有以站在讲台中间为主，挺胸、收腹、抬头、沉肩、梗颈；双手下垂，神态自然，手势自然；两脚稍呈八字形，身体稍微前倾，两腿一虚一实，重心落在一只脚上，或两脚掌平时，距离与肩同宽。

（2）走势。教师走上讲台时要做到以下几点：口自然微闭，双唇不要颤动；走上讲台后转身要自然，不能用操练动作；站定后要环视整个教室再转为正视，脚步不要随意移动；走下讲台和走出教室时，要做到步态从容、自然，不要失去常态地匆忙跑开，也不要漫不经心地随随便便、摇摇摆摆地离开。

（3）手势。

①祈使手势：相当于乐队指挥手中的指挥棒，是教师组织开展教学活动的得力工具。它有时与有声语言配合使用，有时能替代有声语言对学生进行直接的提示、指挥。

例如：当学生讨论或争论十分激烈时，如果要学生静下来停止争论，语言指令难以奏效，教师可采用可视的手势来调控。

②象形手势：这种手势主要是用来模拟人或事物的状貌，从而给学生一种较为具体、直观的感觉。它可以表达比较抽象的概念，使学生能够准确恰当地理解这种手势与有声语言有机结合在一起以后所产生出来的那种意境，并使学生从中发出某些联想，产生一定的感悟与启迪。

（4）头势。在听取学生发言时，应伴随点头、侧斜；当学生发言中出现错误或不当时可发出摇头的信号。教师应避免的消极头势如低头、双手搂头、不置可否地点头或摇头。

6. 提问技能

提问是由教师在课堂教学中创设问题情境，以引导学生积极定向的思考而提出疑问的一种教学活动方式。提问可以刺激学生，调动学生学习的热情，激发学习动机、积极思维、主动求知；可以提示矛盾，使学生逐步认识事物，抓住问题的本质；可以集中学生的注意力，活跃课堂气氛，培养语言表达能力；可以及时了解学生学习情况，获得反馈信息。

（1）根据认知水平分类，提问的类型如下：

①回忆提问。

A. 判别性的提问。

例如：在学习《动物细胞》时，教师指导学生进行自主学习，提问：所有植物都有叶绿体吗？为什么？

B. 复习式提问。

例如：学习《种子的萌发》这节前，教师指导学生做"种子发芽"的实验，分析课文前提问：种子发芽的两个必备条件是什么？学生很快回答出：温度和水。

②理解提问。

A. 深入理解的提问。

B. 对比理解的提问。

例如：这么一只调皮、活泼、可爱的猴子，惹得甲板上的水手都笑了，为什么孩子却哭笑不得？

③运用式提问。

例如：在学习《生态系统的组成成分》时，了解了生产者的概念之后，提问：请同学们根据生产者的概念，举例哪些植物不是生产者？

④分析式提问。

例如：在讲到《伴性遗传》时，提问：人为什么会有生男生女之分？生男孩和生女孩是怎么回事？

⑤综合式提问。

⑥评价式提问。

A. 评价他人的观点。

B. 判定思想价值。

C. 判断方法优劣。

（2）提问的要点如下：

①在课前，教师必须设计好关键问题或主问题。

②教师一定要根据学生的年龄和个人能力特征，设计多种认知水平的问题，使多数学生能参与应答。

③问题的表达要简明易懂，最好用学生的语言提问。

④结合教学内容，利用学生已有的知识和经验，合理设计问题，并预想学生可能的回答及处理方法。

⑤凡是已形成的提问框架，要注意单个问题之间前后的内在联系，问题排列符合学生的思维进程。

⑥对学生回答的反应，应坚持以表扬为主的原则。

7. 演示技能

演示技能是教师在课堂教学中为了达到特定的教学目的，结合教学内容，恰当选择教学媒体传递教学信息，将抽象知识具体化、直观化的教学行为能力。

由于中小学生以形象思维为主，抽象思维能力还处于发展阶段，认知具有直观、形象的特点，为了促进学生对教学内容的理解与学习，教师的课堂教学演示技能就显得非常重要，可为学生由形象思维向抽象思维的过渡架设"桥梁"。

教师演示技能的核心是恰当地运用和选择演示教具的能力。选择教具通常要从以下三个方面考虑：

（1）根据教学目的和教学内容的需要选择教具。

例如，为了让学生知道细胞的结构是怎样的，可选用实物或模型；为了让学生了解其内部结构，必须选用能解剖开的实物、模型或插图；为了让学生了解细胞各结构的功能，则可选用幻灯片或录像等视频进行。

（2）要根据学生年龄特点与知识经验的基础选择教具。

例如，低年级学生与高年级学生学习生物时，选择教具就应有所区别，针对低年级学生选择实物，而针对高年级学生可选择图片。

(3) 根据学校实际条件选择教具。

由于各地区和学校的教学条件不同，教师选择教具时必须考虑学校的实际情况。

8. 变化技能

变化技能指教师运用变化的教学媒介，改变师生相互作用的形式，改变对学生的刺激方式，引起学生注意和兴趣，减轻学生学习疲劳，维持正常的学习秩序的一类教学行为。变化技能主要包括以下几点的变化：

(1) 教学口语的变化。

①语音的变化。

语音的变化包括语调、音量、节奏和语速的变化。应根据教学的内容，正确把握语音的变化，力求营造出清晰悦耳、节奏明快、舒适宜人的语音效果。

②语辞的变化。

讲授生物学知识时，教师一般采用严谨的叙述式教学语辞，保证知识传递的科学性。当转入实验方案设计时，教师变化口语类型，可使用拟人化的语言描述，使学生觉得生动有趣。

案例：讲解"探究光对鼠妇生活的影响"。

教师提问：如何设计出更加"公平""合理"的比赛？

学生讨论并交流：使两边的环境中只有光照条件是不同的。

教师：很好！为了给"比赛"增添气氛，我们还请了特约嘉宾——潮湿先生。只可惜考虑到实验的安全性，我们不能看到比赛现场了，但同学们也不要遗憾，老师为你们拍了实况录像。

(2) 体态语言的变化。

体态语言指教师在教学中的面部表情、手势动作和身体态势等，是教师在运用口语进行教学时情感的自然流露，既是有声语言的补充和延伸，也是教师教学热情和感染力的外在体现。

①目光的变化。

讲课时，教师要面对全班学生，可运用环视全班和注视部分学生相结合的方法，尽量与每个学生都有目光接触，使大家都能感受到老师的关心和鼓励。

环视多用于导入新课之前、提问之后、教学的重难点处，注视则用于与部分或个别学生的细致交流。切忌目光游移不定。

②表情的变化。

教师的表情向学生传递着信息和情感，学生也能实时获取教师对自己的评价反馈信息，这种教育的情感特征以及中小学生的心理特征决定了教师面部表情的基调：亲切和蔼。但并不意味着教师对学生就要一味地微笑，有时必须借助严肃的表情惊醒和教育学生。

③手势和身势的变化。

大量研究证明，敞开手掌是一种能让他人感到你在讲科学真理的象征性手势；而在微观或抽象性内容教学时要使用描摹性的手势；对学生的学习行为要及时用评价性手势进行肯定和赞扬；而在教师和学生彼此了解时，会意性手势则能让双方"心有灵犀一点通"。

身势要庄重大方。当学生回答问题时，教师身体应微微前倾，以示关注；当需要阐述分析时，可稍离讲桌或自然走动；当学生埋头记笔记或做练习时，教师可以用手撑住桌沿，短暂休息。双手切忌胡乱摆放，如叉腰、抱在胸前、背后等，更不要做小动作，如摆弄粉笔、玩板擦、衣袖等，双腿不可不停抖动。

④距离的变化。

面对全体讲授时，教师位置一般以讲台中央为主，以黑板边为界线，区域内是学生关注的焦点；学生分组讨论时，教师应巡回到小组，参与讨论，及时指导；做生物演示实验时，教师可以在教室慢慢走动，便于观察学生；学生上台板演时，教师应离远一些或走下讲台，避免给学生造成心理压力；课堂提问时，应离回答问题的学生稍远一些，因为此时对话的主要目的是进行班级教育，扩大对话距离可集中全班学生注意力；个别学生注意力分散时，教师可以走向他给以暗示性的批评，既达到教育的目的，又不影响上课。

（3）师生间相互作用的变化。

教师应采用多种方式与学生交流，如让学生回答问题、发表见解、提出疑问等，了解学生的想法和问题，以便获得比较客观和全面的反馈信息。教师还应根据需要安排一定的时间用于学生的个别学习、小组讨论和做实验等，以激发学生的学习主动性。

9. 结束技能

结束技能指的是教师完成一项教学任务时，通过重复、强调、概括、总结、学生实践等活动方式，对所教授的知识进行及时的系统化和巩固，使新知识有效地纳入学生原有的认知结构中的一种教学技能。

结束技能不仅仅应用于一节课的结尾，课上任何相对独立的教学阶段，都需要应用结束技能。如一个概念、一个例题、一节课讲完之后，都应使用结束技能。

结束技能的类型如图6-1所示。

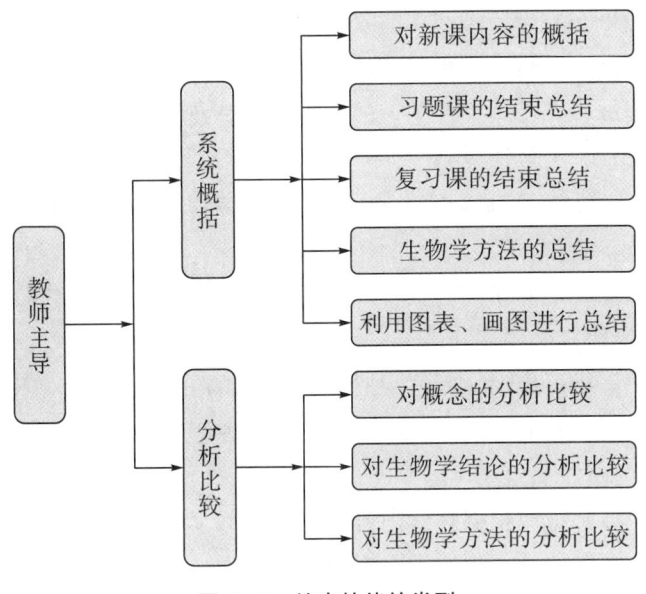

```
                          ┌─ 对新课内容的概括
                          ├─ 习题课的结束总结
                 ┌─系统概括─┼─ 复习课的结束总结
                 │         ├─ 生物学方法的总结
                 │         └─ 利用图表、画图进行总结
        教师主导─┤
                 │         ┌─ 对概念的分析比较
                 └─分析比较─┼─ 对生物学结论的分析比较
                           └─ 对生物学方法的分析比较
```

图 6-1　结束技能的类型

10. 备课技能

备好课是上好课的前提，备课对于每一位教师来说，都是不可忽视的基本功。要想备好课，就必须认真研究课程标准，"吃透"教材，针对学生实际，合理安排教学内容，选择适当的教学方法。

（1）备课标。

《课标》是学生经过学习之后应达到的基本要求，而不是教学内容的具体规定，它对教师的教学起到间接的、指导性的和弹性的作用，它反映的是教学内容及水平的最低限度，是大多数学生经过努力之后都能达到的水平。

《课标》明确提出了教学目的和内容，明确了教学要求的层次，明确了教学的实施建。因此，教师必须熟知《课标》，并在《课标》精神的指导下熟悉教材。

（2）备教材。

教材是教学内容的载体，是教师教和学生学的中介。教材的编排不仅有一定的系统性、科学性，还蕴含着深刻的思想性。教师必须不断地钻研教材，把握教材内在的系统性，遵循教材的逻辑性，保证教学内容的科学性。

教师钻研教材，不是为了个人增长知识，而主要是为了教。教师应明确要学生学习什么和解决什么。这里包括：弄懂什么，学会什么，发展什么，培养什么，形成什么。教师要在课堂教学中完成上述一系列任务，必须驾驭教材、"吃透"教材。

用教材教，而不是教教材！

（3）备学生。

衡量教学质量的高低，不是看教师教了多少书，而是看学生的基础知识和基本技能掌握得如何，能力增加了多少。

从学生实际出发，制定教学要求，对学生的基础、接受能力、思考各类不同问题时所表现出来的思维倾向和特点，应尽可能考虑周全。这就要求教师要了解学生的思想情况和知识基础，了解各个学生在学习上的特点、差异及存在问题。

（4）备自己。

教师的备课除了直接为开展课堂教学所做的短期备课，如分析本课教材、熟悉学生、书写教案、准备教具等以外，教师还应有目的、有计划地进行知识积累，加强自身修养，提高教学技能，培养正确的教育理念等，这些都是备课的重要组成部分，而且是更重要的基础性的部分。

教师在备课过程中，应时刻反思几个问题：我的知识丰富吗，我的教学技能完善吗，我的情感丰富吗，我们态度积极吗，我们价值观正确吗？

（5）备教法。

备课时，每个教师都应根据教学内容的不同、教学对象的差异、教学目标的区别、教学时间的松紧和自己的特长，选择不同的教学方法。

备课中，对教学方法的研究和准备，必须是在掌握本单元教学目的的基础上，研究教学内容与学生实际情况，找到学生的知与不知的矛盾焦点、由不知向知转化的条件；要着重抓学生认识上的难点、重点和疑点，以及"难"和"疑"之所在——为什么难，为什么会有疑，特别要着重于重点问题上的难点与疑点的研究和解决。

（三）班级管理和教育活动

从群体动力角度来分析，班级群体即是由班级成员及其所处的心理环境共同组成；而班级成员的行为表现，亦受此班级群体"心理场"的影响，如能分析在教学过程中班级"心理场"形成的力量，便能以此理解班级成员的行为。

因此，教师若希望采取有针对性的措施来促进班级群体的发展，就必须对班级中群体动力的诸因素，如班级群体的构成与角色、群体规范与舆论、群体凝聚力、班级气氛等有充分的了解。

1. 班级群体的构成与角色

弗利兹·雷德在《教学的心理卫生》中提到，班级群体的构成分为两类，一为正式群体，二为非正式群体；班级角色又分为，选举或指定产生的正式角色，非正式群体中的角色。

2. 班级群体规范与舆论

群体规范指群体为达到共同活动目标而确立的行为标准，包括正式规范和非正式规范。

群体舆论指群体内多数人对普遍关心的事件或问题的一致意见、情绪和意志，并构成对少数持不同意见者的公开压力。

群体规范与舆论的形成心理机制，一方面是自发地源于班级群体成员，另一方面也可以由教师倡导和控制。教师应注意模仿、暗示、顺从等心理因素的影响及制约作用。

3. 班级群体凝聚力

群体凝聚力是群体成员保持亲近和谐，使群体巩固发展的一种心理力量，包括群体中个人间的人际吸引、群体目标与活动对所属成员的吸引，以及群体领导者对群体成员的吸引等。

（四）教育教学研究

教育教学研究指通过群众性的活动形式，有组织、有计划地探讨、总结教育规律和方法，学习和推广教学经验，提高教师素质，从而提高教育质量的教研教改研讨活动。

教育教学研究不是组织策划者为参加者提供解决教学问题的准确回答的活动，而是组织者搭建平台、营造氛围，为参加者自己提出问题、分析问题和解决问题提供专业支持的过程。

教育教学研究是老师成长与进步的"扶手"，而"登阶"的关键是研究活动后是否形成能够帮助老师改进教学行为的理解与建议。

针对性是一种预想，可参与性是一种可能，那么解决具体问题的建设性，是基于这些预设的生成。

我们要建立教研活动的策划意识，提倡教研活动前的充分调研，提高活动的针对性；改进教研活动过程环节的设计，避免活动的程式化；尊重教研活动过程中自然生成，反对过度预设的"教学秀"；重视活动过程中话语权的调控，重视活动后期研究共识的形成，和进一步行为跟进的部署和落实。

三、生物学专业能力培育途径

（一）完善师范教育保障体系

规范的师范教育制度是提高教师专业素质的保证，也是教师应享有的权利。高职院校应根据自身的教师情况，建立完善的师资培训制度。例如，适应期的新教师应加强对职业教育理论的培训，增强对职业教育的特点和规律的认识。

（二）不断提高生物学课堂的语言表达能力

教师具备的专业知识素养毋庸置疑，但在生物学教学过程中，仅仅具备专业知识是不够的。教学要借助语言表达实现教学目标，教师的语言表达能力直接影响着生物教学。课堂要求教师的语言要简洁明了，能口语化地将复杂的生物学知识表达出来。例如，分子与细胞的讲解，对于微观层面的细胞结构，学生没有形象的概念，如果我们将细胞器与细胞的关系讲解为沙滩上的一粒沙子，那么，学生会很快理解其中含义。但是，这种口语化教学是建立在教师充分掌握教材内容和了解学生的学习状况下的，语调轻快往往会让教学富有感染力，避免平铺直叙。

（三）学会灵活使用多样化的教学方法

在明确新《课标》中的教学任务和要求后，教师要进一步明确教学目标，采用适当的教学方法对教学目标的实现有非常重要的作用，要能够针对不同情况灵活使用教学方法和手段引导学生主动参与到生物学课堂的学习中来，让学生自己动手，并在学习实践中深入思考问题，让学生的学习有序、有效、有趣。如何做到灵活运用教学方法？在生物学教学中，既要针对课堂研究如何改进教学方法，更需要研究指导学生如何学习生物学的方法。选用教学方法时应该采用一种教学方法为主，多种教学方法灵活配合的方式；在指导学生方面，实现由学会过渡到会学的跨越性进步。

（四）生物学教师要不断进行反思，提高教学能力

教学过程中，我们要从生物学课堂教学实践中认识不足，并进行思考，以此来总结生物学教学经验，进一步提高生物学教学水平。生物学教师的教学能力直接影响着学生生物学素养，因此，生物学教师必须在反思中有效提高自身教学能力。

1. 对教案进行反思

每个教师课前都会准备教案，当写好教案后，我们有必要对其进行反思。例如：这节生物课的关键生物学概念是什么？本节教学的重点和难点是否准确？本节教学内容的深度是否符合学生目前的知识水平状况？如果我们能够做到对每个教案及时进行反思，那么每节生物课都会是非常精彩的示范课。

2. 对教学过程进行反思

生物学是一门综合性较强的科目，在生物学课堂上，与学生交流的过程中会产生很多无法料想的问题，这可能是教师在备课时没有考虑好，因此，需要在课后对教学过程进行反思、调整。

例如，在光合作用教学中，学生提出：色素溶液在透射光下呈现为绿色，在反射光下呈现出红色，为什么？这样的问题是教师没有预想到的，一时难以准确回答。

对教学过程进行反思可以充分激发教师的教学积极性和创造性，并为教师的专业发展提供机会和条件。教学反思充分尊重了教师的主导地位，发挥了教师的主观能动性，在教学实践中不断进行反思可以让教师看到自己教学时的问题并及时纠正问题，有效促进教师教学能力的提升。

反思：下面两种叙述哪种让学生听起来感觉更好？

（1）下次生物课，我们做实验，记得采几片叶子过来。

（2）下次生物课，你们做实验，记得采几片叶子过来。

（五）树立"网络前沿"新观念，丰富专业内涵

随着信息时代的到来，为了不断提高教师信息技术素养，将着重培养教师的三项能

力：一是收集、组织及分析资源的能力。二是信息技术的操作能力。学校可通过网络和专题讲座对"通用计算机故障排除""多媒体课件制作"等内容进行培训，以提高教师信息技术技能的基础。三是信息技术的应用能力。教师可以自主制作多媒体课件来辅助教学，重视并利用校园网站和班级博客，使其成为与父母和社会沟通的平台（陆永健，2012）。

四、案例

案例：初中生物学"生物的性状"片段教学设计（表6-1）。

初中生物学"生物的性状"片段教学设计

片段题目	认识生物 ——生物的性状	重点展示 技能要素	组织技能
学科内容 学习目标	（一）经历生物形态结构、生理、行为等特征的表达交流，能说出生物性状的概念 （二）回归自然，能迁移辨别生物的性状及其基本特征		
教学过程			
时间	教师行为	预设学生行为	教学设计意图
0~1min	【教师导语】 同学们，欢迎大家走进生物课堂，今天我们从科学的角度进一步认识生物。 【联系生活　辨别导入】 【活动1】教师出示各种水果，引导学生针对性的谈话，创设问题，调动课堂气氛。 【问题组1】 1. 你们如何辨别这些是什么水果呢？ 2. 除颜色、形状、大小外，还有其他方法可以辨别这些水果吗？ 教师提出问题，引导组织交流，激发学生认知需要，形成学习期待。 板书：认识生物	聆听教师的陈述，观看教师的展示。 结合实例，思考问题，交流表达认识，形成学习期待	通过情境及情境问题的创设和有效组织，激发学生兴趣，引起学习注意
1~2min	【案例比较　初建概念】 【活动2】教师展示苹果、香蕉等水果，结合下列问题，组织学生分别从形状、大小、颜色、结构等方面区分认识形态结构性状；并通过闻和尝的方式，延伸认识生理性状。 【问题组2】 1. 你们通过哪些形态特征区分苹果和香蕉？它们各自有什么特征？ 2. 除此以外，你们还能从哪些方面区分这两种水果？ 3. 从生物科学的角度，你们能将它们分为几类特征？ 基于以上活动的开展和问题的交流表达，初步建构"生物性状"的概念，并适时板书： 形态结构特征：颜色、大小、形状…… 生理特征：气味、味道……	看、闻、尝。 交流表达，自主解决问题并建构形态结构特征和生理特征	在教师清晰表达和有效引导的基础上，促进学生经历观察、比较、归纳，自主建构

续表6-1

2～5min	【拓展案例　补充建构】 【活动3】教师分层展示多种生物的不同行为的动画，结合以下问题的适时呈现，组织学生观察、交流、表达。 【问题组3】 1. 动画中生物分别表现出了哪些行为？这些行为表现有何意义？ 2. 结合形态结构特征、生理特征，你能说出生物性状的特征范围吗？ 3. 你能试着说出"生物性状"的概念吗？ 通过案例拓展和相应的引导，补充建构行为特征，整合形态结构、生理、行为特征，引导学生自主架构"生物性状"的概念，并板书： 行为特征：应激、向光性、捕食、生殖 补充板书：认识生物的性状	观看生物生活行为动画。表达交流，能说出各种生物的行为表现。在教师的引导下归纳总结，说出"生物性状"的概念	在教师的有效组织、分析下，促进学生完善建构概念，认同性状的含义
5～7min	【应用辨别　巩固概念】 【活动4】展示图片，结合生物性状的概念，适时提出如下问题，引导学生多层次地分析图片中各种生物的性状，强化概念，学以致用。 【问题组4】 1. 图片中都是生物的性状吗？你是怎样辨别的？ 2. 以上性状属于生物性状中的哪个特征？你是怎样辨别的？ 基于以上问题的循序呈现，引导学生对相关资料进行辨别，巩固"生物性状"的概念	观看教师展示的图片。利用已知概念思考问题、表达交流认识	在教师循序呈现问题的基础上，组织、引导学生自主辨别特征，巩固"生物性状"的概念
7～8min	【回归案例　设疑结课】 【活动5】回归课堂实例——分别展示不同水果，迁移延伸，通过设问激发探究兴趣的延伸。 【问题组5】 1. 这些水果的性状有什么差别？ 2. 针对不同水果、同一性状，同种水果、同一性状的不同表现，你还能用科学术语表达它吗？ 基于以上问题的交流，将课堂知识与生活实际相联系。设问迁移，延伸促思，实现学生带着问题出课堂	观察比较，思考问题、尝试解决交流	迁移拓展，促进学生思维的延伸，架构与未知相对性状的问题桥梁，进一步激发学生的学习期待
设计思路说明	基于新《课标》对本节内容的要求，结合学情、教材分析及学习目标和组织技能训练目标，本片段教学以"组织、引导建构生物性状的概念"为核心；以"经历交流，活动开展"为情境平台；以"实例对比分析—拓展补充建构—应用辨别巩固"为基本教学过程；以"谈话法"为主要教学方法；以"组织技能运用"为主要教学技能展示。运用学生的生活经验激发学习兴趣，鼓励参与活动，层次建构生物性状的概念，达到活动有效设计、有效组织，通过实施过程中的有效谈话、学生行为的有效表达，达成技能目标和教学目标，体现组织技能的有效实施		

第七章　生物学思维塑造

在知识爆炸式增长以及知识储备和获取方式发生巨大变化的时代，对人才培养的要求也由掌握足够多的知识转变为具备终身学习的能力和解决问题的能力。理性思维的培养有利于学生以后适应课堂外的生活，因此学校教育的目标应明确理性思维的重要性，明确理性思维塑造关键在于科学课堂中科学思维的培养。

在落实立德树人根本任务，回答培养什么样的人的问题上，科学思维已然成为关键词之一。2016年9月13日，中国学生发展核心素养研究成果发布会在北京师范大学举行，公布的《中国学生发展核心素养》中科学精神的要点之一就是理性思维。《普通高中生物学课程标准（2017年版2020年修订）》中科学思维指尊重事实和依据，崇尚严谨和务实的求知态度，运用科学的思维方法认识事物、解决实际问题的思维习惯和能力。学生应该在学习过程中逐步发展科学思维，如能够基于生物学事实和证据，运用归纳与概括、演绎与推理、模型与建模、批判性思维、创造性思维等方法，探讨、阐释生命现象及规律，审视或论证生物学社会议题。

生物学科学思维既有学生发展核心素养中理性思维的要点，二者在本质上都强调基于事实和证据，采取科学的思维方法去认识事物、解决问题，同时生物学科学思维又独具生物学的学科特点和侧重点，在科学的思维方法中表现得尤为明显。科学思维方法指形成并运用于科学认识活动的、人脑借助信息符号对感性材料进行加工处理的方式。科学思维方法包括归纳与演绎、分析与综合、抽象与概括等，是科学思维的工具与重要利器。培养科学思维方法的重要方式是课堂教学。在生物学教学中教师能够设计恰当的教学设计，采用多样的教学策略，培养学生的科学思维方法，帮助学生塑造生物学思维。

第一节　归纳与概括塑造

一、定义与要素

归纳是在观察的前提下，分析不同对象间的联系和差异，得出他们的共同特征和发展规律，由此理解事物的一般属性或事物之间的普遍联系的科学思维方法。

归纳与概括有一定区别，归纳是特殊事例推广到一般规律的过程，是从个别到一般、从具体到抽象，进而得出一般结论；而概括是从感性认识抽象出事物本质，是由种概念外延至属概念的过程。但抽象往往经过分析、比较、归纳等思维过程。因此，我们不难看出归纳、概括、分析等思维是彼此息息相关的，思维是不间断的过程，在培养学生归纳思维的过程中，教师不可忽略相关思维过程的渗透（李自欣，2016）。

总的来讲，归纳与概括就是在头脑中把对象的每个组成部分，或事物的个别特性、个别方面结合成整体的过程。在生物学中，归纳与概括的思维过程需要学生从大量生物学事实中去归纳与概括，以此形成基本的生物学规律。

二、途径

在实际教学中，教师可通过以下一些途径来培养学生的归纳与概括能力。

（一）通过概念教学

概念是对事物的抽象或概括。生物学概念对学生认识生物世界、了解生命现象和规律有重要的意义，是生物学课程内容的重要部分。同时作为教与学的关键，概念教学是生物学教学的关键内容。而在概念教学中，学生需要对大量的生物学事实进行分析、抽象或概括，从而构建出生物学概念。概念教学的过程与学生归纳与概括能力的培养密切相关。

概念通常包括概念名词（或概念术语）、概念的内涵及概念的外延三个要素。概念名词（或概念术语）是对概念的指代。概念的内涵指概念的本质属性和特征，它能准确地反映概念的实质。概念的外延是其所反映的本质属性的一切对象。列举是展现概念部分外延的逻辑方法。高中生物学中半透膜、细胞分化、染色体、基因、基因突变、相对性状等重要科学概念的确定，都是先列举具有代表性实例，观察实例的特征和属性再明确生物学概念。归纳是抽象概括概念内涵的重点，即依照列举的实例对概念的内涵进行从具体到抽象的高度概括。教师应全面开发概念教学中各个环节的潜能，引导学生构建生物学概念，培养学生归纳与概括的能力。其一，列举的对象要尽量多且具有代表性。比如生物群落的概念，在新授课教学中，教师先举例"一个池塘里所有的生物就叫群落。一颗倒伏的朽木上，生长着蕨类、苔藓、真菌、蚂蚁等生物，构成的也叫群落"。这些事例一说就能让学生在头脑里形成初步感官认识。接着可以把时间适当交给学生，鼓励学生相互举例共享，以增加事例的数量，如"一座山所有的生物就是群落""一片草地上所有的生物包括植物、动物甚至人等构成的就是群落"。在形成初步感官认识的基础上再形成感知，学生自然会自己组织语言用实例来表明概念"一个区域内所有的生物就是群落"。事例的典型性则是相对的，教材中池塘生物群落对广大学生具有普遍代表性，但是来自学生生活经验的实例才是最贴近的、最有利于学习者归纳概括的。其二，注意收集可能出现的反面事例。反面事例既可让学生举例，也可以由教师提出让学生判断。例如，随机抽取几种生物，放在一个理想条件下的容器中，那么这个容器中聚集在一起的生物集合是一个生物群落吗？为什么？丰富的事实支撑和正反对比中的探讨归纳，学生就比较容易确立生物群落概念，并非随意的"乌合之众"就是生物群落（沈卓义，2012；郭翠敏，2015）。

（二）运用概念图教学策略

生物学教学中，概念与概念不是孤立存在，一个概念唯有与其他多个概念产生关联，方能呈现出它的价值。如果在抽象概括出概念之后，进一步处理好概念之间的相互关系，不仅有助于知识的整合，有助于影响和转换学生的认知方式，增强概念教学成效，而且可以深入培养学生归纳与概括的能力。

1. 概念图及其结构

概念图是以命题的形式来表示概念间的意义联系，同时借助具体事例进行解释，以此表现概念之间层级关系的结构示意图。它将与某一主题有关的概念置于圆圈或方框中，同时采用连线将有关的概念相连，在连线上标出概念之间的意义关系，以此将全部基本概念有机地联结，构筑知识网络结构图。因而通过绘制概念图能形象地展示大量概念的内在联系，利于掌握概念的本质，建构概念体系。

一个完美的概念图应是：

①概念间具有明确包容关系的层次结构。

②概念间的内在逻辑关系可以用适当的词或词组标注出来。

③不同层级概念间的纵横联系清楚、明确，形成一些交叉点；纵向联系说明概念间的包容与被包容的关系；横向联系说明处于概念图中同一层级水平的概念间的有意义联系；而交叉关系则说明处于不同层级概念间的联系（徐洪林，2003）。

2. 概念图教学策略的应用

（1）应用概念图进行备课与教学。

教师在备课过程中，通过绘制概念图，可以从大方向上了解本课程的教学内容，具体的每一章、每一节的教学内容以及各内容之间的关系，可以预先考虑好如何处理各内容之间的关系，在教学中把握好主次关系。

在教学过程中，教师一边讲授一边绘画，使学生看到概念图的绘制过程。该过程可以使学生了解概念，更容易理解概念或操作之间的关系，达到知识有效迁移；也可以让学生学习到如何利用概念图对知识进行分类及表示，激发学生好奇心，产生画概念图的兴趣（梁锦明，2005）。

（2）引导学生通过绘制概念图进行概念学习。

概念图作为学的工具，教师要引导学生绘制概念图。学生首次绘制概念图时，教师要先向学生介绍概念图及其结构和特征，通过展示一些概念图或教师直接绘制概念图，帮助学生了解概念图。

概念图绘制的一般步骤是：

①选取一个熟悉的知识领域。学习制作概念图，非常重要的一点是从学习者熟悉的知识领域开始，如此形成的背景知识有助于确定概念图的层级结构。

②确定关键概念和概念等级。知识领域确定后，便是确定关键概念，并把它们一一列出来。然后对其进行排序，从最一般、最概括的概念到最特殊、最具体的概念依次排列。

③初步拟定概念图的纵向分层和横向分支。在这一步骤中，可以把所有的概念写在活动的纸片上，然后把这些纸片按照概念的分层和分支在工作平台（如黑板、卡纸）上进行排列，初步拟定概念图的分布。活动纸片可帮助学习者移动概念位置以修改概念图的层级分布。

④建立概念之间的连接，并在连线上用连接词标明两者之间的关系。概念之间可分为同一知识领域的连接和不同知识领域的连接。交叉连接是不同知识领域概念之间的相互关系，是判断一个概念图好坏的重要标准之一。交叉连接需要学习者具有横向思维，这也是发现和形成概念间新关系、产生新知识的重要一环。

⑤在以后的学习中不断修改和完善。随着学习的深入，学习者对原有知识的理解会发生变化，因此概念图也需要修改完善（刘画奇，张迎春，2007）。

（三）利用其他图表方式

在生物学教学中，除了通过概念教学，运用概念图教学策略来培养学生的归纳与概括能力外，还可以运用其他图表方式来培养学生的归纳与概括能力，如集合图、表格等。

1. 利用集合图的方式

生物学核心概念是教师或学生对生物学核心问题的相对本质的认识或看法，区别这些核心概念的内涵和外延是掌握概念的基础。在生物学教学过程中应用集合图，可以帮助教师进行核心概念的教学，又可以帮助学生理解核心概念。例如，在学习生命系统的结构层次时，设计如图7-1所示的集合图，可以简明地归纳与概括出各生命层次之间的包含关系，避免概念之间的混淆（辛光珠，潘龙龙，2018）。

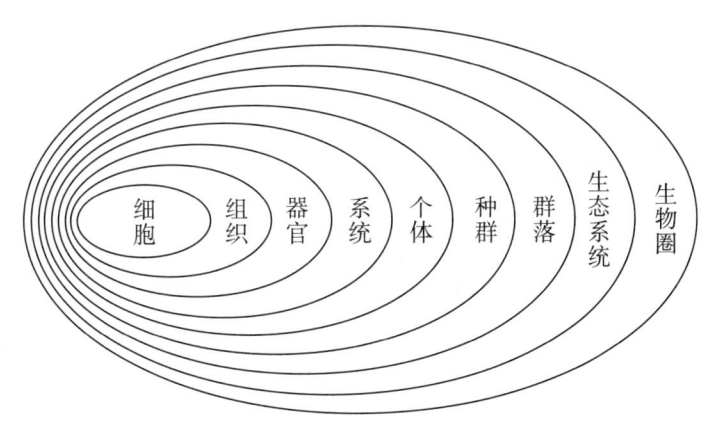

图 7-1　生命系统层次集合图

2. 运用横向比较方法

在教学中，由于新知识的出现、新概念的引入，学生在使用知识时容易混淆。教师应经常将易混淆的概念提出来，让学生运用横向比较，找出不同生物现象中的共同点和不同点（徐建华，2019）。其中使用图表的方式比较异同的情况非常常见。例如，比较有丝分裂和减数分裂的异同，教师可引导学生填写表7-1，找出两种分裂方式的异同。

表 7-1　有丝分裂与减数分裂的比较

	比较项目	有丝分裂	减数分裂
不同点	分裂结果	形成体细胞	形成生殖细胞
	分裂次数	一次	二次
	分裂后子细胞数	二个	四个
	子细胞内染色体数	与体细胞相同	比体细胞减一半
	是否有联会	不出现联会	出现联会
相同点		分裂时均出现染色体和纺锤体，染色体只复制一次	

（四）在习题中训练

在生物试题中会有一些信息题，给出一段文字让学生阅读后作答，除了信息题还会有图表题。学生在阅读大段内容后必须有效归纳出文字主要在介绍什么，进而提取与题目相关的有效信息。图表题也是同样，学生需要归纳总结图表传递出的与解题相关的重要信息。因此，在习题讲解课时教师不要代为分析归纳，要让学生一步步分析，归纳概括出解题关键，引导学生自己找出与解题相关的信息，以后遇到类似习题学生就能自主归纳解题（李自欣，2016）。

三、案例

案例：细胞的多样性和统一性（表7-27）。

表7-2 细胞的多样性和统一性

学习任务	教师活动	学生活动	设计意图
回顾旧知导入新课	展示上节实验课中观察到的细胞图片，再次强调"细胞多样性和统一性"的概念。 呈现大肠杆菌的电镜图片，引导分析其结构特点	回顾实验课上观察过的细胞名称及结构特点	通过对大肠杆菌的结构分析，引入本节主题
展示信息比较分析	【追问】 1. 水华和赤潮产生的原因和危害？ 2. 如何治理和防治水华？ 3. 发菜的"遭遇"给我们的启示？ 【布置任务】结合小组介绍的内容及教材中的图文资料，完善表格。 | 比较分析\原核生物 | 鞭毛 | 细胞壁 | 营养方式 | 举例 | 共同结构 | | 大肠杆菌 | | | | | | | 蓝细菌 | | | | | | | 支原体 | | | | | |	小组成员分享交流在课下收集的大肠杆菌、蓝细菌、支原体三种生物的信息	课前可对小组收集的资料进行筛选
引导分析归纳总结	【回归教材】通过教材中的"旁栏思考"，引发对原核细胞和真核细胞中"原"和"真"的解读思考。 【布置任务】展示真核细胞和原核细胞的模式图，完善真核细胞和原核细胞的比较表格。 | 比较分析\原核生物 | 差异分析（细胞核 | 细胞器 | 遗传物质存在形式） | 共同结构 | | 真核细胞 | | | | | | 原核细胞 | | | | |	【独立分析】从原核细胞和真核细胞的结构特点着手分析，并尝试推测两者在进化上的联系。 【形成概念】原核细胞和真核细胞不一样，但具有相似的细胞膜和细胞质，都以DNA作为遗传物质。两者也具有统一性	提高学生的自主学习能力以及识图概括能力
交流总结延伸思考	整理归纳所学内容，构建概念图，思考如何突出核心概念：细胞的多样性和统一性。 感兴趣的同学课后可深入了解人类与细菌的斗争历史，以及治理水华和赤潮的措施	构建本节概念图	建构清晰的概念图，利于学生巩固所学知识，内化"细胞多样性和统一性"的概念理解

续表7-2

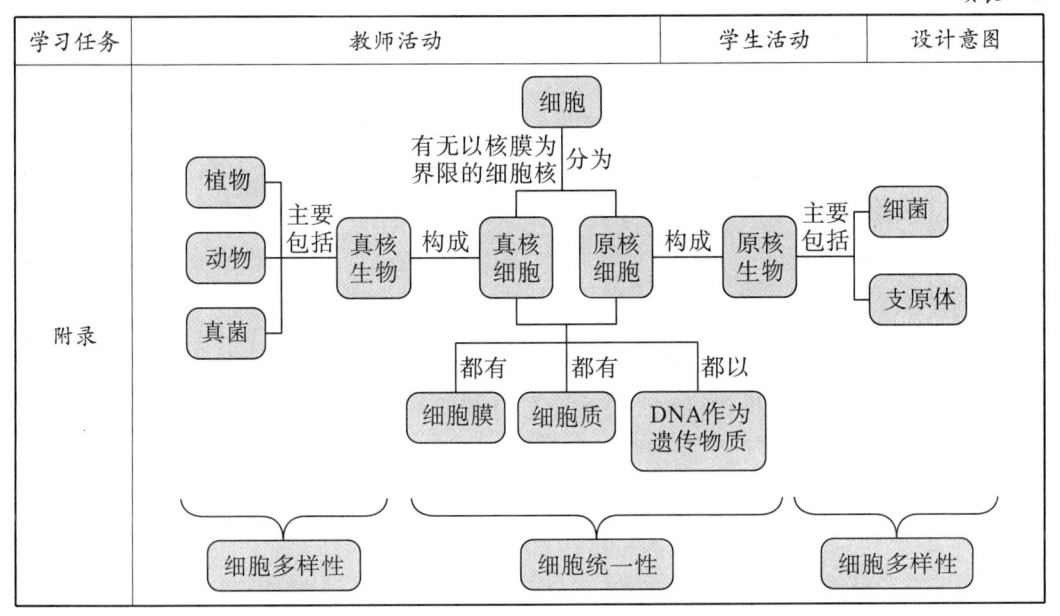

学习任务	教师活动	学生活动	设计意图
附录	（概念图：细胞分为真核细胞和原核细胞；真核生物主要包括植物、动物、真菌；原核生物主要包括细菌、支原体；真核细胞与原核细胞的区别在于有无以核膜为界限的细胞核；都有细胞膜、细胞质，都以DNA作为遗传物质；体现细胞多样性与细胞统一性）		

第二节　演绎与推理塑造

一、定义与要素

演绎与推理就是从一般性的前提出发，通过推导（即演绎），得出具体陈述或个别结论的过程。演绎与推理的逻辑形式对于理性思维的重要意义在于：它对人的思维保持严密性、一贯性有着不可替代的校正作用。高中生物学学习过程中，演绎与推理思维要求学生能运用已知的生物学规律，预测或探讨相关生命现象的机制（王吉文，2017）。

二、途径

演绎与推理是学习科学类课程的重要方法，也是学习生物学最为基础的思维方法，在生物学教学中，教师可通过以下一些途径培养学生的演绎与推理能力。

（一）基于"假说-演绎法"培养学生的演绎与推理能力

不论是生物科学史还是生物学实验教学，都离不开演绎与推理，在生物学课程中"假说-演绎法"是演绎与推理最为经典的形式之一。

"假说-演绎法"是在观察和分析的基础上提出问题后,通过推理和想象提出解释问题的假说,根据假说进行演绎推理,再通过实验检验演绎推理的结论。如果实验结果与预期结论相符,就证明假说正确,反之,则说明假说是错误的。

高中生物学教材中有很多运用"假说-演绎法"的范例,尤其是在必修2遗传与进化模块,如分离定律、自由组合定律的发现,基因位于性染色体上的证明,DNA半保留复制假说,遗传密码子的破解,中心法则的发现与完善。除此之外,必修1分子与细胞部分也隐含着"假说-演绎法",如探究细胞膜的成分及其流动镶嵌模型的科学史内容。

1. 通过生物学实验,培养学生的演绎与推理能力

"假说-演绎法"是现代科学研究中十分有效的科学方法,在现代生物学的发展中占有重要地位。"假说-演绎"过程可概括为四大步骤(图7-2):①设计实验,观察现象,提出问题;②分析问题,提出假说,解释问题;③设计实验,依据假说,演绎推理;④进行实验,验证预期,得出结论(王国栋,2016)。

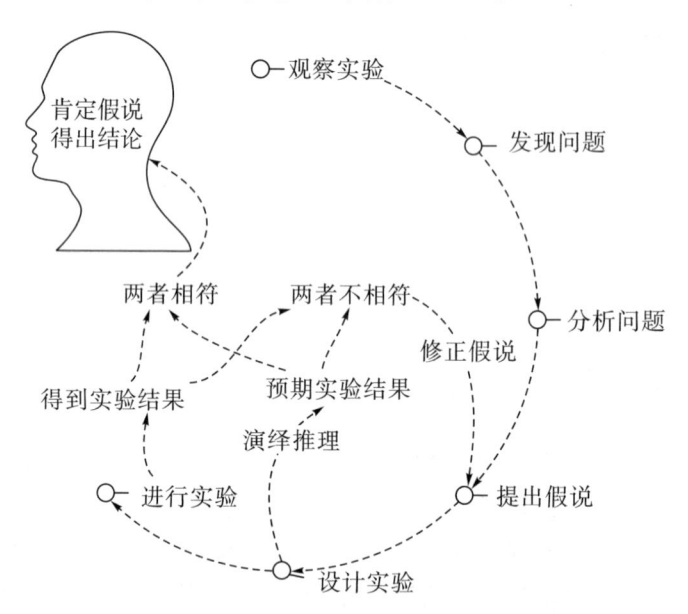

图7-2 "演绎与推理"法实施过程的思维导图(于华会,孙波,2019)

下面以孟德尔豌豆杂交实验为例,简要说明基于"假说-演绎法",通过生物学实验培养学生的演绎与推理能力。

(1)设计实验,观察现象,提出问题。

①设计实验。孟德尔从34个豌豆品种中选择了7对容易区分的相对性状做杂交实验,对每一对相对性状分别进行研究。实验过程大致为:种植纯种豌豆,控制杂交,收获种子;种植种子成植株,控制自交,收获种子;再种植该种子成植株,进行观察统计。以高茎和矮茎这一对相对性状的杂交实验为例,实验过程如图7-3所示。

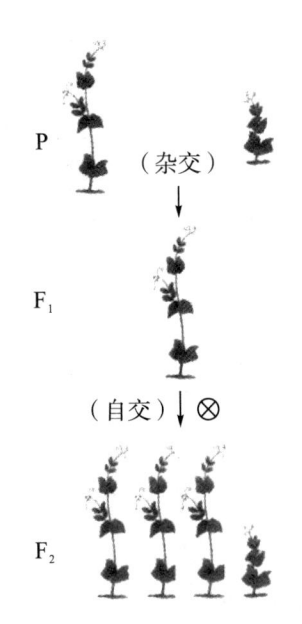

图 7-3　高茎豌豆和矮茎豌豆杂交实验图解

②观察现象。孟德尔用纯种高茎豌豆和纯种矮茎豌豆作亲本进行杂交，无论正交还是反交，F_1 总是高茎，再让 F_1 自交得 F_2 植株，不仅有高茎还有矮茎，且高茎与矮茎的数量比接近 3∶1。其他 6 对相对性状杂交实验结果也是如此。

③提出问题。在观察现象的基础上，孟德尔提出下列问题：F_1 植株中为什么全为高茎？矮茎哪里去了？F_2 植株中矮茎又出现，说明了什么？F_2 植株中高茎与矮茎数量比为什么接近 3∶1？

（2）分析问题，提出假说，解释问题。

①分析问题。孟德尔对所提出的一系列问题进行了缜密的思考分析，推理想象：矮茎可能并没有消失，只是在 F_1 代中未表现出来，因为 F_2 代中矮茎又出现了；相对性状可能受遗传因子的控制，遗传因子成对存在，可能有显隐性之分。

②提出假说。通过严谨推理和大胆想象，孟德尔对分离现象的原因提出了如下假说（图 7-4）：

A. 生物的性状是由遗传因子决定的，遗传因子有显性和隐性之分。

B. 体细胞中遗传因子是成对存在的。

C. 生物体在形成生殖细胞——配子时，成对的遗传因子彼此分离，分别进入不同的配子中；配子中只含有每对遗传因子中的一个；受精时，雌雄配子的结合是随机的。

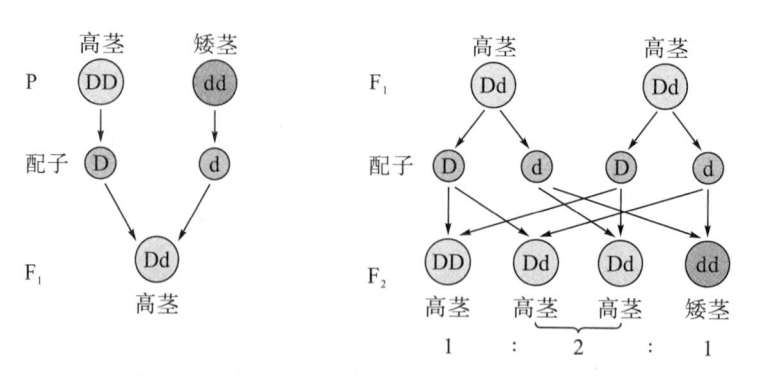

图 7-4 高茎豌豆和矮茎豌豆杂交实验分析图解

假说合理地解释了豌豆的一对相对性状杂交实验中出现的性状分离现象。这是科学的真相吗？还是一种自圆其说的解释呢？仅能解释已有的实验结果是不够的，还应该能够预测另一些实验结果来验证假说的正确性。

（3）设计实验，依据假说，演绎推理。

孟德尔巧妙地设计了测交实验，让 F_1 与隐性纯合子杂交。依据假说，演绎推理预期测交后代中高茎与矮茎的分离比接近 1∶1（图 7-5），演绎推理是否正确呢？必须要有实验的数据来加以证明。一些学生易将演绎推理过程误解为假说的验证过程。

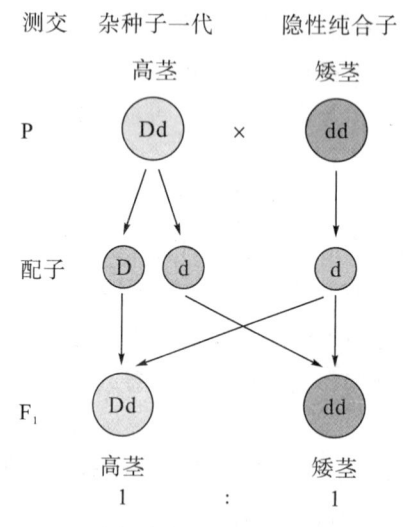

图 7-5 一对相对性状测交实验演绎推理图解

（4）进行实验，验证预期，得出结论。

①进行实验。孟德尔在园地里种植 F_1 高茎植株与矮茎植株，控制测交，收获种子；将种子播种后获得植株，观察其性状，发现高茎与矮茎的分离比接近 1∶1。与预期结果相符合。

②得出结论。依据假说，演绎推理的预期结果与测交实验的结果相一致，验证了推理的正确性，而假说与推理是同一思路，也证明了假说的正确性。此时，假说不再是假

说而成为遗传的规律。后人将其归纳为孟德尔的第一定律，又称分离定律：在生物的体细胞中控制同一性状的遗传因子成对存在，不相融合，在形成配子时，成对的遗传因子发生分离，分离后的遗传因子分别进入不同配子中，随配子遗传给后代。

2. 通过生物科学史，培养学生的演绎推理能力

基于"假说－演绎法"的高中生物科学史教学的一般流程如表7－3所示（吴小梅，2016）。

表7－3 基于"假说－演绎法"的高中生物科学史教学的一般流程

步骤	教师行为	学生活动
1. 观察实验，提出问题	呈现史料，提供感性材料	阅读、分析史料
	问题诱导	归总现象，提出问题
2. 作出假设，演绎推理	提供先行组织者	联系经验、知识，提出理想假说
		进行演绎推理
3. 设计并实施实验，验证假说	知道自主探究实验或呈现史料中相关实验	小组合作（个人）设计（实施）验证实验；分析史料实验，领会科学方法和技巧
4. 综合分析，得出结论	引导综合分析史料，得出结论	综合分析史料，交流实验结果和经验，得出结论
5. 延伸或循环	补充史料中其他实验证据	更新假说；补充结论

3. 在习题讲评中培养学生的演绎与推理能力

在生物学教学中，特别是一些遗传学类问题通常抽象难懂，教师虽反复讲解但收效甚微。若教师能进行适度的引导，让学生进行一定的演绎与推理，科学事实的对比呈现不但有助于学生推理与分析能力的提升，而且也有利于培养其生物学思维品质（于华会，孙波，2019）。

例1：某兴趣小组从资料上得知果蝇的眼色由两对等位基因控制，等位基因A、a控制眼色素的产生，只有存在A基因时，才能产生色素；另一对等位基因D、d则控制色素的类型，D基因决定显紫色，d基因决定显红色。他们利用果蝇眼色性状进行遗传学实验（图7－6）。

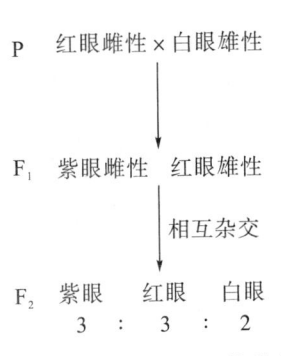

P　红眼雌性 × 白眼雄性

F$_1$　紫眼雌性　红眼雄性

相互杂交

F$_2$　紫眼　红眼　白眼
　　　3　：　3　：　2

图7－6 果蝇眼色性状遗传学实验

（1）等位基因 A、a 位于　常　染色体上，等位基因 D、d 位于　X　染色体上。
（2）该实验中亲本的基因型分别是　AAX^dX^d　和　aaX^DY　。
（3）F_2 红眼性状中纯合雌性果蝇所占比例是　1/6　。

演绎与推理法在此类题目分析中具有较好的突破性，具体流程如图 7-7 所示。

```
                    ┌─ 直观现象：红眼雌性与白眼雄性杂交，F₁中雌性为
                    │            紫眼，雄性为红眼，F₁相互交配，F₂中
                    │            紫眼：红眼：白眼＝3：3：2
                    │
                    ├─ 内在分析：根据F₂的表现型，可知两对等位基因满
  例1的演绎与推理 ───┤            足基因自由组合定律；F₁中雌雄个体性
                    │            状有别，可判断两对等位基因，一对位
                    │            于X染色体，一对位于常染色体
                    │
                    ├─ 铺设问题：A、a，D、d哪对等位基因位于X染色体上？
                    │
                    └─ 提出假设
```

假设一：等位基因 A、a 位于 X 染色体

P　ddX^AX^-　　　$\_X^aY$
　　红眼雌性　　　白眼雄性
　　　↓
F_1　D_X^AX　　ddX^AY
　　紫眼雌性　　　红眼雄性

亲子代关系不成立，无法继续推导

演绎推理预期结果 → 与题干中实验结果不相符，假设不成立

假设二：等位基因 D、d 位于 X 染色体

P　AAX^dX^d　　　aaX^DY
　　红眼雌性　　　白眼雄性
　　　↓
F_1　AaX^DX^d　　AaX^dY
　　紫眼雌性　　　红眼雄性
　　　↓ 相互杂交

$3/16\ A\_X^DX^d$　　$3/16\ A\_X^DY$　　$1/16\ aaX^DX^d$
　紫眼雌性　　　　紫眼雄性　　　　白眼雌性
F_2　$1/16\ aaX^DY$　　$3/16\ A\_X^dX^d$　　$3/16\ A\_X^dY$
　白眼雄性　　　　红眼雌性　　　　红眼雄性
$1/16\ aaX^dX^d$　　$1/16\ aaX^dY$

演绎推理预期结果 → 与题干中实验结果相符，假设成立

↓

得出结论：等位基因 A、a 位于常染色体，D、d 位于 X 染色体

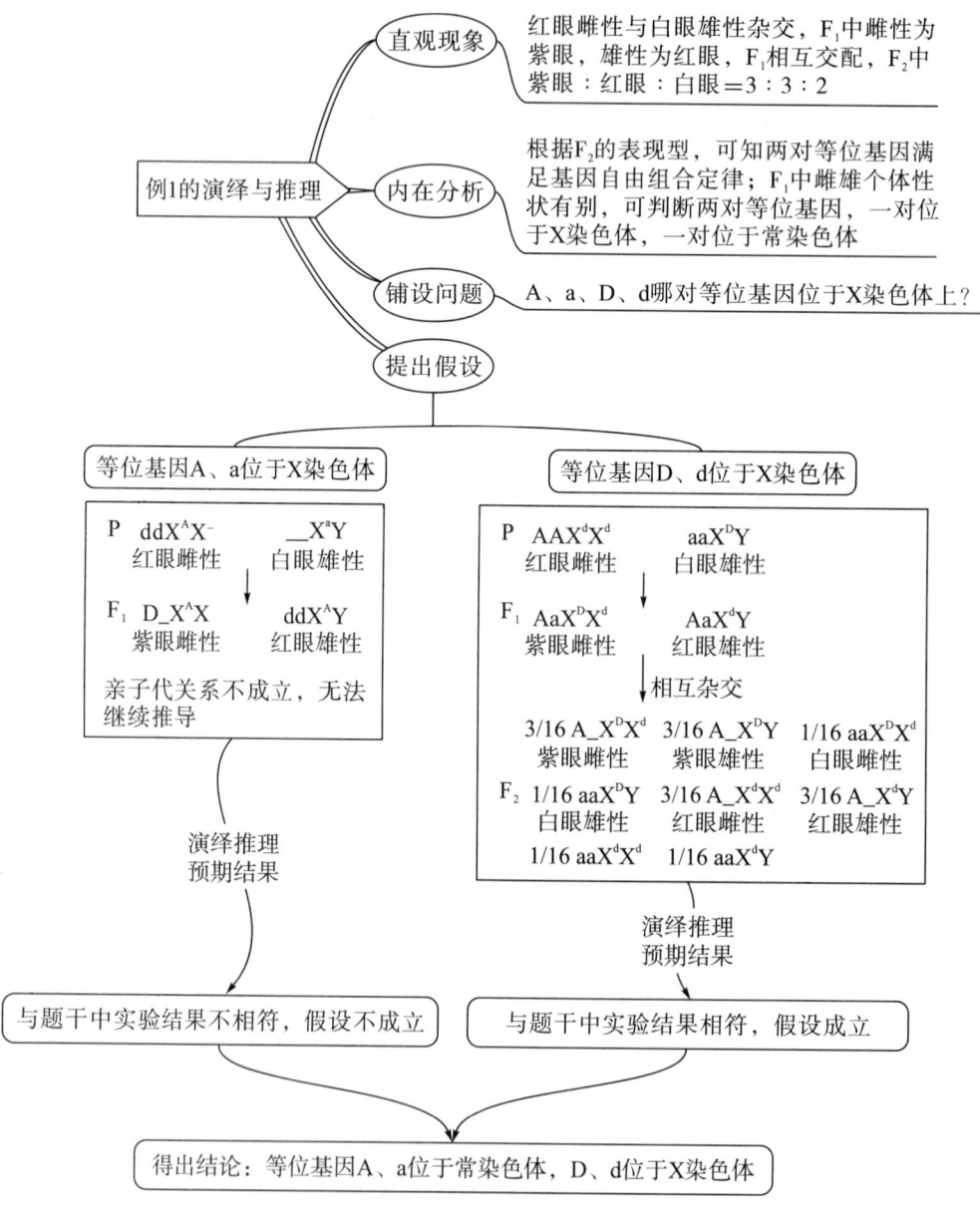

图 7-7　演绎与推理分析流程

三、案例

案例:"DNA 的半保留复制"教学过程设计(刘玲,等,2016)。

(一)教学目的及教学片段

1. 教学目的

在讲授本节知识的时候,巧妙设置情境,使学生参与到科学发现过程中,提高学生的生物科学素养。

2. 教学片段摘选

对于第一部分"对 DNA 分子复制的推测",笔者先让学生自己思考 DNA 分子复制的可能形式。学生积极讨论,认为 DNA 分子复制的形式有三种:全保留复制、半保留复制、弥散复制。

师:DNA 分子的复制方式有三种,怎样证明是哪一种复制方式呢?

生:实验。

师:DNA 是看不见的,如何才能分辨是亲代 DNA 与还是子代的 DNA 呢?

生:同位素示踪技术。

师:标记哪种元素呢?

生:用 ^{15}N 标记亲代的 DNA 分子,用 ^{14}N 标记子代 DNA 分子,这样它们的分子质量就有差异。

师:那怎样把分子质量不同的两种 DNA 区分开呢?

生:离心法。

师:密度梯度离心法。密度梯度离心法又称为区带离心法,可以同时使样品中几个或全部组分分离,具有良好的分辨率。离心时先将样品溶液置于一个由梯度材料形成的密度梯度液体柱中,离心后被分离组分以区带层分布于梯度柱中。为得到必要的浓度梯度,多采用浓氯化铯溶液,所以有时也使用氯化铯浓度梯度离心法这个名称。

师:如果 DNA 分子的复制方式是半保留复制,结果是怎样的?如果是全保留复制,结果又是怎样的?

生:假设是半保留复制,离心后记录试管中 DNA 的位置,子一代应该居中,子二代应该是一半居中,一半位于试管的上部。假设是全保留复制,离心后记录试管中 DNA 的位置,子一代应该一半是靠近试管上部的,一半是靠近试管下部的;子二代应该是 1/4 是靠近试管上部,3/4 是靠近试管下部。

生:如果两条链都是 ^{15}N,其密度最大,最靠近试管底部;如果两条链都是 ^{14}N,其密度最小,离试管底部最远;如果一条链是 ^{15}N,一条链是 ^{14}N,其密度居中,位置也居中。

师:分析得很好。请尝试着用图解法写出来,子一代,子二代的情况。

几分钟后,有学生推算出来了。

生：如果是半保留复制，亲代的 DNA 分子是两条链都是 ^{15}N（重带），子一代 DNA 分子中一条链是 ^{15}N，一条链是 ^{14}N（中带）；子二代中有两个 DNA 分子一条链是 ^{15}N，一条链是 ^{14}N（中带），有两个 DNA 分子两条链全是 ^{14}N（轻带）（图 7-8）。

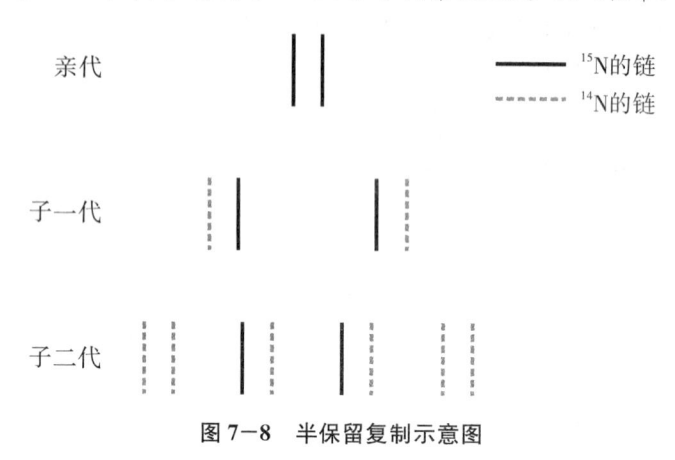

图 7-8　半保留复制示意图

生：如果是全保留复制，亲代的 DNA 分子两条链都是 ^{15}N（重带），子一代中一个 DNA 分子两条链全是 ^{15}N（重带），一个 DNA 分子两条链全是 ^{14}N（轻带）；子二代中有一个 DNA 分子两条链全是 ^{15}N（重带），三个 DNA 分子两条链全是 ^{14}N（轻带）（图 7-9）。

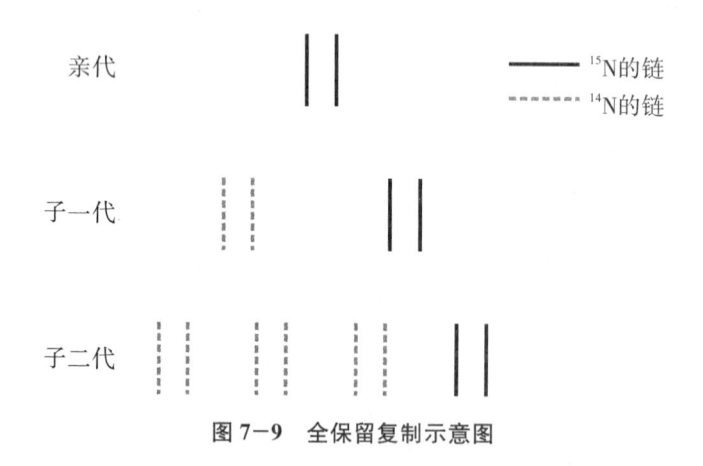

图 7-9　全保留复制示意图

师：说得很有道理。如果是半保留复制，试管中出现三条区带；如果是全保留复制，试管中出现两条区带。这只是我们的推测，实际上是不是这样呢？我们看一下科学家的实验结果（图 7-10）。

科学家的实验结果是在试管中出现了 DNA 的三条带，证明 DNA 的复制是以半保留的方式进行的，也就是说亲代的两条链随着 DNA 的复制分别进入到两个 DNA 分子中，即子代中有两个 DNA 分子中分别有一条链是亲代的链。

这是 2016 年新课标 I 卷 29 题 3 小题的考点，更应引起学生的重视。通过层层分析，学生不仅能够自己得出结论：DNA 是半保留复制及半保留复制的特点，同时还能感受到科学探究的魅力。

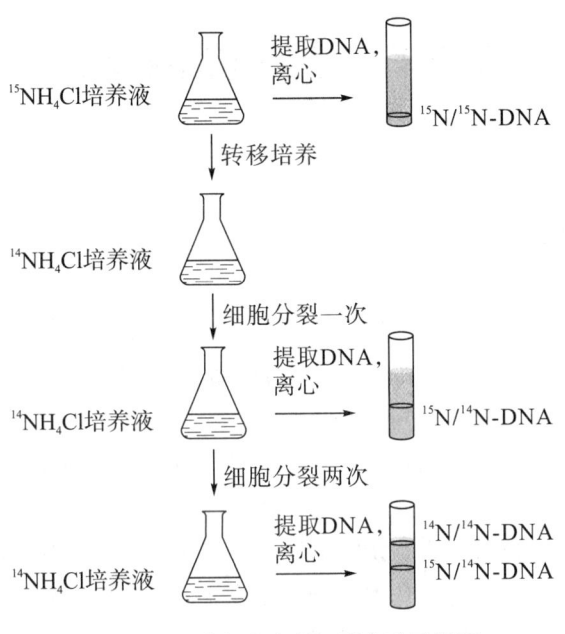

图 7-10 半保留复制证明实验示意图

3. 教学讨论

现代科学研究的基本步骤是：观察或实验→发现问题→提出假说→设计实验→进行实验→分析实验结果，根据设计实验演绎出预期的实验结果。如果预期实验结果与得到的实验结果两者不相符合，就进一步修正假说，重新设计实验，进行实验；如果预期实验结果与得到的实验结果两者相符，假说合理并得出结论。假说是设计实验的原理，预期实验结果是根据假说进行演绎得出的；实验结果并不直接证明假说本身，而是证明依据假说所演绎的预期实验结果是否正确。

事实上，DNA 复制方式的提出与证明，就是典型的假说－演绎过程。蛋白质的空间结构呈螺旋形，克里克和沃森受此启发，在构建 DNA 模型时，他们推想：DNA 结构或许也是螺旋形的。照此推理，他们演绎修改了原来构建的 DNA 模型，并与 DNA 分子的 X 射线照片进行反复对照，最终证实了他们推理的正确性。在那篇著名的"DNA 分子双螺旋结构"论文的末尾，克里克和沃森写道，在提出碱基特异性配对的假说后，我们立即又提出了遗传物质进行复制的一种可能机理。紧接着，他们在发表的第二篇论文中提出了遗传物质自我复制的假说：DNA 分子复制时，双螺旋解开，解开的两条单链分别作为模板，根据碱基互补配对原则形成新链，因而每个新的 DNA 分子中都保留了原来 DNA 分子的一条链。这种复制方式被称为半保留复制。1958 年，科学家运用同位素标记法，以大肠杆菌为实验材料完成了该实验。其实验结果与假说－演绎推导的预期现象一致，从而证实了 DNA 以半保留方式复制。

第三节　模型与建模塑造

一、定义与要素

模型是人们为了某种特定的目的而对认识对象所作的一种简化的概括性的描述，这种描述可以是定性的，也可以是定量的；有的借助于具体的实物或其他形象化的手段，有的则通过抽象的形式来表达（陶忠华，2006）。

模型的教育意义需要通过构建来实现。构建指建立模型的过程，是一个思维与行为相统一的过程。构建活动中，往往需要进行观察或实验，需要进行归纳和演绎，需要运用已有知识进行假设、模拟、将复杂的事物进行简化、抽象出其本质属性，需要将头脑中抽象的概念具体化、形象化并身体力行（谭永平，2009）。在生物学教学中，生物模型可以分为物理模型、概念模型、数学模型等。

二、途径

模型与建模是中学生物学课程中重要的教学手段、学习方式与思维方法，教师在教学中要引导学生正确认识模型，并运用文字、图示等构建模型来描述、解释或预测生命现象及生命活动规律，通过模型与建模塑造，发展科学思维，落实生命观念，培养学生的生物学学科核心素养。在实际教学中，教师首先应当明确生物模型的类型，基于不同类型的生物模型，采用适当的建模方法和步骤来进行模型与建模教学。

（一）明确生物模型的类型

高中生物学中涉及的模型主要是物理模型、数学模型和概念模型（施问华，2007）。

1. 物理模型

物理模型是以实物或图画形式直观反映认识对象的形态结构或三维结构，这类实物或图画即为物理模型。实物模型常见的有DNA双螺旋结构模型、真核细胞亚显微结构模型等，图画模型则有C_3、C_4植物叶片结构示意图、三倍体无子西瓜的培育过程图解、池塘生态系统模式图等。物理模型的特点是：实物或图画的形态结构与真实事物的特征、本质非常像，大小一般是按比例放大或缩小的。物理模型是一种比较直观的表现形式，既包括静态的结构模型，也包括动态的过程模型，如教材中学生动手建立的减数分裂中染色体变化的模型、血糖调节的模型就是动态物理模型。

2. 概念模型

概念模型是以图示、文字、符号等组成的流程图形式对事物的生命活动规律、机理进行描述、阐明。如动植物细胞的有丝分裂、减数分裂图解、光合作用示意图、中心法则图解、过敏反应机理图解等。概念模型的特点是图示比较直观化、模式化，由箭头等符号连接起来的文字、关键词比较简明、清楚，它们既能揭示事物的主要特征、本质，又直观形象、通俗易懂。

3. 数学模型

数学模型是用来表达生命活动规律的计算公式、函数式、曲线图以及由实验数据绘制成的柱形图、饼状图等。如酶的活性变化曲线、种群增长曲线、微生物生长曲线，还有种群密度计算公式、组成细胞的化学元素饼状图等。

（二）运用建模教学策略，培养学生的模型与建模能力

凡是涉及模型构建、模型使用、模型评价和修正的教学都可以称之为建模教学。建模教学策略（赵萍萍，刘恩山，2019）的步骤主要包括：

1. 明确模型构建目的

要求建模者能全面理解模型的功能，从而确定构建模型的作用和目的。模型的功能主要包括描述、解释和预测。模型可用于描述难以直接观测到的太大或太小及人工难以控制的事物或现象，可用于解释事物发生的原因和机理，还可用于预测事物的发展趋势。基于以上3个功能，建模者就容易理解构建模型并非是手工制作，而是为了帮助人们描述、解释或预测事物和现象，从而更有目的性、针对性地构建模型。

2. 选择和使用合理的模型表征方式

在明确模型构建目的后，需将模型用合理的方式呈现。常见的表现形式有实物、视觉、符号、语言和行为手势等，并可将不同的形式自由组合，从而更全面多样地表现模型。

3. 构建模型

在此过程中，教师需聆听并可参与学生的讨论，及时发现学生的疑问和困惑，有助于后续建模教学的顺利开展。

4. 检验和评价模型

建模完成后，需基于一定的评价标准审视该模型。促使建模者反思模型和模型所表征事物之间的关系是否科学正确，有助于建模者真正地理解和运用知识，并表达自己的观点。

5. 修正模型

基于模型评价产生的优、缺点或改进建议，对模型进行修改或更新，从而最终达成建模目的。

5个步骤并非完全单向线性,而是可循环操作的。如若在第3步构建过程中发现模型的表征方式不合理,可返回第2个步骤,重新思考选择合理的模型表征方式。

(三)模型的构建

上面是模型构建的一般程序,但是不同类型的生物学模型在构建时有各自的程序,存在一定的差别。下面分别对三种生物模型的构建程序进行说明。

1. 物理模型的构建

物理模型的构建大致可以分为以下几个程序:

(1)熟悉所构建对象的结构组成和空间构象;

(2)选取合适的构建材料,选材的原则是:相仿、方便、实用、简易、醒目易识别;

(3)确定适当的模型及构件的比例和大小;

(4)制作模型的构件;

(5)构件组装;

(6)对照复查,微调完善。

人教版高中《生物学》教材中物理模型构建的内容包括:"尝试制作真核细胞的三维结构模型""建立减数分裂过程中染色体变化的模型""制作DNA双螺旋结构模型"。教材中明确指出的物理模型构建内容虽然不多,但是还有很多内容也可以通过构建物理模型的方法来解决,教师需要深入研究教学内容,创造性地开展物理模型构建活动,如"蛋白质结构模型""生物膜的流动镶嵌的物理模型""物质跨膜运输模型""有丝分裂过程中染色体的变化"等。

在实际教学中,教师可根据实际情况让学生在课堂上进行模型制作,也可以让学生在课后完成物理模型制作,在课堂展示并评价。由于实物物理模型的构建相对复杂,学生独立完成难度较大,特别是对于初学者或者难度较大的物理模型,因此在教师的指导下,学生可以通过小组合作的方式完成物理模型制作。如"模拟减数分裂过程中染色体的变化"这一实例(陈燕,王磊,2017)。

实验材料:不同颜色橡皮泥、剪刀、白纸、中性碳素笔。

教师可先让学生看书自学模拟减数分裂过程的模型制作后,再进行分析评价,若学生接受能力较弱,教师则可采用先讲后做,以达到进一步理解和巩固的目的。

活动一:每4名学生为1个学习小组,分别制作有丝分裂的间、前、中、后、末、子细胞图。

活动二:仍以小组为单位,分别制作减数第一次分裂的前、中、后、次级精母细胞、第二次分裂的前、中、后、子细胞图。

要求:以2对同源染色体为例,同源染色体的大小应相同,2种不同颜色代表其来源;姐妹染色单体中间用绿色橡皮泥相连。制作完毕后按照先后顺序黏在一张大的纸板上。

师生共同对学生的模型进行修改、分析和评价。教师展示学生制作的模型，请其他学生比较、分析图解，找出减数分裂过程中染色体和 DNA 数目变化的规律。这样使学生由物理模型总结出概念，再上升为抽象的数学模型，完成对减数分裂本质的认识。

2. 概念模型的构建

不同学者对于概念模型的构建有不同的见解，现阶段对于概念模型构建主要按照以下步骤进行（梁希平，2017）：

（1）明确所构建对象的特征、原理、规律及注意事项等；

（2）勾勒出概念模型的框架，选择能够揭示规律和联系的关键词和核心词，可以忽略次要的结构；

（3）将圆圈和框图以及反映规律的核心词和关键词进行合理的布局，并用箭头等符号将关键词连接起来，在箭头上注明联系动词或行为动词；

（4）对照、修饰后，将完整的概念模型绘制出来。

高中生物学课程中的模型构建活动，其主要意义是让学生通过尝试建立模型，体验建立模型中的思维过程，领悟模型方法，并获得或巩固相关生物学概念。例如，教师根据教材的要求，利用相关材料（卡片等），让学生构建了血糖调节的动态物理模型之后，还要在此基础上构建血糖调节的概念模型才真正达到了活动目的（李华，2016）。建立血糖调节概念模型，先要引导学生预习血糖平衡调节的基本原理，思考三个问题：①血糖平衡调节过程中涉及哪些概念？②这些概念之间有怎样的联系？③血糖平衡是如何实现的？画出图解式模型。学生经过思考、讨论写下了血糖、胰岛素、胰高血糖素、胰岛 A 细胞、胰岛 B 细胞、胰岛等概念，然后将这些概念进行排列，画出了模型图（图 7-11）（周雪峰，2010）。

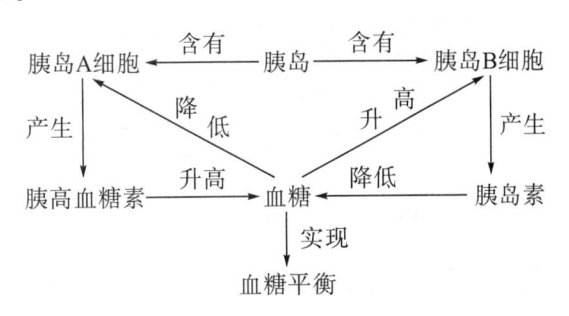

图 7-11 血糖调节概念模型

在教师的指导下，进一步丰富血糖调节的概念模型（图 7-12）。

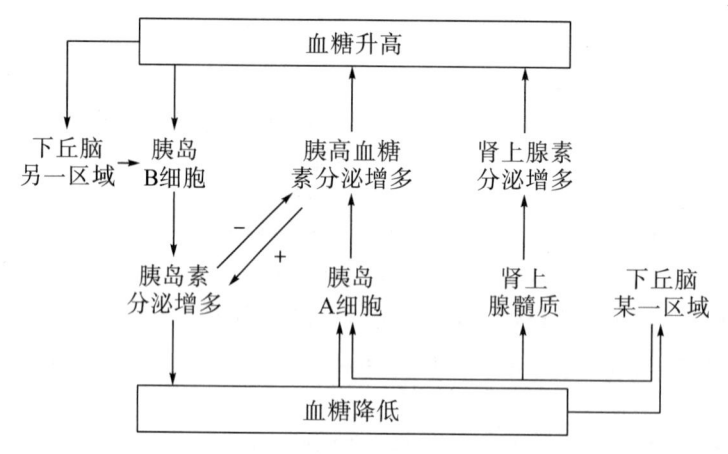

图 7-12 血糖调节的概念模型

通过构建概念模型，学生进一步了解胰岛素与胰高血糖素的作用，理解血糖平衡调节的机理。最后应用概念模型，进行知识升华，学生以小组为单位讨论以下问题：①当机体不能产生充足的胰岛素时，将会发生什么情况？②长时间饥饿导致死亡的主要原因是什么？③利用模型分析减肥的有效措施有哪些？(李华，2016)

3. 数学模型的构建

建立生物学的数学模型有三个基本问题：①如何将实际问题转换为数学模型？②如何设计模型中的未知参数？③如何根据观察数据对已建立的模型做出一些判断，如某些关系是否成立？建模的一般步骤为：准备、假设、建模、检验（验证和修正）、应用（方咸围，陈海英，陈志伟，2007）（图7-13）。

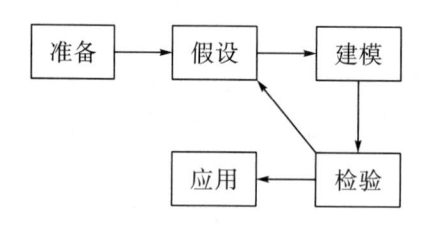

图 7-13 建模的一般步骤

探究培养液中酵母菌种群数量变化的实验，要求学生具有构建数学模型的思想和方法。该模型的构建可按以下步骤进行：

(1) 建立数学模型的准备。明确目的：探究酵母菌种群数量动态变化的规律。

(2) 建立数学模型的假设。预测酵母菌种群数量变化趋势，假设"在资源、空间无限和不受其他生物制约的理想环境中，酵母菌的种群增长不会受种群密度增加的影响"。

(3) 建立数学模型。在营养和空间没有限制的条件下，酵母菌繁殖个体数呈指数增长（即：1个酵母菌繁殖 n 世代，数量为 2^n 个），如图7-14所示，用图形表示即为"J"形曲线。

(4) 数学模型的检验。在实验的条件下，酵母菌生存的空间和营养资源是有限的，当酵母菌密度增大时，种内竞争就会加剧，这就会使酵母菌种群的繁殖率降低，死亡率增高，酵母菌种群的增长就会受到限制，该实验数据用坐标图表示出来，就会呈"S"形曲线。图 7－14 中"J"形曲线与"S"形曲线之间的阴影部分，就表示环境阻力。

(5) 数学模型的应用。知道了在实验培养的条件下影响酵母菌种群增长的因素，就可以调控其生长，符合实验目的。

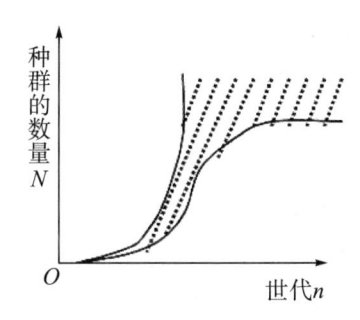

图 7－14　酵母菌种群的增长方式

三、案例

案例：基于概念模型构建的"生态系统的能量流动"一节（节选）的教学设计（陈鹏，2018）。

（一）教学过程

1. 创设情境，激发学习热情

呈现稻谷收割季节随处可见的"禁止焚烧秸秆"宣传标语图片，并提出问题："秸秆有哪些用途？"引导学生分析、讨论秸秆中所包含的能量，引入课题。

2. 温故知新，做好学习铺垫

学生共同回忆必修 1 教材中细胞呼吸、光合作用流程图中相关生理过程、能量形式，为学习宏观的生态系统能量流动做好准备。

3. 分析案例，构建概念模型

以具体的秸秆所在的农田生态系统为对象，以林德曼的赛达伯格湖能量流动图解为案例。通过分析以 ^{14}C 为标记的 CO_2 的同位素在农田生态系统成分中的出现顺序、形式、途径等，并结合物质转换过程中的能量转化，实现由物质到能量的迁移，构建能量流动概念模型；以林德曼的赛达伯格湖具体案例为实验依据，通过与构建的能量流动概念模型进行比较，对构建的模型进行校验并形成概念模型；最后通过现实生活中的具体实例，从能量流动角度应用模型进行解释和分析，达成学习目标。

4. 同位素标记分析，构建模型

以秸秆所在的农田生态系统为例，通过 ^{14}C 为标记的 CO_2 的同位素在不同生态系统成分中出现的先后顺序、形式、借助的生理过程,并结合物质是能量的载体这一生命观念,分析能量在不同生态系统成分中的流动过程,构建模型。

教师活动1:呈现农田生态系统典型生物类群(农作物、鼠、蛇),引导学生进行问题探讨:①用箭头表示同位素在3种生物中出现的先后顺序;②在3种生物体内^{14}C以怎样的形式出现?又要借助于怎样的生理过程才能实现?③能否出现在生态系统的其他成分——分解者、无机环境中?又是以怎样的形式出现?必须借助怎样的生理过程?引导学生以同位素标记法为切入点,探讨生态系统中的物质转换过程。

学生活动1:结合前面所学知识内容,写出食物链,完成问题探讨,标出以$^{14}CO_2$为起点在农田生态系统各成分中与^{14}C转换相关的物质存在形式和相应的生理过程。

设计意图:以同位素标记法为切入点,以物质分析为载体,首先引导学生通过物质转换的分析,为能量的转化分析做好铺垫。

教师活动2:在物质转换的基础上,反问:今天的课题要讲能量流动,但一直分析的是^{14}C标记的CO_2的物质转换,哪里有能量流动?到底有没有?真的没有吗?借助知识回忆内容中对于光合作用、细胞呼吸生理过程中能量的转化关系,引导学生在以物质为载体的前提下,进行蕴含的能量转化的分析(图7-15)。

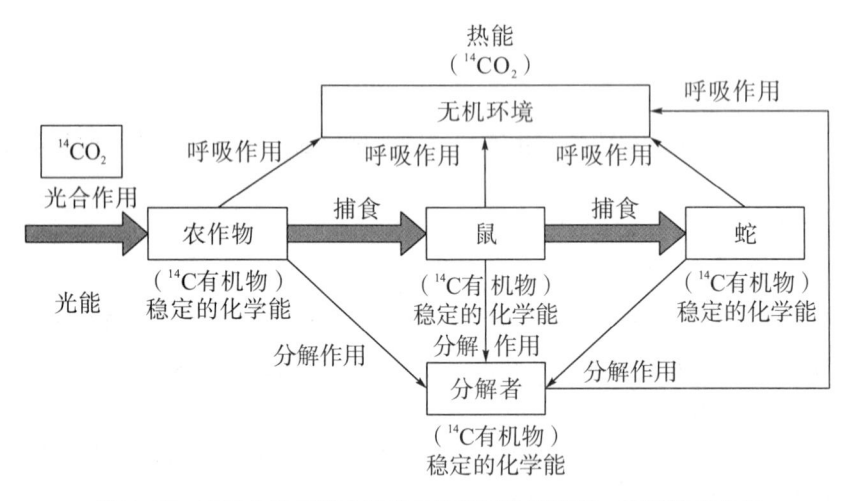

图7-15 农田生态系统食物链各营养级物质转换、能量转化分析

学生活动2:联系知识回忆内容,对^{14}C标记的CO_2的物质转换过程中蕴含的能量流动过程进行分析、讨论。

设计意图:基于学生最近发展区,以物质转换为外在显性线索,分析伴随的内在隐性能量转化过程,使学生形成能量转化是以物质转换为前提和载体的生命观念。

教师活动3:以农田生态系统中的其他同营养级生物为例设置问题,让学生演绎推理它们的能量流动情况,进行归纳、总结,构建能量流动概念模型,并通过问题巩固模型。

学生活动3:分析、归纳得出农田生态系统中的不同营养级生物的能量流动情况,构建能量流动概念模型。借助问题分析、讨论，加深对模型的理解。

设计意图：概念的形成、模型的构建要基于大量的事实依据，因此以其他生物并推而广之到某一营养级生物的能量流动情况，构建能量流动概念模型。

5. 利用赛达伯格湖案例校验模型

以赛达伯格湖的能量流动定量分析图为实验依据，通过表格对该案例进行定量分析，了解赛达伯格湖的能量流动情况；并通过表格对能量流动概念模型及赛达伯格湖的实验数据从过程、特点两个方面进行分析、比较，校验模型。

教师活动1：展示赛达伯格湖能量流动定量分析图，设计表格（表7-4），让学生完成数据填写，并计算能量流动传递效率。

表7-4 赛达伯格湖能量流动分析表 [单位：J/（cm²·a）]

成分级	输入能量	输入下一营养级能量	呼吸作用散失	分解者利用	未利用	能量传递效率
生产者						
植食性动物						
肉食性动物						

注：能量传递效率为输入下一营养级的能量与本营养级能量的比值。

学生活动1：完成表格，并对能量流动过程传递效率进行计算。通过整理、计算数据，了解赛达伯格湖的能量流动过程。

设计意图：在构建能量流动概念模型的基础上，通过对赛达伯格湖能量流动过程的定量分析，收集具体案例数据，为模型校验提供依据。

教师活动2：设计表格（表7-5），引导学生对构建的模型和实际案例进行比较分析，判断模型的科学性、正确性，校验模型，得出实验结论。

表7-5 能量流动概念模型和赛达伯格湖能量流动案例比较分析表

	包含的生态系统成分	能量流动的渠道	系统输入的总能量	各营养级能量的输入途径	各营养级能量的输出去向	能量流动特点
能量流动模型	生产者、消费者、分解者、非生物的物质和能量	食物链食物网	生产者固定的太阳能	光合作用、捕食	1. 呼吸作用散失 2. 下一营养级利用 3. 分解者分解	单向流动、逐级递减
赛达伯格湖案例						
是否一致						

学生活动2：依据表格，完成理论模型和实际案例的比较，校验模型，得出实验结论。

设计意图：构建的理论模型正确与否，需要实验现象和数据的验证。通过表格对比理论模型和实际数据的一致性，对模型进行校验，得出结论。

6. 比较分析，形成模型

在比较理论模型、实际案例数据的基础上，对模型进行修正，形成生态系统能量流动的正确概念模型（图7-16）。

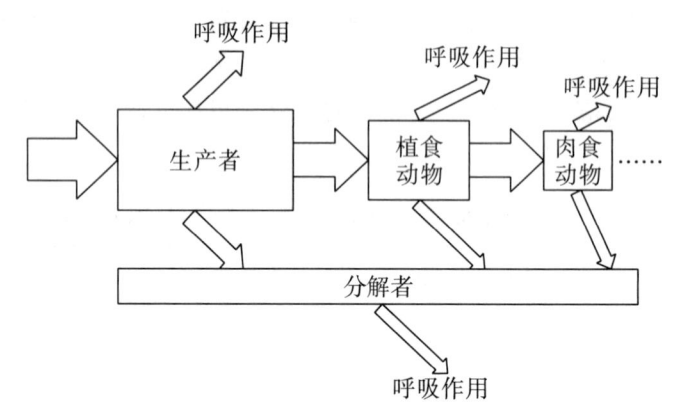

图7-16　生态系统的能量流动概念模型

教师对模型进行简化和说明，使学生形成正确的生态系统能量流动模型和概念。

学生借助问题，对模型进行分析、说明，理解模型。

设计意图：归纳总结得出正确的生态系统能量流动概念模型。

7. 构建物理模型、解释现象原理、应用模型解决实际问题

通过对能量金字塔物理模型的构建及现实生活中相关应用领域的现象和原理的解释，让学生应用生态系统的能量流动概念模型解决实际问题，加深对模型原理、特点的理解。

教师活动1：提供白纸、3种不同颜色的其他纸、胶水、剪刀。不同颜色代表不同营养级生物，纸片大小表示所含能量多少（传递效率为20%），构建第一、第二、第三营养级之间能量多少的物理模型。

学生活动1：小组合作，动手完成用纸片表示第一、第二、第三营养级生物之间能量多少的物理模型构建。

设计意图：学生通过亲自动手构建模型，体会能量流动过程的特点。

教师活动2：展示实际生活中相关现象或应用，让学生运用能量流动相关知识进行说明和解释：①虎等大型肉食动物容易成为濒危物种；②饲养牛、羊等动物，成本低、产量高；③农作物栽种时要及时清除杂草；④依据草场的实际情况，确定载畜量；⑤农村将秸秆做饲料喂牲畜，将牲畜粪便用于沼气发酵。并进行点评。

学生活动2：运用生态系统能量流动概念模型相关知识进行解释和说明。

设计意图：通过对现实生活中相关实例的分析和说明，加深学生对能量流动的理解，并体会研究生态系统能量流动的现实指导意义。同时借助最后一方面的应用

引入对于粪便中能量的讨论，进而突破能量流经第一、第二营养级情况差异这一难点。

教师活动3：展示概念图（图7-17），让学生将与第二营养级相关的能量概念按照相互的大小、包含关系填入概念图中相应位置：摄入的能量、固定的能量（同化量）、用于生长发育繁殖的能量、呼吸作用散失的能量、粪便中能量。

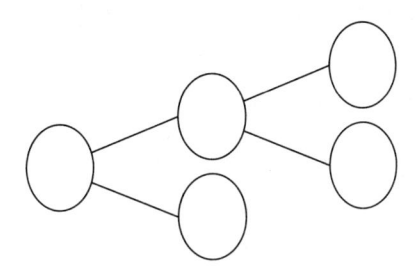

图7-17　第二营养级各能量概念大小关系

学生活动3：通过小组分析、讨论各能量概念的含义、大小关系，完成概念图。

设计意图：借助概念图这一直观形式表示能量之间的相互包含关系，帮助学生理解能量流经第二营养级的具体情况，突破难点。

本节课以物质转换分析为切入点，在此基础上进行能量转化的分析，并在整个教学过程中以完整的概念模型构建为线索，借助具体的案例、现实应用和概念图，帮助学生理解相关内容、突破难点、达成学习目标，较为顺利地使学生形成物质能量观，体会概念模型构建的一般过程。

第四节　批判性思维塑造

一、定义与要素

关于批判性思维的定义，国内外并没有一致的看法。国外两个最具影响力、适用范围较广的定义，一个是由罗伯特·恩尼斯（Robert Ennis）提出的，他认为批判性思维是为决定做什么或相信什么而进行的合理的反省思维；另一个是彼得·法乔恩（Peter Facione）等人提出的，他们将批判性思维定义为有目的的、自我校准的判断，这种判断表现为解释、分析、评估、推论，以及对判断赖以存在的证据、概念、方法、标准或语境的说明。

我国刘儒德教授基于罗伯特·恩尼斯的观点认为"批判性思维指对所学的东西的真

实性、精确性、性质与价值进行个人的判断,从而对做什么和相信什么作出合理决策"(刘儒德,2000)。钟启泉教授认为"批判性思维"(Critieal thinking)是指"对于某种事物、现象和主张发现问题所在,同时根据自身的思考逻辑地作出主张的思考"(钟启泉,2002)。

批判性思维是由批判性思维技能和批判精神(批判性思维倾向)两个方面构成的。批判性思维必须以一般性思维能力(如比较、分类、分析、综合、抽象和概括等)为基础,同时还要具有一些特定的批判性思维技能。批判精神(批判性思维倾向)就是有意识地进行评判的心理准备状态、意愿和倾向。它可激活个体的批判性思维意识,促使个体朝某个方向去思考,并作审视的眼光来看待问题(刘儒德,2000)。批判性思维技能与思维倾向的具体内容如下。

(一)批判性思维技能

批判性思维技能包括解读、分析、评估、推论、解释、自我校准这六个方面。概括地说,进行批判性思维就像评论家和法官那样进行审、查、判、断。

(二)批判性思维倾向

批判性思维倾向,指个体自觉运用批判性思维技能,有意识地进行批判性思维活动的心理准备状态、意愿和倾向。包括求真、思想开放、分析性、系统性、自信心、好奇心、明智七大要素。

虽然学者们对于批判性思维的定义众说纷纭,但是综合国内外研究者们的观点不难发现,批判性思维的本质是怀疑、分析和批判,其显著特征是质疑、反思和自觉运用批判性思维。敢于对事物、观点或问题提出质疑,并基于证据、概念等对特定观点或问题进行自主、独立的思考与理性分析,最终形成自己的判断,并能够将其合理规范地表达出来。

生物学教学中,批判性思维不是盲目的批判和质疑,它的形成以生物学知识为支撑。它应该是在对生物学知识、科学方法等的认识基础上,有意识地对生物学有关问题或观点提出质疑或论证,对生物学现象、规律等进行判断。

二、途径

在生物学教学中,教师可以通过以下一些途径培养学生的批判性思维能力。

(一)运用对话法,培养学生的批判性思维能力

对话法,有时又称"苏格拉底法",教师像苏格拉底那样提出问题,引发学生的好奇心,激起他们的探究欲,并使他们得出自己的结论并检验自己的结论,应用自己归纳出的概念,考虑其他的理论或解释,尝试解决其他问题的方法(陈振华,2014)。

美国得克萨斯州的教师和学者经过长期的实践,提出了批判性思维培养方法——系统性苏格拉底诘问法,即"中心议题+七步课堂教学法"(图7-18)。

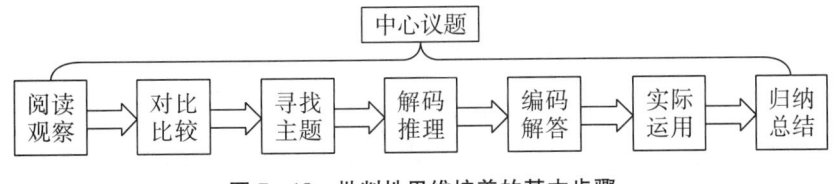

```
                    ┌──────中心议题──────┐
阅读观察 → 对比比较 → 寻找主题 → 解码推理 → 编码解答 → 实际运用 → 归纳总结
```

图7-18 批判性思维培养的基本步骤

具体地说,教师首先要提出一个中心议题,说明进行课程的理由,激发学生投入课程的兴趣,然后围绕议题再进行这七个教学步骤:

步骤一:阅读观察。需要运用的技巧有归类、识别,教师给出详细的学习资料,引导学生观察和分析资料。

步骤二:对比比较。寻找相似点与相异点,通过比较、找出关联性、类推找到资料中异同。

步骤三:寻找主题。找出全面性的主题或关系,通过分类、整合能够预先概括所学习的主题,引导学生重新构建知识结构。

步骤四:解码推理。通过学生对学习内容的解码、推测,学生对要学习目标的把握。

步骤五:编码解答。学生能够通过编码结合本节课学习的知识回答学习目标要解决的问题。

步骤六:实际运用。运用推论、计划、应用等环节将学习的新知应用到新的场景中,做到学以致用。

步骤七:归纳总结。通过元认知学习让学生自己总结,实现知识的升华。

(二)基于生物科学史,培养学生的批判性思维能力

质疑是批判性思维的前提和显著特征,在生物学教学中,学生要敢于对生物学有关现象或观点提出质疑并发表自己的见解。生物科学本身就是一部科学发展史,生物科学史是历代生物学家们智慧的结晶,展示了他们的探究过程,而这个过程正是在不断的批判、质疑和论证中前进的,因此生物科学史是培养学生批判性思维的重要素材。例如细胞学说的建立、生物膜流动镶嵌模型的建构、光合作用的发现、遗传定律的探究过程、摩尔根果蝇实验证明基因位于染色体上、DNA双螺旋结构的探索过程,都是很多科学家在不断地质疑和论证中实现的。在教师的引导下,学生跟随科学家的脚步,去感受科学探究的过程,体会科学家们的思维过程,可以有效地培养学生的批判性思维能力。

在科学史教学过程中培养学生批判性思维可按照图7-19实施(蒋选荣,2017)。

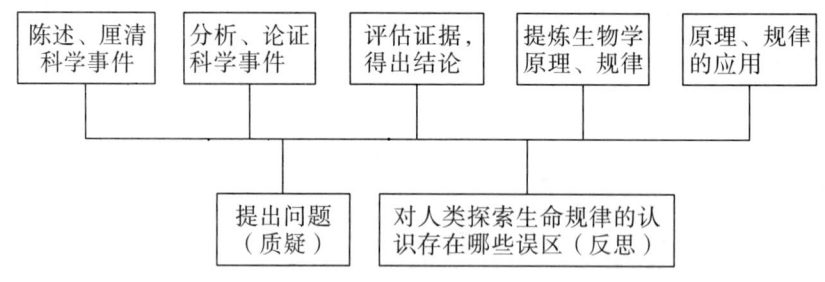

```
┌──────────┐  ┌──────────┐  ┌──────────┐  ┌──────────┐  ┌──────────┐
│陈述、厘清 │  │分析、论证 │  │评估证据，│  │提炼生物学 │  │原理、规律│
│科学事件   │  │科学事件   │  │得出结论  │  │原理、规律 │  │的应用    │
└──────────┘  └──────────┘  └──────────┘  └──────────┘  └──────────┘
                    │                              │
              ┌──────────┐              ┌────────────────────┐
              │提出问题  │              │对人类探索生命规律的认│
              │（质疑）  │              │识存在哪些误区（反思）│
              └──────────┘              └────────────────────┘
```

图 7-19　科学史教学过程培养学生批判性思维流程图

生物科学史一般编排在教材章节内容的前或后，与章节教学内容相关，反映生物科学重大发现或新理论提出的研究过程，涉及技术进步、科学探究（实验、方法）、提出假设（理性思维）过程。例如，人教版必修 1 教材"细胞学说建立过程"科学史分为 4 个部分，依次为"从人体的解剖和观察入手""显微观察资料的积累""科学观察和归纳概括的结合""细胞学说在修正中前进"。教学过程中对科学史的应用存在 2 种情况：课后阅读材料、课堂教学素材。课后阅读材料的使用可作为课堂教学内容的补充；课堂教学素材可创设为教学情境，为具体知识内容的教学提供支架，也可作为教学素材对教学内容进行延伸、拓展。

如图 7-19 所示，利用科学史组织教学，首先要引导学生梳理科学史实（事件），在此基础上论证科学事件的关联性，评估研究结论的科学性，归纳提炼生物学原理和规律，运用原理和规律解决或解释生物学问题。在运用科学史材料组织教学的过程中，启发学生对证据、推理、结论等产生质疑，提出问题，组织辩论，反思认识的缺陷。在此基础上，归纳提炼原理、规律。批判性思维的培养过程不仅在"破"（质疑、反思），还要引导学生"立"（创新），即对生物学规律、原理重新认识。以"细胞学说建立的过程"为例（表 7-6），阐述培养批判性思维的过程。

表 7-6　"细胞学说建立过程"教学设计

教学设计	具体内容	问题	反思
陈述	1. 细胞学说理论构建过程 2. 显微镜观察微生物结构应用	细胞学说的发现过程体现了科学研究哪些特点	1. 对细胞学说内容的认识上存在着什么误区 2. 细胞学说对人类认识生命世界有什么意义
论证	1. 细胞构成动、植物结构基本单位的科学证据 2. 科学证据之间的关联性 3. 理论假设的逻辑性	在发现细胞学说的过程中，科学家研究方法或理论思维可以做哪些改进	
结论	细胞学说的主要内容	细胞学说有哪些新的发展	

续表7－6

教学设计	具体内容	问题	反思
提炼	除了病毒，一切生物的组成单位是细胞	细胞学说反映了生物界具有多样性还是统一性	
应用	从细胞水平认识和分析生物学现象，解决生物学问题	在解决生物学问题过程中产生的新问题	

（三）运用辩论法，培养学生的批判性思维能力

研究发现，辩论可以形成学生的批判倾向。辩论在批判性思维方面的目标主要在于鼓励学生从多种角度看问题，鼓励学生对回答问题的各个视角的优缺点进行开放性讨论和批判。鉴于此，教师应鼓励和要求学生在课堂上进行辩论，让他们把辩论看作有趣的、有关的和生动的教学方法。实际上，学生们非常喜欢辩论这种教学法（沈卓义，2012）。生物学中涉及很多社会热点问题，如生物技术与工程的安全与伦理问题——生殖性克隆人、试管婴儿、转基因食品与转基因技术等，课程标准要求学生关注这些生物学相关问题，能够发表自己的观点并展开讨论。因此教师可组织与生物学有关的社会热点问题的辩论活动，既培养学生的批判性思维能力，发展科学思维，同时帮助学生增强社会责任感。

例如，通过组织开展"转基因生物与食品安全"课堂辩论赛，学生基于已有的基础知识和原理，同时收集整理辩论资料，借助辩证思维，对辩题做出全面深刻的透视，准确地把握争议点、切入点和立足点，以据说理、以理服人，体现自己对转基因食品安全性问题的见解，培养独立思考的品格和团队合作的意识，既使得课堂轻松有趣，又能充分锻炼质疑和批判性思维精神（辛光珠，潘龙龙，2018）。

三、案例

案例：中心议题＋七步课堂教学法——以"有丝分裂的实验教学"为例（刘怡，2019）。

（一）中心议题的确立

在真实的生物学问题情境中思考、解决问题，是形成批判性思维的有效途径。传统的有丝分裂实验教学中，教师往往忽视了情境的创设，直接告诉学生要观察的是洋葱根尖的分生区，学生只需按照实验步骤一步一步进行操作即可，这样的教学方式为学生提供的是现成的结论，缺少了问题的探究，也没有运用批判性思维。可以借鉴美国《生命的动力》教材中"洋葱根尖细胞的有丝分裂过程"实验的情境创设，先提出研究背景，告诉学生：有丝分裂使细胞增殖，维持生物生长。然后提出研究的问题：有丝分裂在全身是以相同的速度进行的吗？在哪一部分发生得更多？随之提出实验目标是观察洋葱根

尖两个不同部位的细胞，在每个部位找出有丝分裂的各个阶段，研究不同部位的有丝分裂过程。通过简单的问题情境的创设，确立了本节课的中心议题，将验证性实验改为探究性实验，更能激发学生的问题意识和学习兴趣，吸引学生的好奇心，激励学生主动参与到探究的过程中来。

（二）批判性思维七步骤

实验结果的分析和讨论是实验教学的关键环节，也是发展科学思维和科学探究素养的重要途径。指导学生根据教材中的实验步骤制作好洋葱根尖的临时装片后，可以采用培养批判性思维的七步课堂教学法展开教学。

1. 阅读观察

阅读观察是学生获取信息的第一步。首先，需要学生仔细观察装片中不同部位的不同细胞，找出处于不同分裂时期的细胞，通过拍照、画图、计数等方式记录实验结果，然后通过个别或小组提问、讨论等方式引导学生自主学习，教师可以为学生提供辅助的教学材料（如照片、模式图等），还可以以图示的方法介绍实验步骤，更加直观明了，帮助学生迅速地获得所需要的信息。在获取信息的过程中，学生会逐渐产生不同的问题，形成质疑的氛围，启动批判性思维。

2. 对比比较

获取了相关信息之后，需要通过对比等方法对信息进行一定的处理。在本实验中，学生可以将自己观察到的不同部位或不同时期的细胞进行比较，将制作的临时装片与永久装片进行比较，也可以将实验结果与其他小组观察到的结果进行比较，还可以与教材中的实验图片进行比较，从而清楚地认识和辨别出不同时期的细胞及有丝分裂过程中染色体行为的变化，也可以发现自己实验操作过程中可能存在的问题。通过对比，找出相关知识之间的关联性和不同点，可以锻炼学生的逻辑思维能力、分析与比较的能力，发展科学思维。

3. 寻找主题

这一步主要目的是帮助学生分类梳理其所学习的内容，组织或重建知识结构，培养归纳推理能力。基于核心素养的教学强调要基于事实和现象建构概念，并能运用这些概念解释生命现象。本实验的完成，学生观察到了有丝分裂的具体过程，能够进一步促进学生对"细胞是通过分裂实现增殖的""有丝分裂保证了遗传信息在亲代和子代细胞中的一致性"等核心概念的理解，将实验教学和核心概念的学习有机整合成一体，在实验现象的基础上形成概念，同时又利用相关概念来解释实验现象。

4. 解码推理

这一步鼓励学生破解教材编写的意图。在本实验中，可以设计以下问题启发学生思考讨论：

①制作洋葱根尖细胞临时装片的步骤顺序能否调换？

②解离、漂洗、染色、制片的目的分别是什么？

③解离、漂洗、染色分别采用了什么试剂，为什么用这些试剂？

④各步骤操作的时间能否改变？

⑤洋葱根尖哪个区域进行有丝分裂的细胞更多，哪个区域生长更为迅速？

⑥你是否找到了有丝分裂各个时期的细胞，若没找到应该怎么做？

⑦你能否观察到细胞有丝分裂的动态过程？

⑧你制作的装片和永久装片以及其他同学的装片有何不同？

学会质疑是批判性思维的起点，通过设计问题串的方式来引导学生质疑，可以让学生更深入透彻地理解教材，实现教学目标，也引导学生运用批判性思维思考生物学问题。

5．编码解答

这一步要求学生在解码推理的基础上，运用所学的知识对以上提出的问题给出合理的解释或答案。如果学生的答案不明确，教师必须鼓励学生进一步观察、推理和验证。当学生答案有误时，教师应该让其陈述理由，一步一步引导其推理、思考，直至得出满意的答案为止。学生暴露出的错误是培养批判性思维的良好资源，教师要重视这些错误情况，及时纠正学生的错误认识。

例如，漂洗的目的是洗去解离液，防止解离过度，而学生常常误以为漂洗的目的是避免盐酸会和龙胆紫发生酸碱中和反应。实际上龙胆紫溶液是呈酸性的，之所以称为碱性染料是由于其助色基团电离后所带的电荷为正电荷而定的。如果学生有进一步探究的意向，可以让学生对不同的观点进行实验论证。论证是批判性思维的核心，问题探究的过程正是寻找证据、论证观点的过程。在编码解答问题、思考论证问题的过程中，学生能够全面深入地理解本节课的目标和要义，落实本节课的教学目标。

6．实际运用

在进行科学论证时，最好的证据就是来自科学观察、科学实验所获得的科学事实。

例如，学生在实验过程中可以观察到间期的细胞数量比分裂期的细胞数量多，不同细胞的染色体数目可能不同，各个时期细胞的染色体或结构变化，动植物细胞有丝分裂的异同等。利用实验观察到的现象为课堂教学服务，能为知识的建构提供直接的证据。也可以利用实验的结果让学生进行数据分析，通过列表、画图等方式对各个时期细胞的数目进行统计，推测细胞周期的持续时间等，来发展学生的科学思维。还可以引导学生提出新的问题。例如：动物细胞的有丝分裂临时装片可以如何制作？能否通过改变实验材料、解离液的浓度、染色剂的配方或浓度等方法来改进实验方案？然后让学生分组讨论，设计实验，写出实验思路并开展新的实验研究。这个过程要求学生在新的问题情境中去解释生物学现象，揭示生物学规律，并用文字、图示、模型等方式进行表达，在形成批判性思维的基础上，学会运用批判性思维去解决实际问题。

7．归纳总结

实验完成后，应该让学生养成自我反思和归纳总结的习惯，在交流与表达中让学生分享学习的收获。学生可以在实验报告中记录下：本次实验成功的关键是什么？失败的原因有哪些？对实验方法或步骤有哪些改进的建议？给出的答案可以是具体的，也可以是抽象的，通过归纳总结，学生批判性思维能力将得到进一步提升，同时也为思维的创新奠定基础。

第五节　创造性思维塑造

一、定义与要素

创造性思维是创造性认知品质的核心，他通常与常规思维相对而言。常规思维指人们运用已获得的知识经验，按现成的方案和程序直接解决问题的心理过程。而创造性思维则是用超常规方法，重新组织已有知识经验，产生新方案和新成果的心理过程。其主要特征有以下五点（张大均，2011）。

（1）流畅性，指在给定时间内能产生、联想起更多的观念。

（2）变通性，指能超越习惯的思考方式，在更广阔的视角下开创各种不同的思路，展示众多的思考方向。

（3）独特性，指善于对信息加以重新组织，产生不同寻常、与众不同的见解。

（4）综合性，指创造性思维是各种思维的综合，是抽象思维和形象思维、发散思维与聚合思维、逻辑思维与非逻辑思维相互作用而出现的整体思维功能。

（5）突发性，指创造性思维往往在时间上以一种豁然开朗标志着某一突破的获得，通常表现出一种非逻辑性的特征。

创造性思维能力是其他思维方法的基础，又是其他方法的升华，是学习者在学习的过程中，发现矛盾，并通过创造想象进行解释、论证，从而获得新知的一种思维方式。创造性思维从本质上讲，是一种具有开创性质的探索未知世界的过程；狭义地讲，创造性思维是在对已知事物有了一定的了解的基础上，对事物的发展进程有了新奇的、独特的见解的过程（刘柳，2019）。

在生物学教学中，教师要帮助学生以生物学知识和科学方法为基础，基于归纳与概括、演绎与推理等思维，进行创造性思维塑造，发展科学思维。

二、途径

在生物学教学中，教师可通过设疑问难、生物学实验教学以及课外实践活动等途径来培养学生的创造性思维能力。

（一）通过设疑问难，培养学生的创造性思维能力

亚里士多德曾说："思维是从疑问和惊奇开始的"，问题是思维的起点，有问题，才有思考。正如著名教育学家陶行知先生所言："发明千千万，起点是一问。"

在教学中，教师先要创造和谐民主的教学氛围，鼓励学生质疑问难，要根据学生已有的认知结构和思维层次，有意识地制造矛盾，设疑问难，从设计有效问题到引导学生分析与解决问题的过程中，培养学生的创造性思维能力。

教师在讲完"顶端优势"后，向学生提问："果树修剪、棉花适时打顶为什么能提高产量？"学生讨论后得出结论：果树修剪、棉花打顶是为了打破顶端优势，使侧枝生长良好。教师乘势追问："所有的植物都要打破顶端优势吗？梧桐树长到一定的高度打顶，会更好地遮阴吗？松树、杉树长到一定高度打顶，会获得高大的木材吗？"（胥杰，2011）教师有意制造冲突，引起学生注意并积极思考问题，这要比教师直接阐明打破顶端优势和利用顶端优势的效果好得多。值得注意的是教师设计的问题必须合乎学生的实际，由浅入深，循序渐进。否则，不但矛盾解决不了，而且还会挫伤学生的积极性。

（二）通过生物学实验，培养学生的创造性思维能力

生物学课程是一门以实验为基础的学科课程，教师要重视生物学实验教学，通过实验教学帮助学生掌握基本的实验操作技能，深入理解生物学相关知识，体验科学探究的过程，领悟科学方法。同时实验也是培养学生创造性思维能力的途径。生物学教科书中安排了不少实验，但是结合各地区、各学校的具体情况，在实际教学中一些实验存在改进的空间，教师应鼓励学生创造性地参与实验，创造性地改进实验，如实验材料、实验试剂用具以及实验步骤的改进，通过实验改进既可以激发学生学习兴趣，同时可以促进学生对相关知识的理解与迁移，培养学生的创造性思维。

例如：在"可溶性还原糖鉴定"的实验中，学生做完实验后，熟悉了教科书上关于此实验的过程，教师根据实验存在的不足鼓励学生大胆质疑，提出改进的方法（周兴盛，2007）。

又如，在进行"种子的萌发需要的外界条件"这个实验时，教师经常按照教科书的实验操作步骤把一种种子分别放于不同的外界湿度、不同温度和有无被水浸泡的条件中进行实验。实际上，教师也可以让学生用多种种子进行实验，观察种子萌发的情况。学生发现，绿豆种子在水下也出现萌发的状况，与实验前认为的种子完全泡在水下不会萌发的设想不一致！这时，教师马上引导学生进行思考，分析其中的原因，让学生明白种子萌发需要的空气是"足够"即可，不需要完全暴露于空气中。从而拓展了相关知识，培养了学生的创造性思维能力（徐建华，2019）。

（三）通过课外实践活动，培养学生的创造性思维能力

生物学课堂教学与课外实践活动是整个生物学教学过程中密切联系的两个环节，统

一于整个教学过程中，相互促进，相得益彰。学生在课堂上固然能获得一定的知识和技能，但有目的的课外实践活动可以打破课堂教学的常规限制，获得丰富生动的表象，从而加深对生物学知识的理解。课外实践活动富有实践性和创造性，十分有利于发展学生的智力和能力。在实践活动中，无论是标本的采集还是种植或养殖生物，都会让学生仔细观察分析各种生命现象，并查阅大量资料，通过思考总结去说明和解决一些生物学问题。这既能锻炼学生的观察能力，又能促进学生的自学能力、思维能力及独立解决问题能力的发展（黄裕兰，2007）。

三、案例

案例：ATDE 创造性思维教学模式的应用——以"降低化学反应活化能的酶"一节中"酶的特性"的教学为例（梁嘉声，2013）。

ATDE 创造性思维教学模式是陈龙安教授在总结吉尔福特、帕尼斯、泰勒等人的模式的基础上提出的一种培养学生创新思维能力的教学模式，该模式由问（Asking）、想（Thinking）、做（Doing）、评（Evaluation）4个要素组成，其模式如7-20图所示。

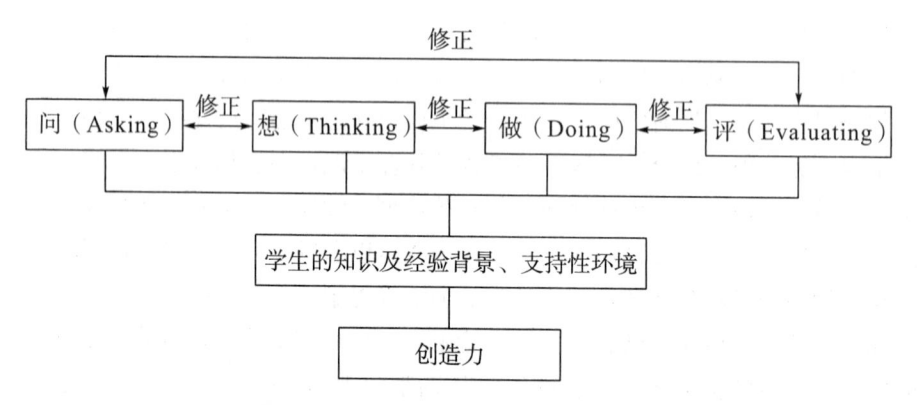

图 7-20　ATDE 创造性思维教学模式图

根据本模式的理念，教师可以按照"四环节"的思路来设计教学流程，下面以"降低化学反应活化能的酶"一节中"酶的特性"的教学为例加以说明。

（一）第1环节：问

问——收集与人体健康有关的资料，吸引学生注意，同时通过设计问题串，引导学生联系已有知识，允许学生提供多种答案，培养学生的创新意识。

1. 创设情境

（1）资料1：酶在生物体的生命活动中发挥着重要的作用，如果消化道中没有酶，仅靠胃肠的蠕动，消化一顿饭大约需要 50 年的时间，而在各种消化酶的作用下，只需几个小时。

(2) 资料2：人的正常体温始终维持在37℃左右，体温升高时机体会出现一系列的症状；孕妇的持续高热是导致胎儿发育障碍的重要因素之一；对于6个月到4岁的幼儿来说，高烧不退引发的惊厥可能会致其脑部损伤，引起智力落后，表现为对周围环境适应能力弱、出现不同程度的学习困难、注意力不集中、自制能力差等。

(3) 资料3：唾液淀粉酶、胃蛋白酶、胰脂肪酶等消化酶都是在消化道中发挥催化作用的，消化道中不同部位消化液的pH不一样，如唾液的pH为6.2~7.4，胃液的pH为0.9~1.5，小肠液的pH为7.6。部分人由于胃和十二指肠部位出现慢性炎症或长期精神紧张等原因，导致消化液分泌不足或者食管、胃、十二指肠蠕动功能失调而出现消化不良，此时可以通过服用助消化药（如多酶片）进行治疗。多酶片有2层，外层包裹普通糖衣，含胃蛋白酶；内层则包裹肠溶衣（不被胃酸破坏，接触肠液后才溶解），含胰脂肪酶、胰淀粉酶、胰蛋白酶，有助于食物的消化。服用多酶片要注意方法，如果用热水送服会影响药效，若将多酶片嚼碎或捣烂服用不仅会使其失去疗效，还会导致其中的消化酶粉剂残留在口腔中，进而刺激口腔黏膜，引起口腔溃疡。

(4) 资料4：当人误食了含有重金属的食物或有机磷农药（如敌百虫、敌敌畏等）后会引发中毒，出现肌肉震颤、瞳孔缩小、多汗、心跳减慢等症状，此时应立即让病人大量喝入牛奶或豆浆，并送往医院做进一步治疗。

2. 提出问题

(1) 从资料1可以看出酶具有何种特性？（封闭性问题，学生从教材中很容易找到答案）

(2) 根据资料2思考？你有过高烧不退的经历吗？请描述一下你当时的感受。（联系实际生活，答案具有开放性，学生一般可以答出头晕、头痛、食欲不振、昏昏欲睡等）

(3) 高烧引起食欲下降和脑部损伤的原因是什么？（紧接上一问题"顺理成章"地设问，对于学生合理的解释，教师都应该及时地肯定和鼓励；由于学生已经具备了"绝大多数酶是蛋白质"的知识基础，经教师的引导可得出"酶的活性受温度影响"的结论）

(4) 根据资料3思考：胃蛋白酶进入小肠后是否还能发挥作用？你能说出多酶片必须制成双层药片的原因吗？（培养学生对信息的筛选、重组与分析能力）

(5) 资料4说明了什么问题？（适度拓展，酶活性除与温度、pH有密切关系外，还受有机溶剂、重金属离子的影响）

(6) 如何设计实验探究影响酶活性的条件？说出实验设计的总体思路。在这些实验中，自变量、因变量、无关变量分别是什么？如何控制无关变量和检测因变量？选择你所需要的试剂（教师通过幻灯片展示教材第84页中提供的材料用具），并用表格将你的实验方案展示出来。

（二）第2环节：想

想——以问题（6）为例，教师可组织学生进行分组讨论，给予学生充足的时间进行交流，教师收集典型方案并进行分类、投影。

在这个环节中，学生提出的方案可谓"五花八门"，例如：

（1）在探究温度对酶活性的影响时，至少有一半的学生选择了用H_2O_2溶液和肝脏研磨液进行实验，有的学生选用了淀粉与淀粉酶，并将两者混合后分别放置在不同温度下进行处理，最后用斐林试剂检测是否有还原糖的生成。

（2）在探究pH对酶活性的影响时，有不少学生选用了淀粉和唾液淀粉酶；而在选用H_2O_2溶液和过氧化氢酶的学生中，有部分学生认为应先向各组的H_2O_2溶液中加入肝脏研磨液后，再注入不同pH的溶液，等等。

教师对这些构想进行点评时应遵循"延缓判断"原则，对不同的方案先不急于作出最终评价，而应该要求学生认真比较、发现差异，然后带着问题进行实验。

（三）第3环节：做

做——学生动手操作，教师进行巡视，检查各小组的实验执行情况，纠正学生不规范的操作，收集学生的反馈信息，进行因材施教。

在本阶段，笔者设计了如下流程：

（1）学生按照自己设计的方案进行实验，发现有部分实验达不到预期的效果，此时笔者要求学生运用所学理论知识探寻原因，作出假设，并设计实验进行探究。例如：在探究pH对酶活性的影响时，先向唾液淀粉酶溶液中加入NaOH溶液，然后注入可溶性淀粉溶液，37℃保温5min，最后滴加碘液，发现溶液并不变蓝，原因是什么？是因为淀粉酶在碱性条件下活性较高，还是因为NaOH使碘液失效，或者是淀粉在碱性条件下分解了？如果用唾液淀粉酶探究温度对酶活性的影响，沸水处理组的实验结果是溶液没有出现颜色变化（预期结果为变蓝），如何解释这种现象？是由于淀粉酶在沸水中仍有很强的活性，使淀粉彻底水解，还是因为高温使淀粉与碘液作用后的生成物分解了？

（2）安排专门的时间，运用"头脑风暴"策略，鼓励学生积极发表意见，锻炼学生的创新思维，必要时可将此环节延伸到课后。实践证明，只要为学生提供足够的机会，学生思维的闸门一旦打开，其思维的闪光点就会像引发多米诺效应一样连续涌现，带来意想不到的惊喜。例如：

①一名学生提出：由于用斐林试剂检测还原糖时需要水浴加热，因此将之用在"探究温度对酶活性的影响"这一实验中是不妥当的，但是，只要设法将溶液中的还原糖分离出来，则完全可以通过加入斐林试剂来确定淀粉是否水解；同组另一名学生则建议：能不能将淀粉和淀粉酶混合液装入一个用半透膜制成的袋子中，放入清水中进行保温，然后取一定量清水并加入斐林试剂，以此来检测还原糖（葡萄糖）的存在？但此观点提

出后立即遭到不少学生的质疑：争论的焦点在于淀粉酶是否能将淀粉水解成葡萄糖。这些学生认为，唾液淀粉酶催化淀粉水解的产物为麦芽糖而非葡萄糖，麦芽糖不能透过半透膜，因此该方法的科学性与可行性值得怀疑。课后学生通过互联网和到图书馆查阅专业书籍，获取了一系列相关信息：淀粉酶是一个总称，其类型较多且功能各异，如α—淀粉酶（将淀粉切割形成相对分子质量较小的糊精）、β—淀粉酶（切下2个葡萄糖单位即麦芽糖）、葡萄糖淀粉酶（将淀粉最终水解为葡萄糖）、α—1，6—糖苷酶（切下侧链形成直链糖）等，可见，如果选用葡萄糖淀粉酶做实验，上述方法可望取得成功。

②有学生争论说：探究pH对淀粉酶活性的影响时，以"是否有还原糖的生成"作为观察指标是可行的，只要在加入斐林试剂之前，向3组溶液中加入碱溶液以消除盐酸的影响即可；此时又有一名学生顺着这个思路指出：斐林试剂即新制的$Cu(OH)_2$，可以充当"碱溶液"的角色，如果斐林试剂加入过量（例如是盐酸用量的2倍），溶液中未与盐酸反应的$Cu(OH)_2$就能起到检测还原糖的作用……

总之，学生在动手操作的过程中，往往能提出教师"始料不及"的问题或想法，这就对教师的专业知识水平和课堂驾驭能力提出了挑战，对于学生课堂上生成的有价值的问题以及创新思维成果，教师应小心翼翼地加以保护，沉着耐心地进行引导，客观科学地实施评价，让学生感受探究的喜悦，体验创新的快乐，只有这样，才能营造出自由、活跃的教学氛围，打造激情四射的高效课堂。

（四）第4环节：评

评——学生共同评鉴、修正、完善实验方案，教师组织学生将各人的意见加以归纳整理，并根据最合理的方案再做一次实验。

虽然此过程经历的时间相对较长，但能通过观察真实的实验现象诱发学生探究的动机，在相互交换意见的过程中引发质疑，学生的印象比较深刻。另一方面，"评"也应包括教师对学生课堂表现的综合评价。在此过程中，教师应避免将自己的目光局限在"学生能否获得与预期一致的结果"这一硬性指标上，而应该以"学生能否运用已有知识圆满地解释实验中的意外现象，能否提出科学的、创造性的方案去验证自身设想的正确性"作为评判的重要标准，力争从多个视角、不同的层面去审视每一位学生，敏锐地发现学生思维的闪光点，努力地挖掘学生的创新潜力，充分体现学生的个性。

第八章　生物学教学启迪

第一节　微型课教学

一、微型课简介

微型课是一节教学环节完整、教学要素齐备的常规课的浓缩版。教学内容集中，一般突出为某一个知识点或一节课内容的某一个方面；教学形式简单，一般没有学生，只是面对评委授课；教学性质上，具有甄别评估功能。

由于时间短、任务重、要求高，执教者须精选教学内容，突出学习主题；精简教学环节，突出学生活动；精炼教学主题，突出思维引导；精致教学亮点，突出专业功底。

微型课的设计要把握以下几点：

首先是学习分工。学生能通过自主学习、合作学习掌握的基本内容，不妨放手，这样既可以让教师把注意力集中到难点解析、主题引导上，又可以节省时间，简化学习过程。

其次是活动设计。尽管现场没有学生，但教师要让评委有"现场感"，要做到心中有学生，这就要课堂活动有对话、有提示、有小结、有评价。

再次是板书设计。一是板书能体现教学基本功，二是板书能体现知识认知度，三是如果板书能够和学法指导相结合，与课堂小结相结合，板书就成为展示教师学识见解、讲课水平的绝佳机会。

最后是课堂小结。有效导学的秘诀之一就是小结，小结能够提炼线索，归纳要点，升华认知，感悟哲理。课堂小结的要求是语言简洁、表述流畅、概括全面、理解深刻。

二、中学生物学微型课案例展示与评析

(一) 初中生物学微型课案例展示与评析

1. 初中生物学微型课案例展示

案例：验证绿色植物光合作用产生氧气。

1. 教材分析

选自人教版《生物学》七年级上册第三单元第五章。本片段以"验证绿色植物光合作用产生氧气"为核心，从绿色植物生命活动的角度，促进学生进一步认识光合作用在生物圈中的重要意义。

2. 学情分析

七年级的学生对绿色植物并不陌生，但对其生命活动的认识不够全面。并且该年龄段学生的思维不够缜密，独立设计并完成本片段的探究活动难度较大，因此在教学过程中，需要教师适当地加强引导。

3. 教学目标

（1）经历演示实验的探究表达与观察分析，认可光合作用产生了气体，且为氧气。

（2）通过观察演示实验的过程，获得规范的实验操作技能，初步认同科学实验原则在探究实验中的价值。

4. 教学重难点

重点：验证绿色植物光合作用产生气体，且为氧气的过程。

难点：验证绿色植物光合作用产生氧气的实验设计与原理。

5. 教学方法

主要的教学方法为谈话法。

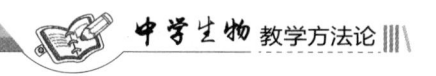

6. 教学过程（表8-1）

表8-1

时间	教师行为	预设学生行为	教学设计意图
0～1min 【环节一】 冲击震撼， 激趣导入	【活动1】展示图片，师生交流 (1) 城市的"风光"图片资料。 (2) 某城市车水马龙景象以及烟囱林立，烟尘弥漫的高能耗低产出工业区景象。 (3) 峨眉山天然"氧吧"森林生态图片。 师生交流：峨眉山为什么被称为天然"氧吧"？这个称号是怎么得来的？ 以此，激发学生有向挖掘旧知	自主观看城市与景点图片，聆听教师讲解，思考并回答问题、感受比较其区别	引起注意、激发探究的兴趣
	【活动2】旧知回顾，旧中生疑 组织学生回忆"绿色植物通过光合作用制造氧气"旧知，在此基础上，旧中生疑，创设如下问题，引导学生进入本节课"验证光合作用产生氧气"的学习	回忆之前所学内容，交流表达	引导建构知识联系
	【问题组1】 (1) 为什么峨眉山是天然氧吧？ (2) 绿色植物光合作用真的能产生氧吗？ (3) 我们能否用实验证明光合作用产生氧气呢？ （板书：验证绿色植物光合作用产生氧气）	猜测、思考，根据生活常识和已有知识回答问题，激发探究	产生探究问题，形成学习期待
1min～5min 【环节二】 初步演示， 建立本质	【活动3】设计实验，进行验证 组织学生对光合作用产生氧气做出假设，并介绍收集氧气的实验装置及其原理，引导学生根据氧气的特征设计实验对光合作用产生氧气进行验证	根据分析思考与教师一起提出问题，并做出假设	说明启思，为实验做铺垫
	【活动3-1】做出假设，分析装置 提出问题：绿色植物通过光合作用能产生氧气吗？ 做出假设：绿色植物通过光合作用能产生氧气。 展示并分析实验装置：教师展示并简单介绍和说明实验装置： 绿色植物——金鱼藻作为实验的主要材料。氧气比空气重且不易溶于水，所以，漏斗、试管须装满水并倒扣有利于收集纯氧气。因为光照是光合作用不可缺少的条件，所以装置须放到阳光下照射。见书P123《演示实验》 金鱼藻　烧杯、水　漏斗、试管 木条、打火机　澄清石灰水	聆听老师介绍实验装置，并思考如何设计实验	出示介绍装置，帮助学生培养科学的基本素养

续表8-1

时间	教师行为	预设学生行为	教学设计意图
	【活动3-2】设计实验，交流认同，观察、分析现象 学生小组设计：观察学生设计实验情况，并进行适当指导	小组讨论、交流设计实验方案，可用文字或画图在纸上呈现。并在交流的基础上，形成科学认同	基于探究问题，激发合作学习，形成科学探究意识，增强学生自主设计能力
	【活动3-3】进行实验，观察现象（现象如下图所示） (1) 金鱼藻在光下产生气体。 (2) 小木条在收集的气体中复燃。 (3) 木条燃烧一会儿又熄灭。 (4) 燃烧后的气体使澄清石灰水变浑浊。 (板书：过程与现象)	观察教师演示实验，聆听教师针对性的讲述	操作示范实验、指引学生观察，以期培养学生科学的严谨性与规范性
	分析现象： 在观察每一实验现象的基础上，教师根据每一现象适时设问	结合分层观察，针对教师适时问题的提出与讲解，进行探究分析	引导学生一步步理解实验过程，并培养学生探究的能力
	【问题组2】 (1) 金鱼藻产生气体是不是氧气？ (2) 产生的气体使木条复燃，能否肯定就是氧气？ (3) 木条熄灭说明了什么？ (4) 产生的新气体是什么？（教师适时提示点拨）	在教师的引导下，学生交流、分层回答，总结获得结论	语言表达、问题层层递进并获得反馈
	【小结答案】 教师在学生交流的基础上，归纳说明：上述实验产生的气体能够帮助木条燃烧，且燃烧后的气体能使澄清的石灰水变浑浊，说明它的成分是氧气。因为氧气帮助木条重新燃烧后，生成二氧化碳，二氧化碳能使澄清的石灰水变浑浊	聆听教师对实验的分析与总结，回忆实验过程，思考	引导学生收集信息、分析信息、整理实验问题，总结答案

续表8-1

时间	教师行为	预设学生行为	教学设计意图
5~7min 【环节三】 延伸实验， 强化验证	【活动4】仪器验证，得出结论 【再次验证】 通过测氧仪测量收集气体氧气含量，并组织学生将其与空气中氧气含量对比，收集气体氧气含量高得多，再次证明绿色植物光合作用产生气体为氧气 	观察测氧仪数据变化，对比测量空气与收集气体氧气浓度	再次验证，加深理解，强化认同
	【得出结论】 绿色植物光合作用产生气体为氧气。 （板书：结合以上板书，总结得出结论） 经历实验过程，引导学生观察现象，并以此情境创设相应的递进问题组，激发学生探究的欲望	回忆思考实验过程，得出结论	再次总结，加深理解
7~8min 【环节四】 归纳总结， 迁移设问	整合新旧知识，构建"光合作用会产生有机物和氧气"的新知识，回归导入，引导学生分析峨眉山得名天然"氧吧"的原因，及生物圈中碳氧平衡的维持，并衍生设置如下问题	聆听教师讲述延伸内容、感悟绿色植物重要性	将所学知识回归生活，将学科知识与生活现象紧密联系
	【问题组3】 (1) 绿色植物光合作用能够产生氧气，那么需要什么气体作为反应原料呢？ (2) 能否设计实验验证光合作用需要二氧化碳呢？ 通过新问题的提出，实现学生带着问题入课堂，延伸问题出课堂	回顾本课内容并思考教师提出的问题	整合新旧知识，延伸问题出课堂

续表8-1

时间	教师行为	预设学生行为	教学设计意图
附录：学案	人教版《生物学》七年级上册　第3单元　第5章 "验证绿色植物光合作用产生氧气"学案 1. 小组讨论，交流设计 　　请用文字或画图方式，利用以下器材完成实验验证绿色植物光合作用产生氧气的组装。 金鱼藻　　烧杯、水　　漏斗、试管 木条、打火机　　澄清石灰水	提示： 　Ⅰ. 金鱼藻（绿色植物）作为实验材料 　Ⅱ. 烧杯、水、漏斗、试管收集气体 　Ⅲ. 木条、打火机、澄清石灰水用来检验气体 2. 你的设计	

7. 板书设计

板书设计见图8-1。

验证绿色植物光合作用产生氧气

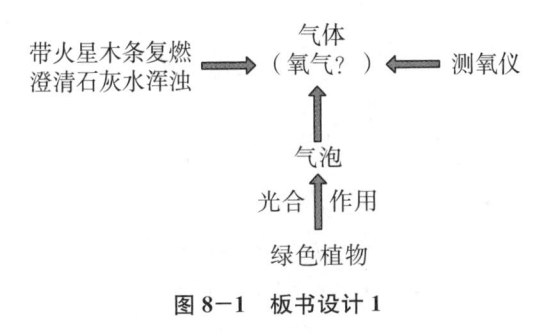

带火星木条复燃　　　　气体
澄清石灰水浑浊　→　（氧气？）　←　测氧仪
　　　　　　　　　　　↑
　　　　　　　　　　气泡
　　　　　　　光合 ↑ 作用
　　　　　　　　绿色植物

图8-1　板书设计1

2. 初中生物学微型课案例评析

"验证绿色植物光合作用产生氧气"的教学片段设计是针对人教版初中《生物学》七年级上册第三单元第五章：绿色植物与生物圈中的碳-氧平衡的教学内容制定的。设计的宗旨是通过课堂教学中形象的社会和自然相关情境素材的层次化展示、体验、分析、探究活动以及实验演示与讲解技能的有效表达，实现学生在活动过程中感悟现象、认识自然、建构知识、提高能力，从而真正意义上体现"以学生活动"为主体的有利于学生"科学素养"建构与提高的"学生主体"课堂。

从设计思路上来看，本方案的设计思路是：

（1）以学生熟知的城市环境、高污染工业区和峨眉山风景区良好的绿色自然环境素材以及学生的生活体验、教师展示演示实验，创设课堂教学情境，并以此情境创设相应的递进问题组：峨眉山为什么被称为天然"氧吧"？绿色植物光合作用真的能产生氧气吗？通过以上问题激发学生学习兴趣及探究欲望。

（2）由学生自主设计实验，再通过教师演示实验，引导学生观察现象、设问探究、分析归纳，逐步建立"绿色植物光合作用产生氧气"的认识。在设计方案的过程中锻炼了学生科学探究能力，在分析归纳的过程中提升了学生归纳与概括、表达与交流的科学思维能力，有利于生物学核心素养的达成。

（3）通过测氧仪测量收集气体氧气浓度并与空气中氧气浓度比较，从而通过数字的呈现，直接验证绿色植物光合作用产生氧气。

（4）归纳总结，迁移设问。

总的来说，通过以上相关情境素材的层次化展示、体验、探究和分析，导入课题的方式迅速有效，主线环节清晰、醒目，实现了学生带着兴趣进课堂，探究问题走课堂，延伸探究出课堂；实现了学生在活动过程中认识自然、感悟现象、建构知识、提高能力，从而真正意义上体现教师的主导性、学生的主体性。

此外，本微课的板书设计美观、精炼，结构动态化，能突出教学内容之间的联系与教学重点，板书的层次化结构利于学生建构科学概念。本微课的学案设计上，学案知识内容符合教学内容要求，且实验方案的设计，有利于学生锻炼与提升科学探究能力。

（二）高中生物学微型课案例展示与评析

1. 高中生物学微型课案例展示

案例：杂交育种。

1. 教材分析

选自人教版高中《生物学》必修2"从杂交育种到基因工程"。本节内容的核心是推理杂交育种的操作过程，认同杂交育种的原理，建构杂交育种与实际应用的联系。本片段既是分离与自由组合的延伸，也是将理论知识与现实应用相结合的关键环节。

2. 学情分析

高二的学生对分离与自由组合的知识有了一定的了解，但因经历与经验的不足，导致迁移架构杂交育种的知识与实际应用的联系很难。

3. 教学目标

（1）在教师的引导下，能利用"分离、自由组合"原理结合学案独立设计杂交育种的基本方案流程。

（2）分析杂交育种的过程，认同杂交育种的原理，并能说出杂交育种的优缺点。

4. 教学重难点

教学重点：杂交育种的操作过程。

教学难点：在实际应用中设计新品种时采用杂交育种的优缺点。

5. 教学方法

讲解法为主,进行推理探究;谈话法为辅,实现问题解决。

6. 教学过程(表8-2)

表8-2

时间	教师行为	预设学生行为	教学设计意图
0~1min 【环节一】 联系生活, 激需导入	以实际生活中炎热的夏季对水果(西瓜)的需求为导入,创设教学情境,在如下问题的讨论中导入新课 【问题组1】 (1) 在炎热的夏天你们想吃的水果是什么? (2) 你们想要什么品种的西瓜?如何培育? 根据学生对以上问题的讨论结果,引导学生利用预习的杂交育种知识,解决问题,进而提出本节课题——杂交育种 板书: 杂交育种 → 过程:	聆听教师导言,转变学习注意 学生讨论教师提出的问题,根据生活经验,思考问题 学生回忆预习的知识,开始将知识应用于方案设计中	联系学生熟悉的生活实例与经验,促进学生注意转换 利用学生的需求来引出课题,有利于激发学生的兴趣,将注意力快速转移至课堂上来,从而实现带着问题进课堂
1~4min 【环节二】 过渡假设, 经历设计	【活动1】设计选育新品种西瓜方案 组织学生利用杂交育种知识,进行西瓜品种育种的方案设计(提示:假设皮薄对皮厚为显性基因A,味不甜对味甜为显性基因B),计时3min 甲:皮薄味不甜　　乙:皮薄味甜 AABB　　　　　　aabb	学生利用假设的基因型,联系旧知,设计自己的杂交育种方案	教师引导学生经历分析,深层挖掘旧知信息的过程
	【活动2】展示学生设计选育新品种西瓜的方案 邀请一位同学上台在黑板上写出自己的杂交培育过程,并适时点拨,提出问题 【问题组2】 (1) 你们设计的方案和这位同学的一样吗? (2) 不一样的地方在哪儿? 组织学生对以上问题进行思考,寻找不同,激发求知欲望,为进一步完善方案设计做好铺垫	学生上台,在教师适时点拨下大概写出杂交育种方案的流程 学生们开始利用旧知,思考不同之处	学生通过自主学习与教师的讲解,运用旧知设计出自己方案的大概流程

续表8-2

时间	教师行为	预设学生行为	教学设计意图
4~6min 【环节三】 交流建构， 形成探究	【活动3】组织学生相互间交流讨论，完善设计方案 组织学生相互交流讨论（2min），补充完善自己的实验设计方案	学生开始将台上学生的方案与自己方案进行对比，寻找各自的不足。通过交流形成知识的补充并完善自己的方案	通过学生的交流，修改方案的不足。教师补充学生的表达，完善学生知识
	【活动4】学生展示方案并讲解，教师提示、总结并得出杂交育种的原理（基因重组） 请同学介绍自己的设计方案，并说明理由，教师适时给予提示，总结出杂交育种的原理。 板书： 杂交育种 → 过程： 　　　　　→ 原理：基因重组	学生跟随老师的提示总结并获得杂交育种的原理	为深层剖析杂交育种的优缺点做铺垫
6~7min 【环节四】 挖掘问题， 获得特点	引导学生分析杂交育种的流程，纠正学生介绍时的错误，并提出以下问题值	根据教师指出的错误，对自己的方案进行纠正，并思考教师提出的问题	
	【问题组3】 (1) 在子二代产生了新的性状，怎么判断选育的种子是纯合体？ (2) 新品种分别有哪些亲本没有的性状？这体现了杂交育种的什么优点？ (3) 从子一代到子二代，培育周期长吗？这体现了杂交育种的什么缺点？ 根据学生对以上问题的回答，引导其总结归纳杂交育种的优缺点。 杂交育种 → 过程： 　　　　　→ 原理：基因重组 　　　　　→ 优缺点：优点：可以将两个或多个优良性状集中在一起。 　　　　　　　　　缺点：育种过程缓慢。	学生通过对问题的思考和老师的讲解，总结归纳出杂交育种的优缺点	以问题组的形式，促进学生思考，引发学生回答问题。同时，教师对学生的答案进行补充，推动杂交育种优缺点相关概念形成

续表8-2

时间	教师行为	预设学生行为	教学设计意图
7～8min 【环节五】 联系实际， 设疑结课	根据杂交育种的优缺点，设置如下疑问，引起学生思考，结束课题	针对杂交育种的优缺点，学生开始回顾旧知，思考生长周期长的作物该怎样进行育种	通过实际生活的需要，引导学生探索适应于作物生长周期长的方法，为下节课学习诱变育种和单倍体育种等方法做好铺垫
	【问题组4】 生长周期长的作物还能用杂交育种吗？可用什么办法来缩短育种周期？		
附录： 学案	人教版 高中《生物》必修二 第6章 第1节 杂交育种 学案 1. 运用旧知，为瓜农设计一个皮薄味甜西瓜的育种方案。 P： 皮薄味不甜 AABB　皮厚味甜 aabb F_1： ？ F_2： ？ 目的作物：皮薄味甜 AAbb 2. 在选择F_2代性状重新组合的皮薄味甜西瓜中，因其基因型不确定（AABB、AaBB），如何确定选有的种子不会再产生性状分离。 3. 杂交育种优点_____，缺点_____，生长周期长的作物还能用杂交育种的方式有种吗？ 4. 回顾旧知，查阅资料，寻找其他办法短时间获得含有目标的性状的作物。 ①_____ ②_____ ③_____ ④_____

7. 板书设计

板书设计见图8-2。

杂交育种
- 过程：
- 原理：基因重组
- 优缺点：优点：可以将两个或多个优良性状集中在一起。
　　　　　缺点：育种过程缓慢。

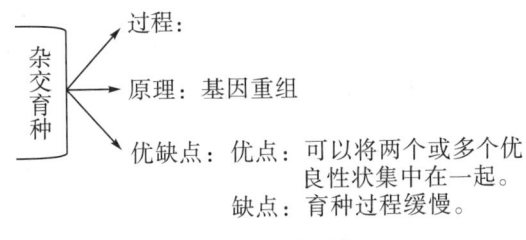

图8-2 板书设计2

2. 高中生物学微型课"杂交育种"案例评析

本片段从实际出发，以"寻求皮薄味甜的西瓜"为教学的情景平台，以夏季对皮薄味甜西瓜的需求为导入点，通过设计新品种的培育方案引出课题杂交育种。而后引导学生回顾旧知、过渡假设、经历设计，运用分离与自由组合的知识设计育种新方案。三、四环节，利用交流建构，形成探究，挖掘问题，教师通过讲解与提问，层层引导学生补充、完善育种方案，进而获得杂交育种的原理和优缺点知识。在体现有效推理性探究的过程中培养学生的科学思维。最后，联系实际应用，以寻求短时间获得目的性状的方法设疑结课。

总的来看，本节课是以"实际需要—经历设计—形成探究—挖掘问题"的路线进行讲解与结课，符合教学内容与学情的要求，以"回顾、思考、交流、推理"为学习活动，以讲解和问题组的形式完成杂交育种的概念构建和优缺点的深度理解，能够通过教学过程达成教学目标。以课堂知识与实际应用相结合，在实现科学探究和形成科学思维的过程中完成知识框架的构建，符合学生的认知发展水平与概念构建途径。并且，教学情境一境到底，从生活中发现问题、解决生活问题、再度回归生活发现问题，利于学生生物学核心素养中社会责任的培养。

此外，以思维导图的形式设计板书，在体现本节知识与知识间逻辑关系的基础上有利于学生对本节内容的内化和构建；学案的设计在内容上符合教学内容的要求，开放式问题的学案的使用锻炼了学生学以致用的科学思维能力。

第二节　常规课教学

一、常规教学

常规教学一般指的是按照学校教学计划在教室中仅仅对学生所进行的一节课教学，教学内容通常为一课时的内容，教学环节完整，教学要素齐备。

常规教学的细则包括制定计划、备课、上课、作业批改、指导实验、辅导、课外活动、学业考核与评价等。

一堂合格的常规课，包含课前准备、课堂教学、课堂练习、课堂活动等四个主要的方面。课前准备需充分，课堂教学需有效，课堂练习重形成性评价，课堂活动重生活化。

二、中学生物学常规课案例展示与评析

（一）初中生物学常规课案例展示与评析

1. 初中生物学常规课案例展示

案例：种子的结构与萌发。

1. 教材分析

"种子的结构与萌发"选自人教版《生物学》七年级上册第3单元第1章第2节及第3单元第2章第1节，本节课教学内容是将"种子的结构"和"种子萌发的基本过程"进行整合，对教材进行二度开发。该片段内容既是在宏观感知生物的特征和了解细胞基本知识的基础上，具体延伸认识器官及种子植物一生的开端，又是从器官到整体动态认识种子植物和构建种子植物整体性的基础。

2. 学情分析

七年级的学生对种子并不陌生，但对种子的结构以及结构地位的关系往往难以把握，他们对事物的观察往往处于静态的认知，难以将种子的结构与幼苗的萌发建立实质性联系，动态有序地认识种子植物及植物器官的生命统一性认知能力不足。

3. 教学目标

（1）经历对菜豆和玉米种子的解剖与观察，建立种子基本结构认知，认同种子结构完整性的意义。

（2）通过迁移、比较，能说出种子与幼苗萌发的关系，认同胚是种子的主要结构地位。

4. 教学重难点

教学重点：认同种子的结构及结构的地位。

教学难点：动态构建胚的概念及胚的地位。

5. 教学方法

以实验探究法为主，以谈话法、演示法为辅。

6. 教学过程（表 8-3）

表 8-3

教学环节	教师行为	学生行为	设计意图
环节一 现象比较 问题导入	【活动1】 教师展示不同的种子以及课前实验现象图，提出问题，引导学生思考，导入新课 【问题组1】 （1）你们认识吗？ （2）为什么经过处理的种子萌发后，要么没有幼根，要么没有幼芽和幼茎？ （3）种子究竟有什么结构呢？ （5）有哪些结构是与课前实验相对应的呢？ 【板书】 种子的结构和萌发	学生思考并回答问题	抛出问题，激发探究兴趣，从而导入新课
环节二 经历实验 初识结构	【活动2】 实验1：解剖芸豆种子和玉米种子。 教师播放操作视频后，学生分组对芸豆种子和玉米种子进行解剖，在学案上画出种子剖面图并依照教材标出所见结构的名称。学生展示学案，发现新问题 【问题组2】 （1）芸豆种子和玉米种子的结构一样吗？为什么？ （2）怎样才能让玉米内部结构看得更明显清晰呢？ 教师引导学生实验，实事求是地收集学生反馈，讨论交流，进一步制定实验计划 【板书】 种子的结构和萌发 芸豆种子：种皮、子叶、胚（胚芽、胚轴、胚根） 玉米种子：种皮（果皮和种皮）、胚乳	在教师的引导下，学生亲历解剖实验，自主认识和说出芸豆、玉米种子的结构	利用材料，规范操作，初步熟悉种子结构

续表8-3

教学环节	教师行为	学生行为	设计意图
环节三 再历实验 补充建构	【活动3】 实验2：解剖煮熟的萌发初期的玉米种子。 教师准备一根熟玉米棒，请同学现场啃玉米，引出"萌发的玉米种子的胚乳易剥离"。演示创新实验操作，学生进行解剖实验，分析实验现象，得出结论并补充学案 【问题组3】 (1) 再次观察，你发现了什么？ (2) 比较芸豆种子和玉米种子的结构，它们有什么异同点呢？ 引导学生结合生活经验进一步制定计划，解决问题 【板书】 种子的结构和萌发	充分利用实验材料，再次进行探究，归纳总结	通过创新实验材料和方法，由简单到复杂，逐步推进实验，再进一步思考。小组讨论，进一步认识种子内部结构
环节四 讨论分析 建立联系	【活动4】 回顾环节一，展示课前实验的现象图片，分析现象，讨论交流，建立胚与幼苗的联系 【问题组4】 (1) 种子的结构与萌发到底有什么关系呢？ 教师结合课前实验现象，组织学生讨论交流 【板书】 种子的结构和萌发	学生交流发表，获得认知，建立联系	根据图片，再次联系，巩固知识，最后形成建构
环节五 延展提升 迁移结课	【活动5】 教师展示种子阶段性萌发过程展示装置，学生观察种子萌发的过程，产生新疑问，为下节课铺垫。教师对学生进行生命教育 【问题组5】 (1) 种子是如何萌发形成幼苗的呢？ (2) 是先长出根，还是先长出叶和茎呢？	学生观察种子萌发装置，了解种子萌发的过程	延伸拓展，带着问题出课堂，迁移结课

教学环节	教师行为	学生行为	设计意图
附录：学案	种子的结构和萌发导学案 班级：_____ 小组：_____ 姓名：_____ 1. 本小组解剖的是_____种子，呈_____形，是_____色。 2. 用手轻轻剥去外层的皮，猜测它对种子有_____作用。 3. 画出种子剖面图并标注结构名称。 _____种子结构图		

7. 板书设计

板书设计见图8-3。

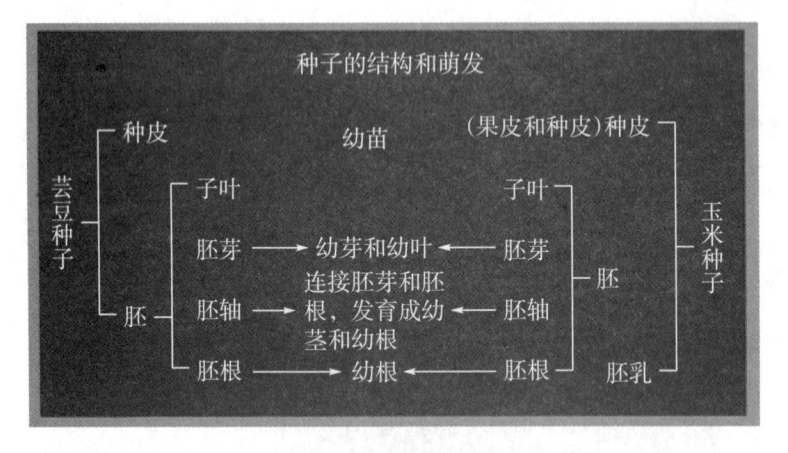

图8-3 板书设计3

2. 初中生物学常规课案例评析

本节课是以整合课前实验与课堂活动为学生课堂学习情境平台，以架构种子"静态"结构与种子"动态"萌发关系为思维发展的主线，以种子结构"胚"概念的有效构建为学习内容核心，以"经历实验观察—分层比较分析—整合认知建构"为主要学习过程，以"实验探究法-谈话法"为主要学习方法，通过对教材的二度整合，运用多样递进的教学形式，来架构"种子"与"幼苗"的关系，强化"胚"概念和地位的有效认同，促进学生知识、能力的自主构建，体现课堂的"动态性""生态性""生命性"。

本节课的亮点主要有实验材料及装置的改进——煮熟的萌发初期的玉米种子和阶段

性萌发装置；实验条件的改善——恒温箱萌发；实验过程的优化——兴趣小组、任务导学案。

总的来看，本节课教学设计体现出了"做中学—学中思—思中建""实验观察—比较分析—整合认知"的核心理念，充分体现了教学方法论的指导价值和意义。

此外，动态化结构板书设计既体现了本节课的教学内容与内容之间的关系，更突出了教学重难点，同时有利于学生思维的发展与概念的构建。

(二) 高中生物学常规课案例展示与评析

1. 高中生物学常规课案例展示

案例：种群数量的变化。

1. 教材分析

本课题选自人教版普通高中《生物学》选择性必修2第1章第2节。主要内容是在种群概念的基础上，经历"理想假设推理—实验数据验证—自然实例分析"构建种群数量变化的数学公式以及两种动态增长曲线，并对曲线图进行分析，以发现种群数量变化的生命价值，实现生物对环境适应性的认同。

2. 学情分析

学生已知种群的概念及基本特征，且具备较强数学思维和探究能力，并能利用静态、具象化信息分析建立抽象模型。但他们从静态、具象生物学信息建立动态、抽象认知思维不足，特别是基于增长曲线模型的有效认知、有效利用，延伸架构"生物对环境"的适应性进而建构生命观念不足。

3. 教学目标

（1）经历案例的分析、推理探究，动态建构"J"形和"S"形种群数量曲线增长数学模型。（生命观念、科学思维）

（2）基于两种模型的比较分析，认同种群数量变化的类型及生命价值。（生命观念、社会责任）

4. 教学重难点

教学重点：动态建构种群数量变化的数学模型，基于模型分析，认同生命观念。

教学难点：基于"现象—假设—验证—修正—认同"，动态建构种群数量变化的数学模型。

5. 教学方法

谈话法为主，结合讲解法与探究法。

6. 教学过程

环节一：案例分析，设问导入

【活动1】

教师呈现环颈雉的图片（图8-4），对其入侵进行描述，并结合以下问题组，导入新课。

图 8-4 入侵某岛屿的环颈雉图

【问题组1】
(1) 种群数量会如何变化?
(2) 变化有无规律可循?

【设计意图】

引导学生分析环颈雉入侵事件,提出问题,形成学习期待。

【板书】

种群数量的变化

图 8-5 板书 1

环节二:经历推理,建构"J"形

【活动2】

假设推理,初建模型。学生根据导学单内容,在教师引导下,以酵母菌为例,合作探究理想条件下种群数量变化的规律(图 8-6)。

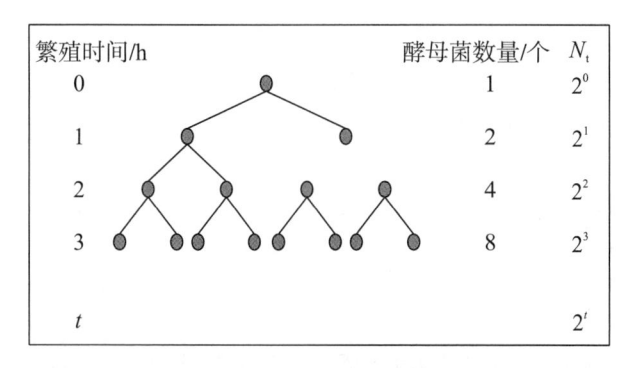

图 8-6 酵母菌繁殖数量变化示意图

【问题组 2】

(1) 得出了怎样的数学公式？

(2) 如何完善该公式？为什么？

【设计意图】

在教师引导下，学生经历假设推理，构建酵母菌种群数量变化的数学公式，提高推理探究能力。

【活动 3】

数据分析，验证模型。展示模拟酵母菌生存的理想条件下得到的种群数量变化的实验数据（表 8-4），对数据进行分析，验证数学公式，并利用几何画板建构"J"形增长曲线。

表 8-4 酵母菌种群数量记录表

时间 t（h）	0	6	12	18
种群数量 N_t（10^6 个/mL）	0.31	0.95	2.99	8.40
λ 值	—	1.21	1.20	1.20

【问题组 3】

(1) 三个 λ 数值接近，说明了什么？

(2) 种群数量增长速率如何变化？

【设计意图】

用实验数据验证数学公式，并合理运用几何画板工具将数学公式转化为曲线图像，直观反应种群数量的增长趋势，有效达成动态建模，培养学生模型与建模的科学思维。

【活动 4】

实例分析，修正模型。展示环颈雉入侵某岛屿一段时间的种群数量变化图，引导学生对其进行分析，结合如下问题组，区分实际"J"形增长曲线与理想"J"形增长曲线的异同点。

【问题组 4】

(1) 环颈雉入侵到较为理想的环境后,是否呈"J"形增长?

(2) 增长图像为什么会波动?

【设计意图】

通过区分实际"J"形增长曲线与理想"J"形增长曲线的异同点,修正"J"形增长曲线模型。

【板书】

种群数量的变化

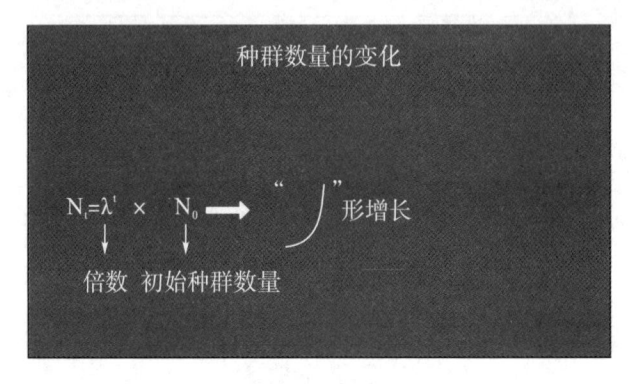

$N_t = \lambda^t \times N_0 \rightarrow$ "J"形增长

倍数　初始种群数量

图 8-7　板书 2

环节三:延伸推理,建构"S"形

【活动 5】

案例分析,构建模型。利用几何画板工具,动态演示酵母菌培养时间延长后种群数量的变化,从而构建"S"形增长曲线。

【问题组 5】

(1) 种群会一直保持"J"形增长吗?为什么?

(2) 若继续培养酵母菌,种群数量将如何变化?

【设计意图】

利用几何画板工具,再次演示种群"S"形增长曲线,强化数学建模思维。

【活动 6】

交流讨论,分析模型。引导学生根据种群"S"形增长曲线图像,分小组讨论并思考解决以下问题。

【问题组 6】

(1) 种群数量为何呈"S"形增长?

(2) 增长速率有什么变化?

(3) K 值是什么?有什么变化?

(4) 种群数量在何时增长最快?为什么?

【设计意图】

在"J"形增长曲线的基础上,学生通过小组交流讨论,解决问题,总结种群数量呈"S"形增长的原因,从而锻炼合作学习的能力。

【板书】

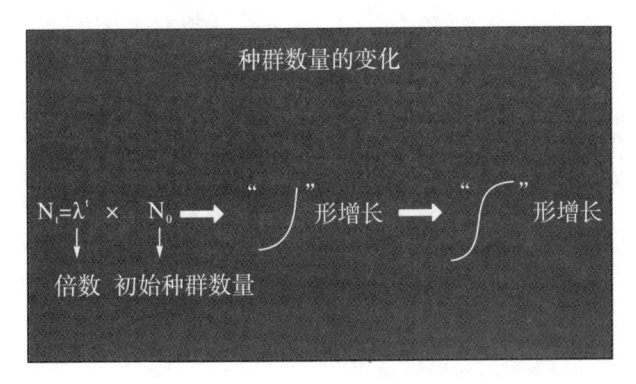

图 8-8　板书 3

环节四:比较分析,强化本质

【活动 7】

对种群数量"J"形增长曲线和"S"形增长曲线进行比较分析,总结"J"形增长曲线和"S"形增长曲线的异同。

【问题组 7】

(1) "J"形增长和"S"形增长的前提分别是什么?

(2) 两种曲线的增长速率分别是怎样的?有什么差异?

(3) 增长率又有什么差异?

(4) 哪一条曲线存在 K 值?

【设计意图】

引导学生分析两种增长曲线模型,强化对两种曲线本质的认识,学会归纳与概括的科学思维能力。

环节五:回归导入,迁移结课

【活动 8】

教师基于本质,引导学生思考生物入侵的解决方案,完成课后方案设计。

【设计意图】

回归导入的生物入侵事件,促进知识应用与社会责任担当的关系建立,体现知识源于生活,设计回归生活,从而迁移结课。

附录:学案(图 8-9)

高中生物学（选择性必修2）

种群数量的变化——教学片段导学案

资料1：

假设理想条件下，某种酵母菌的种群数量变化如图所示：

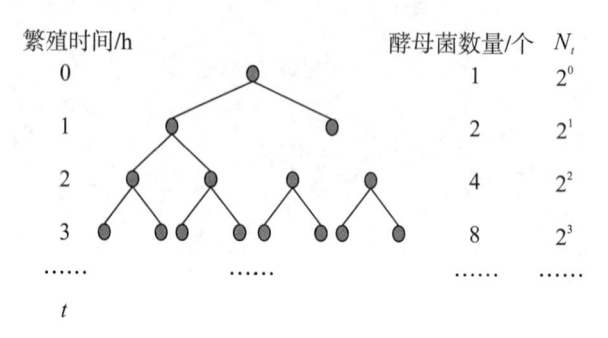

繁殖时间/h	酵母菌数量/个	N_t
0	1	2^0
1	2	2^1
2	4	2^2
3	8	2^3
……	……	……
t		

思考讨论1：

(1) 如图所示，经历 t 时间后，种群数量 N_t 应表示为？

$N_t =$

(2) 若酵母菌初始种群数量为3，经历 t 时间后种群数量应该表示为？

(3) 以 N_0 表示初始种群数量，则种群数量 N_1 应表示为？

$N_1 =$

(4) 数学公式模型中，底数2代表什么含义？

资料2：

酵母菌的繁殖方式多种多样，但主要的方式可归结为有性繁殖和无性繁殖2种，且以无性繁殖为主，无性繁殖包括裂殖和芽殖。

(1) 裂殖

少数酵母菌以细胞分裂方式进行繁殖，叫作裂殖。如裂殖酵母生长到一定阶段，细胞长到一定大小后，核分裂，细胞中产生一隔膜，将细胞一分为二，经断裂产生新的子细胞（一分为二）。

(2) 芽殖

根据酵母菌每次芽殖的部位与数量不同，又有单极，双极和多极芽殖之分。单极芽殖是酵母菌在细胞一端形成1个芽（一分为二）；双极芽殖是酵母菌在每次芽殖时，在细胞的2极可以各形成1个芽（一分为三）；多极芽殖则是能在细胞的多个位点共产生多个芽（一分为多）。

思考讨论2：

由材料可知，酵母菌繁殖方式不同，增长倍数也会不同，因此，若用λ表示增长倍数，如何完善数学公式模型？

$N_t =$

图8-9 学案

7. 板书设计

板书设计见图 8-10。

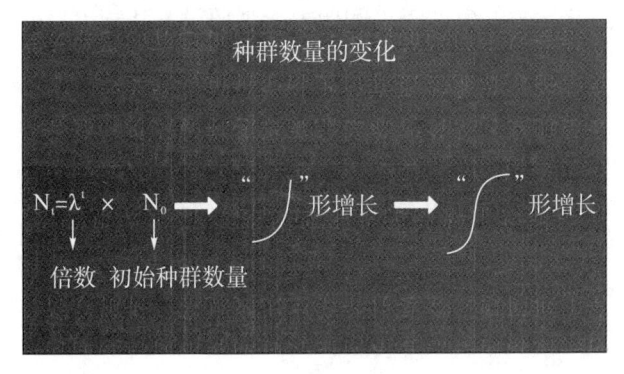

图 8-10 板书设计 4

2. 高中生物学常规课案例评析

本教学设计基于教材和学情，为达成教学目标，设计如下 5 个教学环节：

环节一：案例分析，设问导入。

课件呈现环颈雉的图片，结合教师对环颈雉入侵的描述，引导学生思考，产生问题，形成学习期待。

环节二：经历推理，建构"J"形。

在教师引导下，学生根据导学单内容，合作探究理想条件下种群数量变化的数学公式模型，基于实际数据验证公式模型，并结合几何画板工具建构"J"形增长曲线，实现两种数学模型的动态建构。

环节三：延伸推理，建构"S"形。

教师再次利用几何画板工具，动态演示酵母菌延长培养时间，种群数量变化的过程，引导学生延伸推理分析，建构"S"形增长曲线。据此，强化数学建模，再次认同种群数量变化的生命价值。

环节四：比较分析，强化本质。

比较"J"形增长曲线与"S"形增长曲线，针对异同组织学生谈话，在分析的基础上实现本质的有效认同。

环节五：回归设计，迁移结课。

最后，教师基于本质，引导学生尝试设计生物入侵解决方案，进一步创设开放性问题，促进知识应用与社会责任担当的关系建立，体现知识回归生活，以此迁移结课。

该教学设计符合数学建模的过程，在真实的教学情境中进行推理式探究学习，学生能构建数学模型，理解种群数量变化的生物学意义，在此过程中通过种群数量变化的分析，引导学生从群落的稳定与平衡的角度去思考生态的稳定与平衡，培养了学生热爱自然、尊重自然的情感。该教学体现了《普通高中生物学课程标准（2017 年版 2020 年修订）》倡导的以核心素养为宗旨的基本理念，旨在通过跨学科融合体现生物学学科核心素养以及在教学过程中培养学生"模型与建模"的科学思维和推理探究能力。

总的来看，本设计以生物学学科核心素养为宗旨，以 STEM 为创新理念，以有效建模为总体目标，引导学生经历"提出问题—合理假设—建立模型—验证模型—强化模型"的活动过程，完成种群数量变化数学模型的构建；依据模型，比较分析异同，认识种群数量变化的本质，认同数学模型能有效表征生物学现象；构建充分体现科学思维、科学探究、生命观念、社会责任课程目标的学生课堂。

此外，结构化的动态板书设计，体现了本节课知识内容的内在逻辑关系，和知识的发展，有利于学生架构知识体系。学案的设计在体现教学知识内容的基础上，增加资料的阅读和分析，培养了学生阅读材料、整理获取信息的能力以及归纳与概括的能力。

第三节　指导性教学

近年来，学校鼓励生物科学专业师范生参加省级、国家级师范教学技能大赛，获得了优异成绩。作者将获奖的教学设计进行整理，供师范生学习和研究，以期从中获得启发，从而提升自身的教学设计能力。

一、获奖教学设计案例 1

（一）案例名称：探究生长素生理作用的两重性

1. 教材分析

本课题选自人教版高中《生物学》必修 3 第 3 章"植物的激素调节"，本节内容的核心是动态构建生长素对植物生长调节的两重性——即"促进"与"抑制"的知识。本节内容在书中篇幅较少，然而却是本章的重点和难点。它既是生长素促进植物生长知识的延伸，也是动态构建生长素对植物生长调节本质的基础，更是科学认同激素调节的生物学意义和体现激素调节与适应关系的关键环节。

2. 学情分析

通过生长素发现过程的学习，学生已初步体验生长素基本理论的形成过程，了解到科学家早期研究的基本方法和科学思维方式，也对生长素相关知识有了初步的认识，但高二的学生在知识构建中习惯认识的"具体化"和"绝对化"。从而导致知识"碎片化"，其思维范围仍然较窄，认知迁移方式较为单一，迁移架构"激素—调节—适应"联系和动态抽象认同"两重性"地位难。

3. 教学目标

（1）经历现象、数据等的解读分析，认可植物生长素生理作用的两重性。

（2）经历比较分析，辩证认识生长素调节的动态性，认同生长素在植物调节和适应上的地位。

4．教学重点、难点

重点：认同生长素生理作用的两重性。

难点：科学认同生长素生理作用两重性的地位。

5．教学方法

采用以问题及问题组组织谈话（谈话法），并结合比较讲解、分析（讲解法）。

6．教学手段

多媒体、相关图片、实验数据材料等。

7．教学过程

环节一：利用旧知，设问导入

【活动1】回顾旧知，强化生长素促进植物生长的作用。

教师展示植物向光性生长的图片，结合问题，回顾旧知，组织交流。在交流的基础上，延伸设问。

【问题组1】

（1）植物向光性生长的主要原理是什么？其关键因素是什么？你获得了怎样的结论？

（2）针对生长素，除了植物向光性生长外，它们还有其他哪些向性运动？

结合以上旧知回顾活动，组织学生在分析现象、交流认识的基础上，延伸产生问题，形成学习期待。

【设计说明】通过回顾旧知，利用植物的向光性现象适时创设问题，引导学生结合已有知识进行分析，强化生长素具有促进植物生长的作用。

【活动2】观察根的向地性和茎的背地性现象，结合图示，分析交流，产生冲突。

教师展示在黑暗环境中培养的玉米种子萌发状况图片，结合图示和以下问题，引导学生比较观察、分析。

【问题组2】

（1）玉米的茎、根表现了哪些向性运动？

（2）导致根的向地性和茎的背地性的外界因素是什么？

（3）你能用相关生长素作用的知识比较分析以上现象产生的原因吗？你能作出怎样的猜测？

结合以上观察活动，引导学生比较观察、分析交流，发现并产生问题，并作出假设——生长素对植物生长具有两重性，进而导入新课。

【设计说明】通过利用根的向地性和茎的背地性现象的比较观察、分析交流，促进发现、产生问题，产生认知冲突，激发认知需求和学习期待，从而实现带着问题进课堂。

【板书】探究生长素生理作用的两重性。

环节二：案例分析，初步构建

【活动3】分析根的向地性和茎的背地性现象，初步认识生长素的生理作用。

再次利用根的向地性和茎的背地性现象，结合如下问题，引导学生进行比较分析。

【问题组3】

（1）结合植物的向光性，大家思考为什么重力会使植物表现出这样两种完全不同的向性运动？

（2）根、茎的生长方向如何？其背地侧与近地侧的生长素浓度如何？

（3）根据这一差异的比较，你能初步获得怎样的结论？

在教师引导下，组织学生经历现象的分层分析、交流，学生初步获得结论，并延伸产生问题，激发获得求证和继续探究的欲望，强化课题。

【设计说明】学生在教师的引导下，经历现象、原因的分析，猜测"生长素浓度过高可能会对植物具有抑制作用"，使学生产生与已有知识的认知冲突，同时进一步激发学生想要解决问题的迫切愿望。

【活动4】分析实验数据，初步构建两重性。

教师分层展示"不同生长素浓度条件下植物的根生长"的实验数据表格、曲线图，结合下列问题和教师讲解，引导学生进一步对实验数据、图表进行分析。

【问题组4】

（1）从实验数据你能发现怎样的规律？这一规律说明了什么？

（2）曲线图中表达的"促进""抑制"的含义是什么？

（3）从曲线图中又能发现怎样的规律？得出什么结论？

学生在教师引导下了解实验方案，对实验数据和图表进行分层分析，实现生长素生理作用"两重性"的初步有效构建。适时补充板书。

【设计说明】通过用实验实例引导学生对相关实验数据进行思考并分层分析，适时创设问题情境，从而实现学生对生长素生理作用"两重性"的初步自主构建，同时促进科学观察、分析现象和信息处理能力的训练。

环节三：迁移延伸，补充建构

【活动5】案例分析，分层补充构建生长素生理作用的两重性。

教师分别展示同一植物同一器官不同生长时期和不同植物的同一器官内源生长素含量变化曲线图，结合下列问题，分层引导学生比较观察、讲解分析，组织交流。

【问题组5】

（1）分别观察、分析以上植物的生长曲线图，你能发现什么规律，获得怎样的结论？

（2）整合以上分层现象、结论？你又能获得怎样的认识，整合得出怎样的结论？

（3）从以上所获结论，你能谈谈有何生物学价值、意义？

在教师引导下，结合以上问题的产生，学生利用已有的思维方式和探究解决问题的方法，观察、分析，并结合交流和教师的讲解，实现生长素两重性的补充构建。并适时补充完善板书。

【设计说明】利用生长素两重性相应的案例、实验数据、图表，引导学生认识、分析其原理，从而实现对生长素生理作用两重性的强化与补充。

环节四：应用判别，巩固强化

【活动6】展示、判别、分析、巩固、强化生长素生理作用的两重性。

教师分别展示生产中的应用案例图片，引导并组织学生结合已构建的认识和方法进行判别、分析、交流、表达，教师适时补充，说明并实现对生长素生理作用两重性的巩固和强化。

【问题组6】

（1）以上生产分别利用了生长素生理作用两重性的哪些原理？利用所学知识怎样解释产生的原因？

（2）这些运用在生产上的知识体现了哪些生物学意义？

在教师引导下，学生结合已构建的知识和方法进行科学观察、合理分析、交流表达，学以致用。

【设计说明】通过生产应用案例的呈现、观察、分析、交流、解释，实现对生长素生理作用两重性的巩固和强化，以及初步认可激素调节的地位和架构植物激素调节与适应的关系。

环节五：迁移呈现，设问结课

【活动7】展示相关激素调节现象图片，迁移产生新的问题，设问结课。

教师展示相关激素调节现象图片，结合下列问题引导学生发散思维，从而迁移结课。

【问题组7】

（1）从现象中你们能提出什么问题？

（2）现象与生长素的生理作用有何关系？是否还有其他的激素共同参与到植物生命活动的调节中？

结合教师引导，学生利用已有的知识思考问题，在架构生长素与其他激素的关系的基础上，迁移产生新的问题。

【设计说明】利用生活实例，在学习了生长素的相关知识后，思考是否还有其他激素参与到植物生命活动的调节中，从而迁移结课。

8. 板书设计

板书设计见图8-11。

探究生长素生理作用的两重性

生长素 → { 促进 / 抑制 } 两重性

两重性具体表现：

一、同一植物不同器官对同一浓度生长素敏感程度不同。

二、同一植物同一器官不同生长时期对同一浓度生长素敏感程度不同。

三、不同植物对同一浓度生长素敏感程度不同。

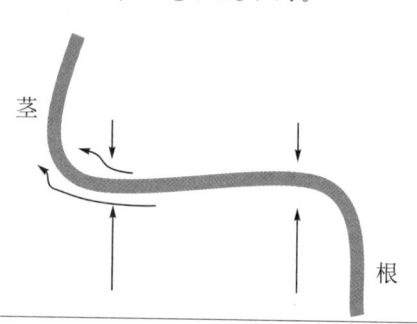

图 8-11　板书设计 5

（二）"探究生长素生理作用的两重性"教学设计评析

本教学设计制定了围绕"两重性"动态构建和科学认同的教学目标，确定了相应的重难点和教学方法链。并设计了利于目标有效达成的各个教学环节：首先，利用旧知回顾，通过引导学生分析向光性现象产生的原因，在获得生长素对植物促进作用的基础上，结合新的现象，创设"生长素越多对植物越有利吗？"等问题，以此激发认知冲突，导入新课；其次，在问题的引领下，通过第二、三、四环节学生依次经历现象观察，实验数据、图表等的科学分析，构建、巩固、认同生长素生理作用具两重性；最后，利用学生的思维延伸和相关材料的呈现，引出生长素和其他激素的关系的猜想，迁移结课。

总的来看，本节教学设计的思路是以相关现象、案例、实验数据、图表等作为学生课堂学习情境平台；以架构生长素"静态"作用与生长素"动态"调节关系为思维发展的主线；以生长素生理作用的两重性的有效构建为学习内容核心；以"经历现象观察—分层比较分析—整合认知建构"为主要学习过程；以"谈话法－比较讲解法"为主要学习方法，通过多样递进的教学形式，架构生长素与植物激素调节的关系，强化生长素生理作用两重性的作用和地位的有效认同，促进学生知识、能力的自主构建。

获奖者：乐山师范学院生命科学学院 2014 级生物科学专业 肖艳萍

获奖等级：2017 年四川省师范生教学能力大赛二等奖

指导教师：毛加宁、王朝君

二、获奖教学设计案例 2

（一）案例名称：染色体结构的变异

1. 教材分析

"染色体结构的变异"选自人教版高中《生物学》必修 2 第 5 章第 2 节的部分内容，该内容核心是基于染色体水平上认识其结构改变的生物变异效应。它既是对基因突变及其他变异的补充和延伸，也是延伸应用解决社会问题的基础。因此，染色体结构的变异是基因水平与性状表达水平间变异原因的重要环节，同时也是与生产生活和人类健康密切相关的重要知识，对学生有着极大的吸引力。

2. 学情分析

学生已知基因与染色体的关系、基因的本质、基因的表达等内容，对基因控制生物的性状已经有了很深刻的认识，这为创设问题情境奠定了基础，但高二的学生在知识构建中习惯认识的"具体化"和"绝对化"，从而导致知识"碎片化"，其思维范围仍然较窄，认知迁移方式较为单一，学习缺乏深层次的思考，对基本概念、过程和原理往往一知半解，不能灵活运用所学知识。教学时应注意由浅入深，降低学生的认知难度，教学过程中要让学生学会科学探究的思考方法，提高学生分析问题的能力。

3. 教学目标

（1）经历分层、比较分析，能说出染色体结构变异的 4 种类型及性状变异的实质。

（2）通过推理探究染色体结构变异的类型，能架构"结构变异—性状变异—多样性—适应性—生命性"关系。

（3）经历推理性探究、交流，获得科学思维、科学探究的训练。

4. 教学重难点

重点：区分染色体结构变异的 4 种类型。

难点：（1）认同染色体结构变异的实质；

（2）区分易位与交叉互换之间的关系。

5. 教学方法

以讲解法为主，结合谈话法和探究法展开教学。

6. 教学手段

多媒体、黑板、实物教具（自制染色体模型）等。

7. 教学环节

环节一：回顾旧知，设疑导入

【活动 1】回顾旧知。

结合问题，回顾旧知，组织交流。在交流的基础上，延伸设问。

【问题组1】

(1) 什么是基因？

(2) 基因与染色体、DNA、生物的性状分别有什么关系？

(3) 假如基因所在的染色体发生了变异，生物的性状是否也会发生改变呢？它是如何改变生物体的性状的呢？

结合以上旧知回顾活动，组织学生在交流认识的基础上，延伸产生问题，形成学习期待。

【设计说明】通过回顾旧知，利用染色体、DNA与基因的关系，引导学生结合已有知识进行分析，强化构建基因控制生物的性状。

【板书】

5-2-1　染色体结构的变异

图8-12　板书4

环节二：分层分析，初步构建

【活动2】案例分析（构建"缺失"这一类型）。

播放猫叫综合征患者的音频，组织学生从音频中获取关键信息，而后展示正常人的核型分析图（图8-13）与猫叫综合征患者的核型分析图（图8-14），引导学生比较观察、分析。

图8-13　正常人的核型分析图　　图8-14　猫叫综合征患者的核型分析图

【问题组2】

(1) 为什么他的哭声与正常人的哭声不一样呢？

(2) 是由于什么原因引起的呢？

(3) 图 8-13 和图 8-14 相比有什么区别？这一区别说明什么？

在教师引导下，组织学生经历现象的分层分析、交流，在学生初步获得结论的基础上，延伸产生问题，激发获得求证和继续探究的欲望。

【设计说明】在教师的引导下，经历现象、原因的分析，大胆猜测 5 号染色体短臂上存在控制人发音音调的基因，从而构建染色体结构变异中"缺失"这一类型，实现教学目标（1）中的部分要求。

【板书】

图 8-15　板书 5

【活动 3】模型摆放（构建"染色体结构变异的其他类型"）。

学生用染色体模型在一条染色体上摆放可能存在染色体结构变化的其他类型，并引导学生分析说出其变化过程。

【问题组 3】

(1) 一条染色体上还可能发生哪些结构变化类型？

(2) 一条染色体上可否存在多种染色体结构变化的类型？

(3) 你是如何分析的？

【设计说明】组织学生进行推理性探究、模型摆放，通过学生对以上问题的回答，引导学生就刚刚的过程进行分析说明，从而构建染色体结构变异中重复、倒位两种类型，同时进一步构建染色体结构变异的实质是通过改变基因的数目或排列顺序进而改变生物的性状，实现教学目标（1）中的部分要求，在此基础上，让学生得到科学思维与科学探究的训练，实现教学目标（3）中的要求。

【板书】

图 8—16　板书 6

【活动 4】模型分析（建构"易位"这一类型）。

教师演示教材上两条非同源染色体之间片段发生交换，引导学生分析说出其变化过程，同时补充构建两条非同源染色之间相互交换基因片段也属于易位，而后教师进行初步升华，架构"变异—性状多样性—适应性—生命性"之间的关系。

【问题组 4】

（1）两条染色体之间能否发生染色体结构的变化？

（2）是如何变化的？

【设计说明】通过教师演示教材上两条非同源染色体间片段发生交换，引导学生说出易位改变染色体结构的内涵，从而实现教学目标（1）中的要求，升华总结引导学生初步架构变异可能导致性状多样性，从而体现生命观念，实现教学目标（2）中部分要求。

【板书】

图 8—17　板书 7

环节三：比较归纳，获得构建

【活动 5】比较归纳。

课件呈现染色体结构变异的 4 种类型,引导学生分层、比较分析缺失、重复、倒位、易位之间的区别,易位与基因重组中交叉互换的区别,以及染色体结构变异与基因突变的区别。

【问题组 5】

(1) 缺失、重复、倒位、易位之间有何区别?

(2) 易位与基因重组中交叉互换有何区别?

(3) 染色体结构变异与基因突变有何不同?

学生就以上问题展开小组讨论,并对自己的想法进行分析、交流。

【设计说明】通过小组讨论交流,让学生自主分析出染色体结构变异 4 种类型的区别,易位与交叉互换的区别,以及染色体结构变异与基因突变的区别,以提高学生的自主分析能力、表达交流能力、自主归纳能力,以及课堂的活跃度,并实现教学目标(3)的要求。同时有利于强化构建染色体结构变异实质,再次实现教学目标(1)中的要求。

环节四:拓展延伸,完善建构

【过渡语】现实生活中是否有真实的案例能够再次证明染色体结构变异引起生物性状改变?

【活动 6】案例分析(补充构建"染色体结构变异"对生物的影响)。

教师对果蝇棒状眼、白血病等案例进行详细介绍,引导学生分析其形成的原因。

【设计说明】引导学生运用理论知识去解释现实生活中的常见问题,锻炼学生学以致用的能力,同时有利于提高学生知识迁移的能力。

【问题组 6】

(1) 染色体结构变异引起生物性状的改变实质是因为什么呢?

(2) 我们能不能预防染色体结构变异的发生呢?(要求答出两点)

(3) 染色体结构变异在育种中又有怎样的应用呢?

学生针对以上问题展开讨论,将课本所学知识有效应用到生产生活实践中去。

【设计说明】在教师引导下,学生亲历讨论、交流、分析、归纳、构建,再次达成教学目标(3)的要求,并实现染色体结构变异实质是通过改变基因的数目或排列顺序进而改变生物性状的自主认同,体现"知识问题化,问题活动化、活动生活化"的教育理念,从而完全实现教学目标(1)的要求。

【过渡语】

染色体结构变异的改变并非都是不利的,在农业生产上就有很好的应用。

【活动 7】播放视频(补充构建染色体结构变异在生产上中的应用)。

视频播放雄蚕选育的过程。

【问题组 7】

(1) 雄蚕选育的原理是什么?

(2) 选育的方法是什么?

(3) 过程是怎样的?

围绕以上问题，学生有目的地观看视频，适时交流、分析、表达。

【设计说明】结合视频的演示，将问题实时呈现，引导学生分析、归纳、整合、表达。补充构建染色体结构变异在育种中的应用，进而有利于学生构建完整的知识体系，体现"问题生活化"。

环节五：课堂小结，设疑结课

【活动8】课堂小结（再次强化构建本节课所学内容）。

教师组织学生对本节课所学内容进行课堂小结，教师适时地进行补充，并再次升华构建"多样性—适应性—生命性"之间的关系。

【结束语】

染色体变异除了结构变异以外还存在其他变异类型吗？其他变异类型又能否改变生物的性状呢？是如何改变的呢？

【设计说明】

课堂小结对本节课所学的知识进行了及时的巩固，有利于学生对知识加深印象，深入理解。

8. 板书设计

板书设计见图8-18。

图8-18 板书设计6

（二）"染色体结构的变异"教学设计评析

本节主要内容是染色体结构变异引起生物性状的改变。为激发学生的学习兴趣，上课之初通过回顾之前的学习内容，设置疑问，使学生产生学习期待。同时展示与本节内容相关的图片、实例、实物等来激发学生的求知欲，进而成为学习本节内容的内驱力。

染色体的结构变异内容较为复杂，学生理解起来较为困难，整节内容知识性较强，因此在设计时，准备了染色体的结构模型。在观察模型的基础上，经历分层分析、比较分析、拓展延伸等环节来构建完整的知识体系，通过小组活动来建立染色体的结构模型以及染色体组的概念，经历交流分析引导学生初步构建染色体组的概念，从而实现重点突出，难点突破，并进一步培养学生灵活的思维能力以及合作交流能力等。最后通过课堂小结的形式，强化构建本节课的核心知识与核心概念。

总之，本设计始终以"染色体结构变异的实质"为核心，以课堂情境的创设和课堂活动为学生思维发展平台，以"现象分析—层次交流—构建认同"为情境主线，以学生交流，教师设问、讲解为主要课堂活动形式，从而实现教学目标，体现课堂教学中教师的主导性和学生主体地位的有机结合。

获奖者：乐山师范学院生命科学学院2016级生物科学专业 彭婷

获奖等级：2019年四川省师范生教学能力大赛二等奖

指导教师：毛加宁

三、获奖教学设计案例3

（一）案例名称：神经系统的分级调节

1. 教材分析

本课题选自人教版高中《生物学》选择性必修1第2章第4节——"神经系统的分级调节"。其主要内容是基于躯体运动、内脏运动神经调节的中枢分级调节概述，其核心内容是不同中枢调节的关系与协调调节价值的初步认同。它是神经调节中反射、反射弧在中枢调节中的具体体现，是初步构建调节多样性、协调性有效认同的基础，同时，也是构建神经系统结构、功能、地位与人体生命适应性认同的又一表达。

2. 学情分析

基于神经系统基本结构、反射弧、反射的学习，学生已初步构建了神经系统结构与调节功能的关系，也知道了调节的基本方式——反射的地位，但由于神经系统结构、功能、机理的复杂性和学生分析、推理方式较为单一，对专业名词陌生，要"结合各级中枢理性构建分级调节"困难，推理认同"分级调节作用与协调适应"更难。

3. 教学目标

（1）经历模拟分层实验探究，在分层观察、比较的基础上，初步说出各级中枢的调节作用与调节地位。

（2）经历比较、归纳，能简要概括构建分级调节模型，并结合模型认同各级中枢协调调节的生物学价值——适应性、生命性。

4. 教学重难点

重点：初步构建神经系统分级调节模型。

难点：基于模型认同神经调节的生物学价值。

5. 教法学法

讲解法，推理探究法。

6. 教学媒体

课件、黑板。

7. 教学过程

环节一：联系生活，设疑导入

【教师导言】在整个生命历程中必不可少，能为机体提供氧气的生命活动是什么？请同学们感受自己的呼吸，说一说呼吸运动有什么规律？呼吸交替进行这一特征叫作呼吸的节律性，它是依靠神经系统调节呼吸肌的收缩实现的，神经系统中不同中枢对呼吸节律的调节作用是否相同？

【问题组1】

(1) 生命历程中必不可少，能为机体提供氧气的生命活动是什么？

(2) 呼吸运动有什么规律？

(3) 神经系统中不同中枢对呼吸运动的作用是否相同？

利用学生已有的知识与经验，结合教师启发性语言的表达，激发认知需求，导入新课。

【学生】学生聆听教师语言，结合实际生活，根据相应问题进行思考，转变学习注意。

【设计说明】利用教师生动表达和呼吸动作的结合，激发学生产生问题，思考问题，形成学习期待。引导学生根据已有知识思考呼吸节律性的来源，培养学生的思维能力，提高学生的生物科学素养。

【板书】

神经系统的分级调节

图8—19　板书8

环节二：分层分析，构建分级

【活动2】展示神经中枢图片（主要是脑干），分发模拟教具（分层横切脑干），分层推测呼吸运动改变现象，分层引导观察、分析（从有无节律性和节律性强弱两模块分层思考探究神经系统对呼吸运动的调节）。

【问题组2】

(1) 在哪一处横断，呼吸运动交替现象消失？说明了什么？

(2) 分析横断后，节律消失与否的现象，你能获得怎样的结论？

(3) 不同横断后，未消失的节律又有怎样的差异？这些差异又能说明什么？

结合以上问题的层次出现，组织学生归纳实验现象，联系实际案例，初步构建神经系统对躯体运动的分级调节模型，促进学生科学思维的发展。

【学生】聆听教师语言，结合教师引导，整合横切脑干不同部位的实验现象，思考总结神经系统对呼吸运动的分级调节过程。

【设计说明】结合讲解技能的语言要素，教师合理使用科学性、逻辑性强的问题，引导学生结合旧知发散思考，分析交流，促进发现，激发认知需求和学习期待。

【板书】

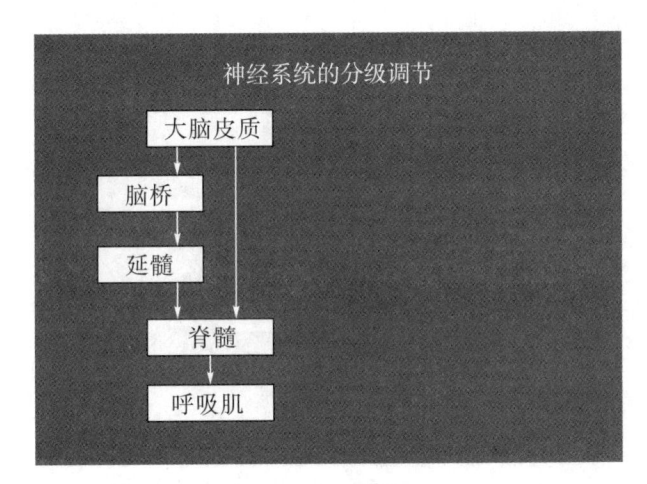

图 8-20 板书 9

环节三：延伸讲解，补充分级

【活动3】分别呈现成人排尿与婴儿易尿案例，结合神经系统对内脏活动的调节模型，延伸设问，在躯体运动的分级调节基础上迁移延伸神经系统对内脏活动的分级调节。

资料1：一般成年人可以有意识地控制排尿，你也可以"憋尿"。例如，上课的时候如果你有了尿意但并不急，你可以等到下课再去上厕所；课间，即使你没有尿意，但为了避免上课时去厕所，你可能会选择去排一次尿。

资料2：婴儿常尿床。有些人由于外伤等使意识丧失，出现像婴儿那样尿床的情况。

【问题组3】

(1) 控制人体排尿的主要运动肌是什么？

(2) 成人可以有意识地控制排尿，婴儿却不能，二者控制排尿的神经中枢的功能差别是什么？

(3) 成人和婴儿排尿过程中神经调节有什么共性和差异性？

(4) 参与内脏活动调节的中枢有哪些？

(5) 神经系统对内脏活动的调节过程是怎样的？

(6) 神经中枢之间有什么联系？

结合案例，组织学生联系生活实际思考成人与婴儿排尿的共性和差异性，补充构建神经系统对内脏活动的分级过程。

【学生】聆听教师讲解，讨论交流成人与婴儿排尿反射的异同，初步归纳构建神经系统对内脏活动的调节模型。

【设计说明】结合教师语言的清晰呈现和启发表达，促进学生之间讨论交流，自主概括总结神经系统的分级调节，强化学生的逻辑思维和语言表达能力。

【板书】

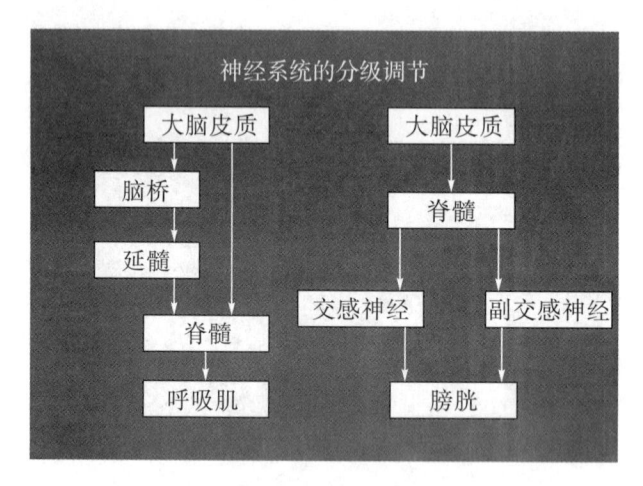

图 8-21　板书 10

环节四：比较归纳，认同分级

【活动 4】比较分析神经系统对躯体运动和内脏活动的分级调节在作用形式、调节特点等方面的异同，引导学生总结归纳神经系统分级调节的共性和差异性，结合神经系统的调节特性引出分级调节对于人体生命活动的价值。

【问题组 4】

(1) 神经系统对躯体运动和内脏活动的调节有什么异同？

(2) 分级调节对人体生命活动的价值是什么？

组织交流，促进学生比较分析神经系统对不同运动进行调节的异同，增强学生的思维能力和语言表达能力。

【学生】根据神经系统对呼吸运动和内脏活动调节过程的构建，结合教师引导，自主思考神经系统对呼吸运动和内脏活动调节过程的异同。

【设计说明】基于神经系统的分级调节模型，引导学生自主归纳呼吸运动和内脏活动不仅受到低级中枢的控制，同时也受到高级中枢的调控。

环节五：延伸构建，设疑结课

【活动 5】教师对神经系统的分级调节过程进行概括表达，提问学生"大脑还有哪些高级功能？"激发学生的发散性思维和学习期待，延伸结课。

【问题组 5】

(1) 日常生活中还有哪些生命活动受到神经系统的分级调节？

(2) 大脑还有哪些高级功能？

利用问题的迁移交流，激发学生认知延伸，将理论与实际相联系，增强说服力，促进学生结合生活经验举出与神经系统分级调节相关的实例，提出神经系统对生命活动调节的有序性和高效性，迁移延伸大脑的高级功能。

【学生】 聆听教师讲解，讨论交流有关神经系统分级调节的实例，归纳总结分级调节的价值。利用已有知识和生活经验，思考探究大脑的高级功能，形成学习期待。

教师结合讲解技能，利用严谨规范的语言启发学生积极思考。通过教师的概括表达和问题创设，促进认知的升华与迁移，以此激发学生思维的延伸。

8. 板书设计

板书设计见图 8-22。

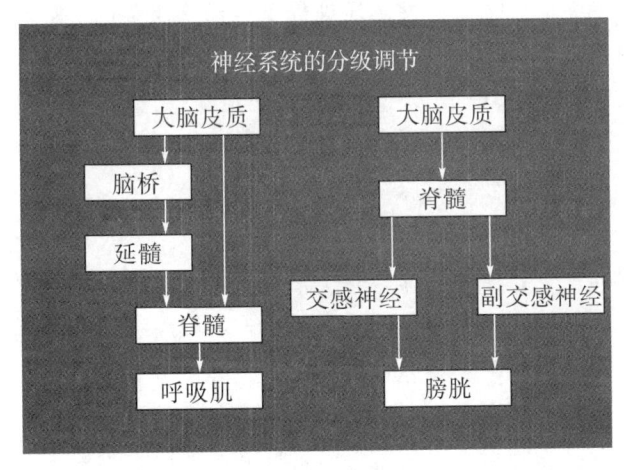

图 8-22　板书设计 7

(二)"神经系统的分级调节"教学设计评析

本节教学设计的思路是从实际生活出发，以人体呼吸节律为出发点引出呼吸运动的调节方式，结合横切脑干实验、分级调节示意图、神经系统基础结构和反射相关知识等作为学生课堂学习情境平台。教师从实验探究入手，通过推理探究的教学形式比较分析呼吸过程中不同结构对应的功能，利用有效环节的设计，促进学生结合分级调节过程自主总结神经系统对呼吸运动和内脏活动调节的差异性，由呼吸运动与排尿反射的调节过程总结归纳出神经系统的分级调节价值。充分运用清晰严谨的语言表达和有针对性的问题组促使学生迁移交流，引发思考，也体现讲解技能和提问技能在教学中的价值。本节教学实现了课堂活动的有效性和核心知识能力构建的自主性，体现课堂教学中教师主导与学生主体地位的协调性和有效性。

总的来看，本节课的设计体现了《课标》倡导的"学生为主体"的理念，和体现科学思维、科学探究，以及建立生命观念、社会责任的目标，实现了知识的有效构建与能力的有效提升，以及教学内容、教学方法、教学技能的有效整合。

获奖者： 乐山师范学院生命科学学院 2017 级生物科学专业 刘霖

获奖等级： 2020 年四川省师范生教学能力大赛二等奖
指导教师： 毛加宁、王朝君、张旭梅

四、获奖教学设计案例 4

（一）案例名称：人体呼吸系统的结构和气体交换

1. 教材分析

"人体呼吸系统的结构和气体交换"选自北师大版《生物学》七年级下册第 10 章第 2 节的第 2 部分"肺与外界气体交换是通过呼吸运动实现的"。本节内容主要包括"呼吸道和肺组成呼吸系统""肺与外界气体交换是通过呼吸运动实现的""肺与血液之间的气体交换是通过气体扩散实现的""气体在血液中运输""血液与细胞之间的气体交换保证细胞进行呼吸作用"五部分。本节课的学习，承接了上一节能量转换的相关知识，也为进一步学习"人体代谢废物的排除"等打下基础。

2. 学情分析

经过前面课程的学习，学生已经初步了解有关氧气、二氧化碳等相关知识，又通过生活常识可知氧气、二氧化碳与人体呼吸密切相关，进而对呼吸系统产生好奇，但同学们对呼吸的了解并不全面，本节课的内容有助于学生更深入地了解呼吸运动的过程。呼吸是维持人体生命的重要生理功能之一，与人体的新陈代谢直接相关，通过本节课的学习，可加深学生对人与生物圈之间相互关系的理解，有助于学生养成环保意识和良好的卫生习惯。

3. 教学目标

（1）通过教师讲解，学生能够描述人体呼吸系统的组成。

（2）通过 PPT 讲解，学生分析得出肺与外界气体交换以及肺泡与血液气体交换的具体过程。

（3）通过经历演示、表达，学生认同胸廓运动与肺运动在肺与外界气体交换的地位。

4. 教学重难点

教学重点：呼吸系统的结构和功能。

教学难点：呼吸运动的过程。

5. 教学方法

运用谈话法、演示法、自主探究法等教学方法，引导学生充分理解呼吸的具体过程，并培养学生发现问题、分析问题、解决问题、归纳总结的能力。

6. 教学手段

采用人体呼吸系统模型，讲解呼吸系统的组成及作用；采用多媒体、动画图和视频，演示呼吸运动过程。

7. 教学过程（表8-5）

表8-5　教学过程

教学环节	教师行为	学生行为	设计意图
环节一：创设情境 体验活动	【教师导语】人体每时每刻都在呼吸，那么呼吸时我们的身体会发生怎样的变化呢？ 【活动1】体验活动。 双手按在肋骨处，深呼吸，反复做几次	体验活动，思考回答问题	学生体验活动，导入新课，激发学习兴趣，同时促进思考
	【问题组1】 (1) 在吸气和呼气时，肋骨和胸廓会发生怎样的变化？ (2) 为什么胸廓会扩大和缩小呢？ (3) 我们是如何呼吸的呢？呼吸时哪些器官在起作用呢？ 结合以上问题，引导学生体验活动，思考问题，导入新课。 【板书】 人体呼吸系统的结构和气体变换	思考分析问题，形成学习期待	问题层层递进，引导学生思考，导入新课
环节二：自主探究 认同关系	【活动2】自主探究——做出猜想。 请同学们在人体器官图中找出与呼吸作用有关的器官，并说明理由	联系生活，凭借已有经验对材料进行分析，并阐明其原因	探究问题，做出猜想。探究式的学习方法有助于印象的加深
	【问题组2】 (1) 你认为哪些器官与呼吸有关？ (2) 请说出你的理由？ 结合学生的生活经验，引导学生进行猜想		
	【活动3】图示探究——认同关系。 教师结合学生已有认知，通过图示层层递进，按人体从上到下的顺序引导学生探究与呼吸相关的人体器官，并分析其功能	根据老师的引导，总结顺序及功能	
环节三：演示交流 强化建构	【活动4】动画图展示教学。 PPT展示胸廓运动的模拟动画，教师用手臂着重演示呼吸时肋骨的运动，并适时提出如下问题	观察肋骨运动的模拟动画，认同呼吸时肋骨在运动	教师演示活动，学生能够更直观地认同肋骨的运动

续表8-5

教学环节	教师行为	学生行为	设计意图
	【问题组3】 (1) 胸廓是怎样运动的？ (2) 肋骨向上运动时，胸廓容积是增大还是缩小？当肋骨向下运动时，情况又是如何？ (3) 肋骨的运动为什么能改变胸廓的大小？ 在教师的引导下，学生认同肋骨的运动可以改变胸廓前后径的大小，同时板书。 【板书】 　　　　人体呼吸系统的结构和气体交换 　　肋间肌收缩 　　肋骨向上 } 前后径变大	教师利用手臂模拟肋骨运动，学生仔细观察，围绕"肋骨运动"思考并回答相应问题	明确知识之间的联系，结合问题形成清晰的框架
	设置如下问题追问。 【问题组4】 (1) 从动画中还可以看出胸廓容积的改变还与什么有关？ (2) 膈是怎样改变胸廓容积的？ 通过以上问题的交流，引出"膈"这一结构，教师展示肋骨和膈运动的示意图，并引导学生据图描述肋骨和膈运动。 基于以上分析，学生认同膈和肋骨共同运动改变胸廓的大小。同时延伸补充板书。 【板书】 　　　　人体呼吸系统的结构和气体交换 　　肋间肌收缩 　　肋骨向上 } 前后径变大 　　膈肌收缩 　　膈向下　 } 上下径变大	据图描述膈的运动，认同膈和肋骨的共同运动改变胸廓的大小	进一步认同膈通过改变胸廓上下径的大小从而改变胸廓大小
	【活动5】视频展示教学。 PPT展示呼吸运动的模拟视频，探究在胸廓容积发生变化后，肺部变化，气压变化，进而导致呼吸运动，并板书。学生认同：胸廓变化是因，呼吸运动是果。 通过吸气运动过程，学生自主探究呼气运动过程，将过程写在导学案上。 【板书】 　　　　人体呼吸系统的结构和气体交换 　　肋间肌收缩 　　肋骨向上 } 前后径变大 →胸廓→肺部→气压→吸气 　　膈肌收缩　　　　　　　　　变大　变大　变小 　　膈向下　 } 上下径变大 【问题组5】 吸入气体与产生气体是否一致，若不一致，区别是什么？	观察视频中的现象并分析，表达交流自己的看法。认同胸廓和肺的运动是肺与外界气体交换的基础	通过视频更直观地感受到呼吸时胸廓和肺发生的变化，有利于进一步探究

续表8-5

教学环节	教师行为	学生行为	设计意图
环节四：延伸探究归纳整合	【活动6】 PPT展示肺泡的结构，学生仔细观察肺泡有哪些结构特点适合进行气体交换。引导学生总结出：肺泡的数量很多，肺泡外包绕着丰富的毛细血管，肺泡壁和毛细血管壁都很薄，都是一层扁平的上皮细胞，肺泡这样的特点很适合与血液之间进行气体交换。 教师播放PPT，展示"肺泡与血液之间的气体交换"动画，学生讨论总结出肺泡内的气体交换是二氧化碳由血液进入肺泡，氧由肺泡进入血液	观看动画，结合课本，进行总结	利用动画或视频等方法讲述，学生能够更直观地总结出其规律
	【问题组6】 (1) 由肺泡扩散到血液中的氧，怎样到达全身各处的组织细胞里？ (2) 氧最后是在细胞中的什么部位被利用？	仔细思考并分析问题，表达交流	
环节五：迁移拓展巩固结课	【巩固小结】 学生交流本节课所学的知识，用概念图形式进行总结。最后提出问题，学生们思考	回顾总结本节课知识，画出概念图	当堂小结，练习，巩固知识，强化记忆
	【问题组7】 (1) 呼吸过程中总共发生了几次气体交换？ (2) 结合生活实践，思考有氧运动相关知识	学生思考分析，带着问题出课堂	总结本课知识，延伸提问，带着问题出课堂

8. 板书设计

板书设计见图8-23。

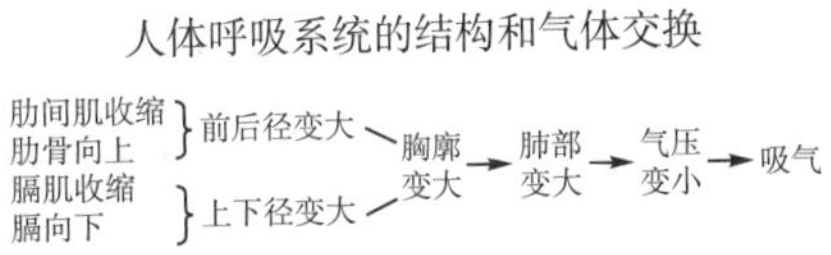

人体呼吸系统的结构和气体交换

肋间肌收缩、肋骨向上 } 前后径变大
膈肌收缩、膈向下 } 上下径变大 → 胸廓变大 → 肺部变大 → 气压变小 → 吸气

图8-23 板书设计8

(二)"人体呼吸系统的结构和气体交换"教学设计评析

本课程教学设计思路是以"呼吸运动"为核心，以课堂情境的创设和课堂探究活动为学生思维发展平台。以"创设情境、自主探究、演示交流、延伸探究、归纳结课"为主要学习形式。通过课堂教学中的形象展示、探究交流等方法，创建多维互动的课堂教学形式，从而实现教学目标，体现科学课堂的科学性与实践性。

本课程体现了"以学生为主体，促进科学素养形成和变革学习方式"的新课程理念和教学方法论。

获奖者：乐山师范学院生命科学学院2011级生物科学专业 唐敏
获奖等级：2014年"华文杯"师范生教师技能展示活动一等奖
指导教师：毛加宁、王朝君

参考文献

［1］林崇德. 构建中国化的学生发展核心素养［J］. 北京师范大学学报（社会科学版），2017（1）：66-73.

［2］广东、广西、湖南、河南辞源修订组，商务印书馆编辑部. 辞源·建国60周年（纪念版·修订本）［M］. 北京：商务印书馆，2009.

［3］汉语大字典编辑委员会. 汉语大字典：九卷本［M］. 第2版. 成都：四川辞书出版社，2010.

［4］习近平：全面贯彻落实党的教育方针　把我国基础教育越办越好［EB/OL］. http：//news.cctv.com/2016/09/09/ARTI5xXvk3fvkFFaA3gQO222160909.shtml.

［5］Voogt J, Roblin N P. A Comparative Analysis of International Frameworks for 21st Century Competences：Implications for International Curriculum Policies［J］. Journal of Curriculum Studies，2012（3）：299-321.

［6］褚宏启. 核心素养的国际视野与中国立场——21世纪中国的国民素质提升与教育目标转型［J］. 教育研究，2016（11）：8-18.

［7］腾珺. 21世纪核心素养：国际认知及本土反思［J］. 教师教育学报，2016（4）：103-110.

［8］张义兵. 美国的"21世纪技能"内涵解读——兼析对我国基础教育改革的启示［J］. 比较教育研究，2012（5）：86.

［9］The Ministerial Council on Education, Employment, Training and Youth Affairs. The Melbourne Declaration on Educational Goals for Young Australians［R］. 2008.

［10］Hipkins R. The Nature of the Key Competencies［R］. Wellington：New Zealand Council For Educational Science，2006.

［11］辛涛，姜宇. 基于学生核心素养的课程体系构建［J］. 北京师范大学学报（社会科学版），2014（1）：8.

［12］辛涛，姜宇. 全球视域下学生核心素养模型的构建［J］. 人民教育，2015（9）：54-56.

［13］姜英敏. 韩国"核心素养"体系的价值选择［J］. 比较教育研究，2016（12）：61-65.

［14］林崇德. 中国学生核心素养研究［J］. 心理与行为研究，2017，15（2）：145-154.

［15］黄四林，左璜，莫雷，等. 学生发展核心素养研究的国际分析［J］. 中国教育学

刊，2016（6）：8—14.

[16] 林崇德. 21世纪学生发展核心素养研究［M］. 北京：北京师范大学出版社，2016.

[17] 林崇德. 学生发展核心素养：面向未来应该培养怎样的人？［J］. 中国教育学刊，2016（6）：1—2.

[18] 辛涛，姜宇，林崇德，等. 论学生发展核心素养的内涵特征及框架定位［J］. 中国教育学刊，2016（6）：3—7.

[19] 毛泽东. 毛泽东选集第三卷［M］. 2版. 北京：人民出版社，1991.

[20] 喻平. 发展学生学科核心素养的教学目标与策略［J］. 课程·教材·教法，2017（1）：48—53.

[21] 林崇德. 学习与发展——中小学生心理能力发展与培养［M］. 北京：北京师范大学出版社，1999.

[22] 林崇德. 对未来基础教育的几点思考［J］. 课程·教材·教法，2016，36（3）：3—10.

[23] 姜宇，辛涛，刘霞，等. 基于核心素养的教育改革实践途径与策略［J］. 中国教育学刊，2016（6）：29—32.

[24] 辛涛，姜宇，王烨辉. 基于学生核心素养的课程体系建构［J］. 北京师范大学学报（社会科学版），2014（1）：5—11.

[25] 钟启泉. 基于核心素养的课程发展：挑战与课题［J］. 全球教育展望，2016（1）：3—25.

[26] 彭寿清，张增田. 从学科知识到核心素养：教科书编写理念的时代转换［J］. 教育研究，2016（12）：106—110.

[27] 叶澜. 重建课堂教学价值观［J］. 教育研究，2002（5）：3—7.

[28] 余文森. 关于教学改革的原点思考［J］. 全球教育展望，2015（5）：3—13.

[29] 佐藤学，钟启泉. 学校再生的哲学：学习共同体与活动系统［J］. 全球教育展望，2011（3）：3—10.

[30] 辛涛，姜宇. 以社会主义核心价值观为中心构建我国学生核心素养体系［J］. 人民教育，2015（7）：26—30.

[31] 李文送.《普通高中生物学课程标准（2017年版）》六大革新［J］. 中学生物教学，2018（9）.

[32] 廖伯琴. 以学生发展为本改进普通高中物理课程——《普通高中物理课程标准（2017年版）》解读［J］. 人民教育，2018，787（10）：47—50.

[33] 胡炳仙. 教育学性：教育学之理论基础［J］. 当代教育科学，2006（1）：6—8+13.

[34] 全国十二所重点师范大学联合编写. 心理学基础［M］. 2版. 北京：教育科学出版社，2008.

[35] 刘柏轩. 布鲁纳认知理论中的认知论和方法论［D］. 太原：山西大学，2012.

[36] 布鲁纳. 教育过程 [M]. 北京：文化教育出版社，1982.

[37] 关甦霞. 教学论教程 [M]. 西安：陕西师范大学出版，1987.

[38] 彭永渭. 教学论新编 [M]. 沈阳：辽宁教育出版社，1986.

[39] 王道俊，王汉澜. 教育学 [M]. 北京：人民教育出版社，1989.

[40] 朱作仁. 教育辞典 [M]. 南昌：江西教育出版社，1978.

[41] 王策三. 教学论稿 [M]. 北京：人民教育出版社，1985.

[42] 黄甫全，王本陆. 现代教学论学程 [M]. 2版. 北京：教育科学出版社，1998.

[43] 斯卡特金. 中学教学论 [M]. 北京：人民教育出版社，1985.

[44] 陈琦，刘儒德. 当代教育心理学 [M]. 2版. 北京：北京师范大学出版社，2001.

[45] 皮连生. 学与教的心理学 [M]. 上海：华东师范大学出版社，1997.

[46] 周光召. 中国大百科全书 [M]. 北京：中国大百科全书出版社，2009.

[47] B. S. 布卢姆. 教育目标分类学第一分册认知领域 [M]. 罗黎辉，丁证霖，等译. 上海：华东师范大学出版社，1986.

[48] L. W. 安德森. 学习. 教学和评估的分类学——布卢姆教育目标分类学修订版（简缩本）[M]. 皮连生，等译. 上海：华大师范大学出版社，2007.

[49] 陈洪澜. 论知识分类的十大方式 [J]. 科学学研究，2007（1）：26-31.

[50] 黄希庭，郑涌. 心理学导论 [M]. 北京：人民教育出版社，2016.

[51] Mayer R. E. Multimedia learning：are we asking the right questions [J]. Educational Psychologist，1997（32）：1-19.

[52] 邵瑞珍. 教育心理学 [M]. 上海：上海教育出版社，1997.

[53] 张奇. 学习理论 [M]. 武汉：湖北教育出版社，2000.

[54] 阮迪云. 神经生物学 [M]. 合肥：中国科学技术大学出版社，2008.

[55] 吴良根. 化学事实性知识教学中的记忆策略及其应用 [J]. 教育导刊，2012（9）：81-84.

[56] 刘恩山. 在教学中实现主动探究学习与凸显重要概念传递的对接——《义务教育生物学课程标准》修订思路和要点 [J]. 生物学通报，2012，47（3）：33-36.

[57] 李红菊，张丽蓉，刘恩山. 课堂教学如何实现用事实性知识支撑重要概念理解——以"神经系统的组成"一节为例 [J]. 生物学通报，2014，49（5）：22-24.

[58] 中国社会科学院语言研究所词典编辑室. 现代汉语词典 [M]. 6版. 北京：商务印书馆，2010.

[59] 季苹. 教什么知识——对教学的知识论基础的认识 [M]. 北京：教育科学出版社，2009.

[60] 刘恩山，张颖之. 课堂教学中的生物学概念及其表述方式 [J]. 生物学通报，2010，45（7）：40-42.

[61] 金岳霖. 形式逻辑 [M]. 北京：人民出版社，1979.

[62] 李高峰，吴成军. 初中生物学有效教学［M］. 北京：北京师范大学出版社，2015.

[63] 中国社会科学院语言研究所词典编辑室. 现代汉语词典（2002年增补本）［M］. 北京：商务印书馆，2002.

[64] 张祥沛，陈继贞. 生物学新课程教学专题概论［M］. 北京：科学出版社，2012.

[65] 汪忠. 高中生物教师专业能力必修［M］. 重庆：西南师范大学出版社，2012.

[66] 占晨达，吴志强. 中学生物陈述性知识和程序性知识的融合［J］. 中学生物教学，2016（7）：28－30.

[67] 高学林. 生物学教学中程序性知识的获得与变式练习设计［J］. 生物学教学，2003（4）：24－25.

[68] 肖云，刘德超. 项目式教学在高职《生物技术制药》课程教学中的探索与实践［J］. 新课程研究（中旬刊），2011（6）：58－59.

[69] 卢芳芳. 程序性知识教学在初中科学教学中的应用［J］. 教育教学论坛，2019（30）：172－173.

[70] 张芸. 对中学生物学知识的基本认识及教学思考［J］. 生物学教学，2012，37（2）：39－42.

[71] 杨国锋. 浅谈生物教学中融入我国传统生物学知识的意义［J］. 中学生物教学，2016（13）：69.

[72] 丁文乔. "互联网+"在生物实践教学中的应用［J］. 教育发展研究，2017（S1）：68－70.

[73] 葛桦. "实践教学工作坊"的设计与应用［J］. 教育理论与实践，2011（18）：45－47.

[74] 严玲，陈雨薇，邓娇娇. 以问题为导向的工作坊实践教学实施方式研究［J］. 现代大学教育，2016（5）：10.

[75] 朱俊，丁奕然. 指向深度学习特征的中学生物学主线教学策略分析［J］. 生物学教学，2018，43（12）：17－20.

[76] 周德昌. 简明教育辞典［M］. 广州：广东高等教育出版社，1992.

[77] 胡卫平，罗来辉. 论中学科学思维能力的结构［J］. 学科教育，2001（2）：27－31.

[78] 王建. 基于学生核心素养的生物学科能力研究［M］. 北京：北京大学出版社，2018.

[79] 缪仁票. 论生物学能力结构与培养［J］. 教学月刊·中学版（教学参考），2014（4）：44－46.

[80] OECD. PISA 2015 Assessment and Analytical Framework：Science，Reading，Mathematic and Financial Literacy［M］. Paris：OECD Publishing，2016.

[81] 中华人民共和国教育部. 普通高中生物学课程标准（2017年版）［S］. 北京：人

民教育出版社，2017.

[82] 姚青山. 初中生科学探究能力的培养[D]. 武汉：华中师范大学，2008.

[83] 贺建清. 初中生科学探究能力调查与评价[J]. 现代基础教育研究，2019，33(1)：93−101.

[84] 马梓炜. 对探究实验"光对鼠妇生活的影响"的改进——探究非生物因素对蚯蚓生活的影响[J]. 中学生物学，2015，31(2)：44−46.

[85] 赵冬青. 运用生物科学史培养学生科学探究能力的实践研究[D]. 武汉：华中师范大学，2018.

[86] 陆惠媛. 基于科学探究能力提高的高三生物实验复习课型的研究[D]. 广州：广州大学，2018.

[87] 罗国忠，张正严. 基于公平视角的科学探究能力评价研究[J]. 课程·教材·教法，2008(8).

[88] 罗国忠. 国外科学探究评价方法及其启示[J]. 外国中小学教育，2009(12).

[89] 张正严，王明其. 高中生科学探究能力评价的公平性研究[J]. 上海教育科研，2013(2)：45−49.

[90] 李能国. 初中生物学探究教学的整体设计[J]. 生物学教学，2014，39(5)：10−12.

[91] 刘东方. 中学生科学探究能力表现及现状测查[J]. 东北师大学报（哲学社会科学版），2018(5)：178−184.

[92] 王丽娜. 高考生物学实验试题与学生实验能力的培养[D]. 济南：山东师范大学，2005.

[93] 吴俊明，王祖浩. 化学学习论[M]. 南宁：广西教育出版社，1996.

[94] 陆健身. 生物学教育展望[M]. 上海：华东师范大学出版社，2001.

[95] 郑鸿霖，邱冈. 生物学学习论[M]. 南宁：广西教育出版社，2001.

[96] 刘毓森，张听，张富国. 生物学实验论[M]. 南宁：广西教育出版社，2001：28.

[97] 俞闽婕. 从高中生物实验中观测学生科学探究能力的研究[D]. 杭州：杭州师范大学，2016.

[98] 曲秀香. 初中生物理信息收集和处理能力的研究[D]. 济南：山东师范大学，2005.

[99] 祝智庭. 信息教育展望[M]. 上海：华东师范大学出版社，2002.

[100] 钟启泉. 信息素养论[M]. 上海：上海教育出版社，1999.

[101] 田霖. 新课程下高中学生数学信息收集与处理能力的研究[D]. 济南：山东师范大学，2011.

[102] 欧立红. 多元智能与生物教师素养及教学关系现状调查研究[D]. 上海：华东师范大学，2006.

［103］尚飞飞. 人本视角下生物教师素养的现状与对策研究［D］. 新乡：河南师范大学，2015.

［104］厉育纲. 师德构成要素浅析［J］. 北京青年研究，2008，17（2）：51-58.

［105］程红菲. 立德树人背景下的师德要素研究［J］. 教学与管理，2019，766（9）：66-68.

［106］陆永健. 教师专业能力发展培养方式研究［J］. 新校园·学习（中旬刊），2012（12）：39.

［107］胡卫平. 科学思维培育学［M］. 北京：科学出版社，2008.

［108］马林. 思维科学知识读本［M］. 北京：中共中央党校出版社，2009.

［109］核心素养研究课题组. 中国学生发展核心素养［J］. 中国教育学刊，2016（10）：1-3.

［110］李自欣. 浅谈高中生物教学中归纳思维的培养［J］. 亚太教育，2016（21）：75-75.

［111］沈卓义. 高中生物学中的归纳推理例证［J］. 生物学通报，2012，47（6）：30-34.

［112］郭翠敏. 高中生物教学中培养学生归纳思维的策略研究——以河源市东江中学为例［D］. 广州：广州大学，2015.

［113］徐洪林，康长运，刘恩山. 概念图的研究及其进展［J］. 教育学报，2003（3）：39-43.

［114］梁锦明. 概念图在课堂教学各环节的应用［J］. 中国信息技术教育，2005（10）：40-41.

［115］刘画奇，张迎春. 高中生物新课程与概念图教学［J］. 中学生物教学，2007（11）：19-21.

［116］辛光珠，潘龙龙. 浅议科学思维在高中生物学大概念中的体现及教学策略［J］. 生物学教学，2018，43（11）：17-18.

［117］徐建华. 生物教学中培养学生科学思维的策略［J］. 中学生物学，2019（5）：34-35.

［118］人民教育出版社 课程教材研究所，生物课程教材研究开发中心. 普通高中教科书生物学必修1分子与细胞教师教学用书［M］. 北京：人民教育出版社，2019.

［119］王吉文. 例谈高中生物学教学中理性思维能力的培养［J］. 生物学教学，2017，42（5）：13-14.

［120］人民教育出版社 课程教材研究所，生物程教材研究开发中心. 普通高中教科书生物学必修2遗传与进化［M］. 北京：人民教育出版社，2007.

［121］王国栋. 对假说-演绎法的解读［J］. 生物学教学，2016，41（4）：72-73.

［122］于华会，孙波. "演绎与推理"法在遗传题讲评中的应用［J］. 生物学教学，2019，44（7）：10-13.

[123] 吴小梅. 基于"假说-演绎法"的高中生物科学史教学的实践研究 [D]. 武汉：华中师范大学，2016.

[124] 刘玲，孙瑞娴，王华峰. 假说演绎推理在高中生物教学中的妙用 [J]. 中学生物学，2016，32（9）：22—24.

[125] 陶忠华. 生物学模型教学探析 [J]. 生物学教学，2006，31（8）：17—19.

[126] 施问华. 生物模型的分类特点及构建方法 [J]. 中学生物学，2007（7）：41—48.

[127] 赵萍萍，刘恩山. 新课程标准理念下的高中生物学建模教学策略 [J]. 生物学通报，2019，54（2）：10—14.

[128] 陈燕，王磊. 模型法在高中生物教学中的应用 [J]. 中学生物学，2017：28—31.

[129] 梁希平，孙月伟，张俊杰. 例谈高中生物学概念模型的构建 [J]. 中学生物教学，2017（9X）：16—18.

[130] 李华. 血糖调节模型的构建和思考 [J]. 生物学通报，2016，51（11）：20—23.

[131] 周雪峰. 生物学教学中模型建构及应用 [J]. 生物学教学，2010，35（2）：30—32.

[132] 方咸围，陈海英，陈志伟. 生物数学模型在高中生物学中的应用 [J]. 生物学教学，2007（12）：13—15.

[133] 陈鹏. 基于概念模型构建的"生态系统的能量流动"一节的教学设计 [J]. 生物学通报，2018，53（4）：28—31.

[134] Ennis Robert H. Critical Thinking：A Streamlined Conception [J]. Teaching Philosophy，1991（1）：22—25.

[135] 刘儒德. 论批判性思维的意义和内涵 [J]. 高等师范教育研究，2000，12（1）：56—61.

[136] 钟启泉. "批判性思维"及其教学 [J]. 全球教育展望，2002，3（11）：34—38.

[137] 武宏志，周建武. 批判性思维——论证逻辑视角（修订版）[M]. 北京：中国人民大学出版社，2010.

[138] 陈振华. 批判性思维培养的模式之争及其启示 [J]. 高等教育研究，2014，35（9）：56—63.

[139] 刘怡. 基于发展批判性思维的有丝分裂的实验教学 [J]. 生物学教学，2019，44（4）：38—40.

[140] 曹琴. 高中生物教学中培养学生批判性思维的初步研究 [D]. 武汉：华中师范大学，2013.

[141] 蒋选荣. 高中生物学教学中批判性思维培养 [J]. 生物学通报，2017，52（10）：35—38.

[142] 张大均. 教育心理学 [M]. 北京：人民教育出版社，2011.

[143] 刘柳. 高中生物学教学中培养学生科学思维的策略研究 [D]. 沈阳：沈阳师范大学，2019.

［144］胥杰. 浅谈生物教学与创造性思维能力培养［J］. 中国教育学刊，2011（S1）：68－69.

［145］周兴盛. 高中生物教学中创造性思维能力的培养［D］. 呼和浩特：内蒙古师范大学，2007.

［146］黄裕兰. 高中生物教学中学生创新实践能力的培养［J］. 科技信息：科学·教研，2007（2）：179－179.

［147］梁嘉声. 浅议 ATDE 创造性思维教学模式在高中生物学教学中的应用［J］. 生物学通报，2013，48（2）：42－45.

后 记

本书为乐山师范学院《学科教学方法论丛书》之一。21 世纪以来，教育学者们对学科核心素养一直进行着研究，2022 年教育部颁布了全新修订的《义务教育生物学课程标准（2022 年版）》，提出了"生命观念、科学思维、探究实践、态度责任"四大要素的生物学学科核心素养。

高师院校从师范教育到教师教育转向，基础教育从"知识本位"向"素养本位"转型，新的时代对未来生物学学科教师的专业素养提出了更高要求。如何实现学生生物学学科素养的构建？通过师范教育中生物学学科教学方法论的引领，培养未来生物学教师的生物学学科专业素养，从而实现生物学学科教育教学活动中学生生物学学科核心素养的构建。

本书从生物学学科核心素养的要求出发，基于生物学教师教育培养的视角，梳理了教育学、心理学理论对生物学教育的启示，整理了当下生物学学科的教学方法，并整合了研究者的教学学术成果与本科生的学科竞赛作品，力求理论与实践相结合，突出前沿性、学科性、学术性和应用性，凸显师范专业教育教学校本化特色，旨在推进生物学学科核心素养培养的落实。

本书还存在不足之处，望同行不吝赐教，笔者在此先行致谢。在本书的编写过程中还参考了一些相关文献，并引用了部分教学案例，在此对相关作者致以最诚挚的谢意。感谢四川师范大学的王威教授对本书编写的支持，感谢参编者们做出了大量细致的工作，感谢乐山师范学院教师教育学院罗明礼教授的悉心指导。

本书为乐山师范学院校级教材建设项目"中学生物教学方法论"的阶段性成果和四川省 2021—2023 年高等教育人才培养质量和教学改革项目"面向西部乡村振兴的基础教育卓越教师培养体系建构研究与实践"（JG2021—1233）的阶段性成果，得到乐山师范学院及乐山师范学院教学部和乐山师范学院教师教育学院的全力支持，在此一并表示感谢！

衷心感谢四川大学出版社为本书的出版给予的热情帮助。

编 者
2022 年 6 月